Robert Gaupp Hauptlehrer Wagner

Robert Gaupp

Hauptlehrer Wagner

Zur Psychologie des Massenmords

Herausgegeben von Bernd Neuzner

Verlag Sindlinger-Burchartz

Nachdruck der Ausgabe *Robert Gaupp: Zur Psychologie des Massenmords. Hauptlehrer Wagner von Degerloch. In: Verbrechertypen. Band 1, Heft 3. Berlin 1914.*
Mit Genehmigung des Springer-Verlags
Berlin Heidelberg
Druck: Senner-Druck Nürtingen

ISBN 3-928812-13-0

Inhaltsverzeichnis

Vorwort

„Von dem Vulkan, der in mir brütet und kocht, hat kein Mensch eine Ahnung ... Seit sechs Jahren ist mein steter Gedanke Mord. Er erwachte mit mir und legte sich nieder mit mir. Er störte mich bei meiner Arbeit und ängstigte mich in meinen Träumen.“
„Denn was sind neun Tote gegen meinen Haß ... 80 wären mir nicht zuviel gewesen ... Es wäre mir nicht darauf angekommen, Hunderte zu töten.“
Ernst Wagner

Am Morgen des 4. September 1913 ermordet der Hauptlehrer Ernst Wagner in Degerloch bei Stuttgart seine Frau und seine vier Kinder. Anschließend fährt er mit Fahrrad und Eisenbahn nach Mühlhausen an der Enz, legt dort Feuer und tötet weitere neun Menschen. Weil er schließlich niedergeschlagen wird, kann er seine Mordbrennerei nicht zu Ende führen – er hatte vor, an anderen Orten weiter zu morden und brandzuschatzen.

Muß man Wagner den Prozeß machen und ihn hinrichten? Ist es notwendig, ihn psychiatrisch untersuchen zu lassen? Gehört er in ein Gefängnis oder in eine psychiatrische Anstalt? Kann man ihn jemals wieder freilassen? Fragen zum Umgang mit Gewalttätern wie aus einem Pressespiegel des Jahres 1996.

Ein intelligenter und gebildeter Mensch wird zum Massenmörder und Brandstifter – lähmendes Entsetzen folgt Wagners Taten. Der Fall, der damals nicht wenig Faszination auslöste, war aus einem weiteren, wichtigeren Grund eine Sensation. Der Hauptlehrer Ernst Wagner war auch ein Dichter, der Dramen und Verse sowie eine umfangreiche Autobiographie geschrieben hatte. Seine schriftlichen Niederlegungen ermöglichten so einen tiefen Einblick in die Entwicklung und Erlebniswelt eines psychisch gestörten gewalttätigen Menschen.

Somit verdiente der Fall Wagner neben dem des Daniel Paul Schreber mit seiner 1903 veröffentlichten Bekenntnisschrift „Denkwürdigkeiten eines Nervenkranken“ höchstes Interesse für Psychologie und Psychiatrie.

Während der Fall Schreber seit Freud in immer neuen Publikationen bis heute analysiert wird, ist es in der wissenschaftlichen Diskussion um Wagner vergleichsweise still geworden. Dies ist wohl einmal dadurch zu erklären, daß Wagners Gutachter Robert Gaupp im Gegensatz zu Freud keine Schule gründete, die sich in der Folge „ihrem" Fall in besonderer Weise widmete und verpflichtet fühlte. Ein anderer Grund mag darin liegen, daß die Erforschung eines einzelnen Falls in der wissenschaftlichen Psychiatrie seither zunehmend an Bedeutung verloren hat. Mehr Erkenntnisgewinn scheint man sich von Gruppenvergleichen und statistischen Erhebungen zu versprechen. Wie aussagekräftig sind aber, so ist hier zu fragen, zum Beispiel Zahlen, die festhalten, daß „Amokläufer" im Durchschnitt soundso viele Opfer verursachen, im Mittel x Jahre alt sind und sexuelle Probleme haben? Da scheint doch – bei aller vorhandenen Sensationsgier – das Interesse der Öffentlichkeit für die Person des Täters und seine verborgenen Beweggründe in die richtige Richtung zu führen: Wie ist das „Doppelleben" eines Mitbürgers zu begreifen, der schließlich derartige Gewaltverbrechen begeht? Welche Motive stehen beim einzelnen Täter hinter solchen Gewalttaten? Oder muß man sich mit der Aussage zufriedengeben, nicht mehr zu wissen, als daß es sich beim „Amok" um eine immer wieder einmal unkontrolliert durchbrechende Form von individueller Aggressivität handelt?

Eines aber zeigt schon der Fall Wagner in aller Deutlichkeit: daß Amokläufer keinesfalls so blindwütig zu Werke gehen, wie uns der Begriff glauben machen will. Ernst Wagners Haß, seine Wut, seine Rachegelüste gegenüber seinen vermeintlichen Feinden und schließlichen Opfern waren „höchstpersönlich". Er hatte zwar zunächst auch eine „anonyme" Tatausführung phantasiert, diese aber wieder verworfen: „Ich wünschte, daß ich in der Nacht alle, die ich gehaßt habe, vor die Pistole bekomme. (...) Ich dachte, daß der Zufall gerade so spielt, daß ich gerade die Personen treffe, die ich besonders hasse." Und weiter: „Dort in Mühlhausen sind schließlich die meisten derjenigen beieinander, die ich Grund habe zu hassen. Wo hätte ich denn hingehen sollen, wenn ich bloß Leute umbringen will, da könnte ich ja nach Stuttgart gehen, in eine Kirche oder ins Theater." Dies sind Zitate aus Gaupps Unterredung mit Wagner vom 28. November 1913, festgehalten in der Krankenakte der Universitätsklinik Tübingen über Ernst Wagner. Und selbst „Theater" oder „Kirche" als mögliche Tatorte werden von Wagner nicht bloß

beiläufig erwähnt. Dies läßt sich aus seiner Biographie leicht erschließen, von „Amok" im Sinne eines ungesteuerten Selbstlaufs kann hier jedenfalls keine Rede sein.
Robert Gaupp versucht die Zusammenhänge aufzuspüren und erklärt seine Leitlinie bei der Beschreibung und Interpretation der Person, der Taten und des Lebenslaufs Wagners so: „Wurde bisher die Geisteskrankheit allzusehr als ein ‚Krankheitsprozeß' aufgefaßt, der mit der Macht seiner destruktiven Kräfte alles Individuelle beseitigt, so lag es mir am Herzen, alle die Fäden aufzudecken, die von der gesunden Persönlichkeit in die Krankheit hineinführen."
Der Gauppsche Ansatz und seine Ausgestaltung werden in ihrer Qualität besonders deutlich, wenn man sein Gutachten mit anderen Untersuchungen vergleicht, zum Beispiel mit der des Psychiaters Ernst Schultze in einem ebenso spektakulären Fall, dem des Massenmörders Fritz Haarmann, den dieser etwa zehn Jahre später zu begutachten hatte. Haarmanns Lebenslauf, der für Schultze erst mit dessen sechzehntem Lebensjahr beginnt, ist dem Gutachter gerade drei Seiten wert.
Robert Gaupp sah in Wagner einen Paranoiker, dessen Lebensweg sich psychologisch verstehbar zu Wahn und mörderischer Gewalttätigkeit entwickelte. Er betrachtete den Fall Wagner in erster Linie unter der Fragestellung der Entstehung einer „echten Paranoia", die nicht im Rahmen einer schizophrenen Erkrankung auftritt. Es ist eine Störung mit der Entstehungsgeschichte einer Neurose und dem Erscheinungsbild einer Psychose. Sie wird in der Psychiatrie selten diagnostiziert und ist nach wie vor umstritten. Gerade wegen ihrer besonderen Entstehungsweise auf dem Hintergrund eines individuellen Lebenslaufs in einer damit in Wechselwirkung stehenden Umgebung dürfte sie aber immer noch einigen Aufschluß geben können über Tat und Täter, womöglich sogar über den Wahnsinn manch sogenannter Normaler. „In die letzten Tiefen einer Menschenseele, mag sie nun gesund oder krank sein, dringt kein fremder menschlicher Geist. Ein gewisser Rest bleibt immer nicht verständlich und nicht völlig einfühlbar. Doch ist dieser Rest bei der echten Paranoia wohl kleiner als bei jeder anderen Form seelischer Erkrankung." Dies ist Gaupps letzter Satz seiner abschließenden Arbeit „Krankheit und Tod des paranoischen Massenmörders Hauptlehrer Wagner", als dieser 1938 nach 25 Jahren Aufenthalt in der württembergischen Heilanstalt Winnental gestorben war.

Jetzt, im Sommer 1996, geht das mit Horst Brandstätter geschriebene Buch „Wagner – Lehrer, Dichter, Massenmörder" in den Druck, verschiedene Aufsätze für psychiatrische Zeitschriften sind fertig, und unser Hörspiel ist gesendet worden. Nachdem in jüngster Zeit Nachrichten über Amokläufer in verschiedenen Teilen der Welt Entsetzen und Fassungslosigkeit, aber auch wieder eine gewisse Faszination hervorgerufen haben, ist ein neues Interesse an dem „merkwürdigen Verbrechen" (Enzensberger) und der Person des Täters entstanden.
Leider ist Gaupps exemplarische Wagner-Studie zur Psychologie des Massenmords schon lange vergriffen. Auch antiquarisch war trotz einiger Bemühungen kein Exemplar zu beschaffen. So entstand die Idee zu dem hier vorliegenden Nachdruck. Damit liegt zum Fall Wagner wieder ein authentischer Text vor, der auch der Weitergabe fehlerhafter Informationen über die Sekundärliteratur und dichterischer Legendenbildung vorbeugen soll.
Nach Fertigstellung seiner Gutachten-Monographie über Wagner und zu Beginn ihrer 25jährigen Arzt-Patient-Beziehung hatte Gaupp Psychologie und Psychiatrie zur weiteren Forschung über Wagner aufgefordert. Dazu soll die vorliegende Neuausgabe seiner Monographie heute wieder anregen und helfen. Das vorliegende Buch soll auffordern zur Beschäftigung mit „Amokläufern" und deren Lebenslauf, einem in den Wissenschaften vom menschlichen Verhalten noch immer vernachlässigten Thema. Dies um so mehr, als seit 1994 auch die bis dahin verschollene umfangreiche Krankengeschichte Ernst Wagners in der Psychiatrischen Universitätsklinik Tübingen (unter anderem mit der Mitschrift der Unterredungen zwischen Gaupp und Wagner, aus der oben zitiert wurde) als weiteres Material wieder zugänglich ist.
Peter Sindlinger, an Schwabens Geschichte und nicht zuletzt am Fall Wagner interessiert, machte mit verlegerischem Können und Mut dieses Buch letztlich möglich.

Sommer 1996
Bernd Neuzner

Der Tatbestand.

In der Nacht vom 3. zum 4. September 1913, etwa gegen 5 Uhr früh, als die Morgendämmerung einbrach, ermordete der noch nicht vorbestrafte Hauptlehrer Ernst Wagner in seiner Wohnung in Degerloch seine Frau und seine 4 Kinder, nachdem er am Abend vor dieser Tat noch bis gegen 9 Uhr mit der Hausbesitzerin Witwe S. und mit seiner Familie scheinbar friedlich im Garten gesessen, die warmen Sommerabende gelobt und die Tochter der Frau S. nach Büchern, die er für seinen Turnunterricht brauchen könnte, gefragt hatte. Die Ausführung der grauenvollen Mordtat geschah ohne Zeugen; wie sie vonstatten ging, wissen wir nur aus den eigenen Aussagen des Angeschuldigten. Nach Wagners Angaben war er mit seiner Familie gegen 9 Uhr abends zur Ruhe gegangen; er nahm ein langes, schon seit Jahren in seinem Besitz befindliches Dolchmesser mit feststehendem Griffe, sowie einen Totschläger zu seinen Taten. Ob er diese beiden Waffen am Abend schon unter das Kopfkissen gelegt hatte oder ob er in der Frühe sie erst ins Schlafzimmer hereinholte, steht nicht sicher fest; in diesem Punkte war Wagner seiner Erinnerung nicht sicher; später hat er offenbar sich des Umstandes entsinnen können, daß er vor Ausführung der Tötung seiner Frau schon einmal außer Bett gewesen war und dabei seine Frau vorübergehend aus dem Schlaf geweckt hatte. Morgens kurz vor der Tat richtete er sich im Bett auf, machte seine Frau durch Schläge mit dem Totschläger auf den Kopf bewußtlos und tötete sie sodann durch zahlreiche tiefe Stiche in Hals und Brust, die zu einer Durchschneidung der großen Halsblutgefäße und zu einer schweren Verletzung des Herzbeutels, des Herzens und der Lungen führten. Nach dem Ergebnis der gerichtlichen Obduktion der Leiche muß der Tod wohl sehr rasch eingetreten sein. Aus dem Umstande, daß die Getötete auch an

Armen und am linken Daumen Verletzungen hatte, ist zu schließen, daß sie Abwehrbewegungen ausgeführt hat; ob mit oder ohne Bewußtsein, war nicht festzustellen. Wagner selbst versichert, daß sie gestorben sei, ohne zum Bewußtsein gekommen zu sein. Die Lage, in der die Leiche gefunden wurde (das linke Bein hing über den Bettrand heraus), gestattet kein sicheres Urteil darüber, ob etwa irgend ein Kampf stattgefunden hat. Doch liegt für mich kein Grund vor, den Angaben Wagners irgend zu mißtrauen. Nur mit Nachthemd und Socken bekleidet, ging er sodann — ich folge hier immer seiner eigenen Schilderung — mit dem Dolche in der Hand zunächst in das Schlafzimmer seiner beiden Knaben Robert und Richard, die er durch mehrere schwere Lungen-, Herz- und Halswunden tötete. Aus dem Obduktionsprotokoll geht hervor, daß auch hier ein rasches Ende durch Verbluten eingetreten sein muß. Dann ging er durch die Küche hindurch in das Schlafzimmer seiner beiden Töchter Klara und Elsa und tötete auch diese durch Stiche in das Herz und den Hals, die den raschen Tod unzweifelhaft zur Folge hatten. Ob die in den Akten sich findende Annahme, daß die ältere Tochter Klara Wagner beim Empfang der schweren Wunden bei Bewußtsein war, zutrifft, mag dahingestellt bleiben. Auch ein in tiefem Schlaf Befindlicher macht Abwehrbewegungen, wenn man ihm plötzlich starken Schmerz zufügt. Die anfängliche Äußerung Wagners, er habe auch bei den Kindern oder einem der Kinder vor dem Dolch den Totschläger zur Betäubung angewandt, hat er später selbst als unsicher bezeichnet; bestimmt wisse er nur, daß er seine Frau vor dem Totstechen betäubt habe, um ihr jeden Widerstand unmöglich zu machen. Den Leichnamen zog Wagner die Bettdecke (er hatte sämtliche Familienglieder in ihrem Bett liegend während ihres Schlafes ermordet) über Gesicht und Körper. So wurden sie am Vormittag des 5. September durch die Polizeibeamten auch tatsächlich vorgefunden. Das blutige Nachthemd warf Wagner in sein eigenes Bett, wo man es bei der Besichtigung der Wohnung vorfand. Dann wusch er sich, kleidete sich an, ließ den Dolch in einer Schublade des Vertikows liegen, ohne ihn vom Blute zu reinigen, holte sich seine 3 Schußwaffen, seine reichliche Munition von über 500 Patronen und die Eisenkloben (s. unten) aus dem höher gelegenen Mansardenzimmer, nahm einen seiner Frau gehörigen schwarzen Schleier, einen Leibriemen, eine Mütze, einen Ausschnitt aus einer schwäbischen

Albvereinskarte an sich, packte alles in eine Reisetasche, steckte nur einen kleinen Revolver in seine Rocktasche und verließ seine Wohnung. Die Zimmer wurden am 5. September von den Polizeiorganen in bester Ordnung gefunden, sie waren sämtlich abgeschlossen, die Vorhänge heruntergelassen, die Fenster geschlossen, die Betten zugedeckt. Ehe Wagner das Haus verließ, schrieb er auf eine kleine Schiefertafel, die vor der Korridortüre seiner Wohnung hing, mit fester Hand: „Ausflug nach Ludwigsburg usw.“ Ferner schrieb er auf ein ähnliches Schiefertäfelchen der Frau S. einige Worte und bestellte 3 Schoppen Milch, legte auch 35 Pfennige bei. Dann holte er sein Fahrrad aus dem Holzstall, band die durch die Waffen und die Munition sehr beschwerte Reisetasche vorne auf dem Rad fest und wollte nunmehr die neue Weinsteige hinab nach Stuttgart fahren. Allein die Reisetasche war zu schwer; er mußte absteigen und das Rad führen. So gelangte er über die alte Weinsteige hinab nach Stuttgart, gab auf dem Bahnhof das Rad als Passagiergut auf, fuhr mit dem Zuge 8.01 nach Ludwigsburg. Unterwegs nahm er eine der beiden von ihm mitgenommenen großen Mauserpistolen aus der Tasche heraus, um sich gegen eine etwaige Verhaftung (falls die Mordtat in Degerloch rasch entdeckt worden wäre) wehren zu können. Als auf dem Bahnhof nichts Verdächtiges zu entdecken war, legte er die Pistole im Bahnhofsabort wieder in die Reisetasche zurück, gab sein Fahrrad in der Handgepäckabgabe auf und wanderte nun langsam mit der Reisetasche in der Hand in die Stadt hinein. Unterwegs kaufte er in einem Laden einen Rucksack, wobei er dem Sattlermeister K. einen guten, keineswegs einen verstörten Eindruck machte. Er ging nunmehr in den Schloßgarten, packte auf einer Bank sitzend aus der Reisetasche einen Teil ihres Inhaltes in den Rucksack um. Dann wanderte er zur Clußschen Brauerei, genoß dort ein Stück Schinkenwurst mit Brot und ein Fläschchen Mineralwasser. Nun pilgerte er wieder durch den Schloßgarten in den Schloßhof und von da langsam nach Eglosheim hinaus. Gegen 11 Uhr traf er dann im Hause seines Bruders ein, den er nicht daheim fand, wohl aber dessen Ehefrau. Mit dieser sprach er scheinbar ruhig von seiner Familie, ohne daß ihr dabei ein Verdacht kam; er sagte ihr, er gehe jetzt nach Mühlhausen, um die Kinder zu holen; sie seien alle 4 dort. Er bat um ein frisches Hemd, weil das seinige durchgeschwitzt war. Frau M. Wagner gab später an, sein Hemd sei „wie aus dem Wasser gezogen“ gewesen. Sie habe ihm etwas zu essen geben wollen, er habe aber nichts angenommen. Vielmehr habe er nur $1^1/_2$ Schoppen Bier getrunken und seiner Schwägerin 3 Mark gegeben. Er ließ sich dann von dem Kinde des Bruders den Hasenstall zeigen, wobei sich nach Angabe der Schwägerin das Kind vor ihm ängstigte. Seiner Schwägerin fiel auf, daß er beim Wandern durch das ganze Haus, das er genau besichtigte, sein Gepäck immer bei sich behielt und es nicht aus dem Auge ließ. So erschien er ihr als etwas aufgeregt und unheimlich, wie sie später angab. Er sprach mit ihr auch über das elterliche Haus, das zu billig verkauft worden sei; die Familie Wagner habe eben gar kein Glück. In einem Augenblick, wo er allein war, nahm er aus einer in der Reisetasche oder dem Rucksack befindlichen Zigarrenkiste, die er unter seinem Rock verbarg, 228 Patronen heraus und versteckte sie in einem beim Haus befindlichen Garten im Stroh oder Heu über dem Hasenstall. Er sagte zur Schwägerin, er wolle auf dem Heimweg bei ihr übernachten, sie solle ihm das Haus auch bei Nacht zugänglich machen, da es spät werden könne. Es wurde ihm darauf ein Zimmer im Dachstock, in dem sonst ein Sohn des Hauses schlief, für die Nacht zugesagt. Der Aufbewahrungsort des Schlüssels wurde ihm gezeigt. Beim Weggehen zog er sein eigenes feuchtes Hemd über das von der Schwägerin geborgte Trikothemd des Bruders und legte einen vorher unterwegs gekauften neuen Hemdkragen um, da der alte Kragen völlig durchgeschwitzt war. Seine Reisetasche ließ er sich durch die zwei kleinen Kinder seines Bruders mit einem Handwägelchen auf den Bahnhof fahren; den Rucksack trug er selbst. Seine Nichte E. begleitete ihn bis zum Bahnhof, er unterhielt sich mit ihr über ihre Tanzstunde. Im Bahnhofhotel trank er, da es noch nicht Zeit zur Abfahrt war, eine Tasse Kaffee, gab dann sein Fahrrad nach Bietigheim auf, fuhr mit dem Zug um 1 Uhr nach Bietigheim. Auf der Fahrt (vielleicht auch erst auf dem Bahnhof?) schrieb er an die Hausbesitzerin Witwe S. in Degerloch mit sicherer Hand eine Postkarte folgenden Inhalts: „Ich bitte um Verzeihung, obwohl ich weiß, daß es keinen Wert hat, es war nicht anders zu machen. E. Wagner.“ Die Karte gab er dann später am Nachmittag in Großsachsenheim auf. In Bietigheim gab er zunächst seine Handtasche in Verwahrung, fuhr mit dem Rade nach Großsachsenheim, wo er Briefe an seine Schwester in B. (ganzer Inhalt:

Nimm Gift! Ernst), an seinen Schwager H. M. in Z., an seinen Rektor in Degerloch, an die Allgemeine Rentenanstalt in Stuttgart, an die Redaktion des Neuen Tagblattes („An die Lehrerschaft", „An mein Volk") in Stuttgart, an Professor X. in E., an Hauptlehrer H. in S., an seinen Schwager B. in M. zur Post gab. (Über diese Briefe s. unten.) Dann machte er eine „Rekognoszierungsfahrt" über Untermberg, Bissingen auf den Bahnhof Bietigheim zurück. Diese Radfahrt ermüdete ihn angeblich stark. In Bietigheim holte er sich auf dem Bahnhof seine Reisetasche, ging in die Stadt, ließ sich sein Fahrrad durch einen Mechaniker nachsehen und ausbessern, begab sich dann zur Post, wo er Manuskript-Pakete an Förster S. und Professor X. aufgab. Er kehrte noch kurze Zeit im Gasthaus zur Krone ein, genoß etwas Obst, ein Stück Hefenkranz, bestellte auch ein Viertel Liter Wein, von dem er aber nicht alles getrunken haben will. Kurz nach 7 Uhr abends fuhr er sodann von Bietigheim weg. Ein heftiger Durst zwang ihn unterwegs öfters Wasser zu trinken. Der Weg führte ihn über Großsachsenheim, Sersheim, Vaihingen, Kleinglattbach, Illingen auf die Höhe über Mühlhausen. In Großsachsenheim warf er noch einige Briefe in den Schalter. Es war etwa 11 Uhr nachts, als er auf der Höhe über Mühlhausen ankam. Einem ihm begegnenden Manne, dem Hilfswärter F. aus Mühlacker, der frug, wer denn da sei, gab er keine Antwort, so daß dieser nach Illingen weiter ging. Sein Fahrrad hatte Wagner vorher in ein Maisfeld gelegt. Er holte es nun hervor, gürtete sich den Lederriemen um den Leib, steckte eine der Mauserpistolen unter den Rock, während er die andere Pistole und die Munition, sowie Kloben, Feile und schwarzen Schleier in die Handtasche steckte. Er setzte sich die mitgenommene Mütze auf den Kopf. Ein strömender Regen, der sich nunmehr einstellte, kam ihm sehr ungelegen.

„Es war gerade, wie wenn er bestellt wäre; ich habe mich elend darüber geärgert", sagte er später hierüber.

Das Fahrrad, den Filzhut, den er bisher aufgehabt hatte, und den kleinen Taschenrevolver ließ er im Maisfeld zurück, wanderte nunmehr durch das Dorf Mühlhausen hindurch (Schloßgasse, an die Enz, Enzgasse, Brücke über die Mühle) auf den Weg Roßwag-Vaihingen und zur Höhe dahinter hinauf. (S. den Plan von Mühlhausen, Fig. 1.) An einer der dort stehenden Telephonstangen machte er Halt, öffnete seine Handtasche, entnahm ihr eiserne

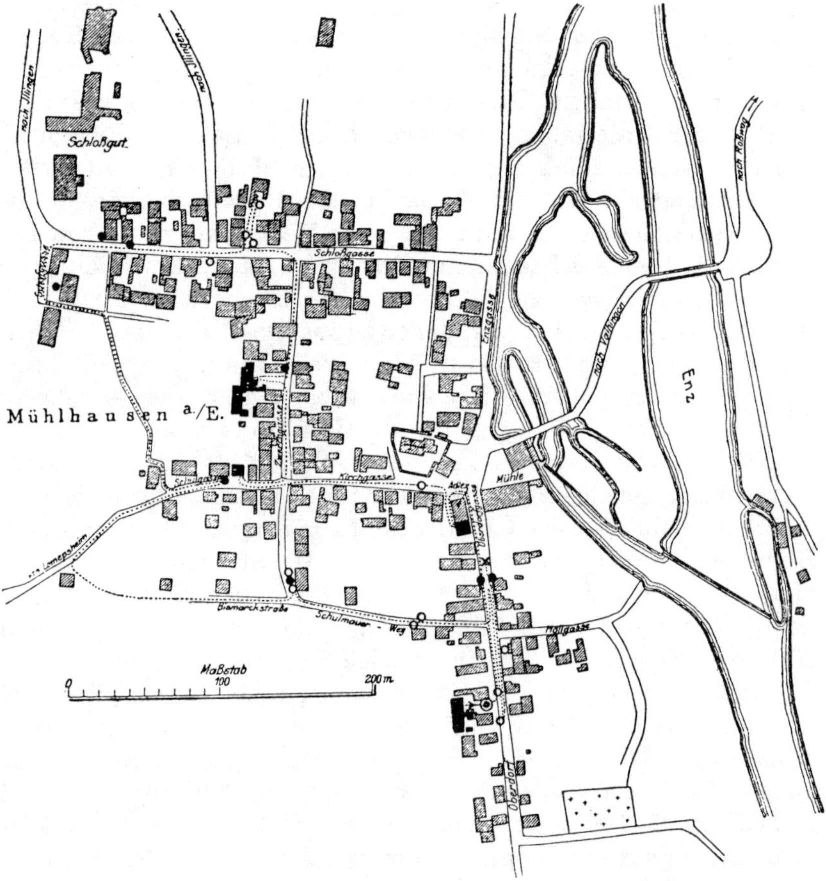

- ◉ Ausgangspunkt des Weges, den Wagner zurückgelegt hat.
- ● Stellen, wo Wagner Personen erschossen hat.
- ○ Stellen, wo Wagner Personen angeschossen hat.
- ✖ Stelle, wo Wagner überwältigt wurde.
- ■ Abgebrannte Gebäude.

Kloben, die er in Abständen von einem halben Meter in die Telephonstangen einbohren wollte, um dann mit ihrer Hilfe bis nach oben zu klettern und die Telephondrähte mit einer mitgebrachten Feile durchzufeilen, damit zwischen Mühlhausen und anderen Stationen (Mühlacker, Bietigheim) keine telephonische Verständigung stattfinden könne. Weil ihm aber die Telephonstangen höher vorkamen, als bei einem früheren Spaziergang (einige Wochen vor der Tat), weil er selbst ganz durchnäßt war und weil auch eine zweite Telephonstange ihm keine besseren Aussichten auf das Gelingen seines Planes zu geben schien, so verzichtete er auf ihn, warf sein Handwerkszeug weg und wanderte mit seiner Reisetasche wieder ins Dorf Mühlhausen hinein, trank an einem Brunnen aus seiner gefüllten Mütze Wasser, trat in der Schulgasse in eine Scheuer, um sich für die weiteren Taten zurechtzumachen. Dabei bemerkte er, daß ihm eine seiner beiden großen Mauserpistolen fehlte, er ging zurück durch das Dorf zu der ersten Telephonstange, fand die Pistole dort und ging nun in den — Oberdorf genannten — Teil des Dorfes Mühlhausen zurück, wo er nunmehr in den Scheuern der Bauern M., B., W. und N. Brand legte. Die Inhaber dieser Scheuern waren ihm nicht bekannt. Zur Brandstiftung benützte er sein Benzinfeuerzeug. Nun begann er seine Wanderung durch das Dorf, die untere Hälfte des Gesichtes durch einen schwarzen Schleier verdeckt, die großen Mauserpistolen am Leibriemen befestigt, auf jeder Seite des Körpers eine, die Munition vor sich in einer Handtasche seiner Frau. Die einzelnen Etappen dieser grauenvollen Wanderung sind in den Akten dargestellt. (Vergl. den Plan von Mühlhausen mit dem eingezeichneten Weg, den Wagner nahm, und den einzelnen Orten, an denen er Menschen niederschoß bzw. anschoß, sowie der Stelle, an der er selbst niedergeschlagen wurde.) Wagners Erinnerung ist dabei nicht völlig sicher. Es steht fest, daß er an 4 Stellen Brand legte, auch die der Familie S. gehörende Scheuer des Gasthauses zum Adler anzündete, daß er dann auf alle ihm sichtbaren Leute, die männlichen Geschlechtes waren, mit seinen beiden Mauserpistolen unterschiedslos schoß, meist aus der Entfernung weniger Meter, gleichgültig, ob sie ihm auf der Straße in den Weg liefen oder am Fenster ihrer Wohnung sichtbar wurden. Die ihm in den Weg laufende Frau L. und die Frau des Schultheißen H. verschonte er, traf dagegen — freilich unabsichtlich, wie er immer mit Bestimmtheit und durchaus glaubwürdig versicherte

—, zwei weibliche Kinder, ferner ein 21jähriges Mädchen und 2 Frauen, sowie 2 Stück Vieh. Frau H. frug er, nahe auf sie zutretend, mit abgehackten Worten nach dem Schultheißen, wo er sei, worauf sie in ihrer Angst auf Männer in der Nähe zeigte und sagte, „da kommt er". Frau H. selbst ließ er ganz unbehelligt.

Die Einzelheiten mögen hier unerörtert bleiben, es genügt zu erwähnen, daß von den Verletzten 8 alsbald starben, 12 schwer verwundet waren. Von letzteren starb einer (der Küfer Jakob K.) einige Stunden nach seiner Verwundung. Einige der Getöteten hatten mehrere Schüsse erhalten. Sofort getötet wurden: Schäfer W., Jakob Sch., Heinrich K., Friedrich G., Christian V., Friedrich B., Georg M., Marie B. Die Meisten erhielten Schüsse in die Herzgegend. Verletzt wurden: Jakob K. (starb noch am 5. September), Friedrich N., Tobias K., Karl B., Luise B., Johann M., Jakob B., Christian M., Tobias B., Katharine B., Frida M. Ein Teil der Verletzten wurde wieder völlig hergestellt, andere waren nach 9 Wochen (am 8. November) noch völlig erwerbsunfähig, während Frau Katharina B. und der Polizeidiener K. nur teilweise arbeitsfähig waren. 2 Stück Vieh wurden ebenfalls erschossen. In der Erregung seiner furchtbaren Vernichtungsarbeit hatte Wagner übersehen, daß er seine Pistolen, von denen jede 10 Geschosse faßte, beide leergeschossen hatte; nunmehr wurde er von beherzten Männern, dem Polizeidiener K., dem Eisenarbeiter B. und dem Chr. M. niedergeschlagen, wobei er zwei lange Hiebe über das Gesicht erhielt. Ferner wurde ihm die linke Hand zertrümmert; an der rechten Hand wurden ihm schwere Verletzungen beigebracht, als B. ihm mit einem Karst die Mauserpistole aus der Hand schlug. Er stürzte zu Boden und blieb zunächst besinnungslos liegen. Er wurde offenbar für tot gehalten. B. nahm ihm die langen leeren Mauserpistolen, die am Leibriemen befestigt waren, ab. 198 scharfe Patronen wurden noch bei ihm gefunden (ferner ein Taschenfeuerzeug, ein langer eiserner spitzer Kloben, ein Taschenmesser, ein schwarzer Frauenschleier, ein ganz verbogenes Brillengestell ohne Glas, eine Datschkappe mit schwarzem Seidentuch, ein Rucksack mit einem Taschenrevolver und einem schwarzen kurzen Totschläger mit Handschlinge). Stationskommandant D. fand ihn nachts 2 Uhr mit Verletzungen am Kopf, an den Armen und Händen quer über den Straßenkandel liegen. Da er erkannte, daß Wagner noch atmete und die Augen aufschlug, wurde dieser in das leerstehende Armenhaus verbracht, wobei die erbitterte Volksmenge eine drohende Haltung annahm, so daß er von mehreren Landjägern gegen sie geschützt werden mußte. Er wurde mit gefesselten Füssen auf eine Matratze gelegt. Der Adlerwirt erkannte ihn als seinen Schwager. Der Brand wurde mit Hilfe herbeigerufenen Militärs, das zufällig in der Nähe einquartiert war, gelöscht, nachdem 5 Hauptgebäude und einige Nebengebäude ein Opfer der Flammen geworden waren.

Als Wagner wieder bei Besinnung war, lehnte er, nach den Beweggründen seiner Verbrechen gefragt, jede Mitteilung ab und erklärte, er werde erst in Vaihingen Auskunft geben. Diese Weigerung beruhe nicht auf einer Mißachtung der Behörde; er halte es vielmehr für richtiger, wenn er seine Angaben in Vaihingen mache. Man solle ihn nicht lange in Mühlhausen liegen lassen, sonst könnte er noch krank werden. Dem Landjäger S. gab er aber sofort an, daß er in Degerloch seine Familie mit dem Totschläger betäubt und mit dem Messer erstochen habe. Dies wurde dann kurze Zeit darauf von Degerloch aus telephonisch bestätigt. Auch gab er zu verstehen, daß er die Absicht gehabt habe, sich zuletzt selbst zu töten, dies sei ihm nun unmöglich geworden. Es sei ihm recht, wenn er geköpft werde, weil er nicht mehr leben wolle. Man solle ihn fortschaffen, dann werde er gewiß nichts verschweigen. Der Transport nach der nächsten Oberamtsstadt Vaihingen a. E. geschah dann einige Stunden später am Abend des 5. Septembers. Er wurde in das Bezirkskrankenhaus in Vaihingen verbracht. Dort wurden seine Wunden in Behandlung genommen und der zertrümmerte linke Unterarm amputiert. Wagner erlitt eine Säbelwunde an der rechten Stirnseite, eine Hiebwunde an linker Wange, Ober- und Unterlippe und Unterkiefer, in dem auch ein Zahn glatt ausgehauen war; ferner schwere Verletzungen der linken Hand, von denen eine gerade ins Handgelenk ging und die Hand halb abgetrennt hatte; am rechten Handrücken eine Markstückgroße Hautwunde, sowie eine kleine Hiebwunde, durch welche der Mittelfinger durchschnitten und das Gelenk zwischen Mittelhandknochen und Mittelfinger eröffnet war; endlich blaue Flecken an Hals, Nacken und an den Schultern. Der Amputation des linken Vorderarmes folgte glatte Wundheilung.

Am 6. September 1913 erfolgte dann die erste richterliche Vernehmung durch den Oberamtsrichter in Vaihingen. Letzterer hatte ihn schon in der Schreckensnacht in Mühlhausen bei klarem Bewußtsein vorgefunden und von ihm erfahren, daß er über die Beweggründe seines Handelns Aufschriebe hinterlassen, diese an verschiedene Adressen versandt habe und daß daher das Gericht, wenn es im Besitze dieser Aufschriebe sein werde, volle Aufschlüsse erhalten werde, so daß seine Einvernahme sich kurz gestalten könne.

Bei seiner Vernehmung am 6. September im Bezirkskrankenhaus schilderte Wagner dem vernehmenden Richter die Art, wie er seine Familie in Degerloch ermordet habe und gab als Beweggrund seines Handelns 12 Jahre zurückliegende sittliche Verfehlungen, nämlich Unzucht mit Tieren an. Diese Verfehlungen haben ihm schwere Gewissensbisse gemacht, er habe dann aus Äußerungen und Anspielungen der Bürger in Mühlhausen und Radelstetten schließen müssen, daß sie um seine sittlichen Verfehlungen wissen. Die Schadenfreude, die sie dabei an den Tag gelegt hätten, habe ihn sehr erbittert, und so habe er beschlossen, Selbstmord zu begehen, seine Familie mitzunehmen, aber sich auch an Mühlhausen, wo ihm seine Verfehlungen vorgekommen seien, zu rächen. Er gab dann weiterhin eine Schilderung, wie er die Tat geplant habe, seit wann er sich mit dem Mord- und Brandstiftungsgedanken trage und was ihn bisher immer wieder an ihrer Ausführung hinderte, sprach von seinen Schriften und ihrer Versendung an Professor X. und seinen Freund S., erläuterte seine Pläne, die durch seine Überwältigung vereitelt worden seien, vor allem seinen Plan der Ermordung der Familie seines Bruders und der Brandlegung in Eglosheim. Wagner wurde in Haft behalten, verblieb in Vaihingen, bis er dann nach einigen Wochen in das Untersuchungsgefängnis nach Heilbronn verbracht wurde.

Der Untersuchungsrichter stellte mit Wagner in mehreren Terminen eingehende Vernehmungen an. Außerdem wurden zahlreiche Zeugen vernommen; die Beamten und Bürger der Gemeinden Mühlhausen und Radelstetten, zahlreiche Lehrer und dienstliche Vorgesetzte des Wagner gaben ein anschauliches Bild der Persönlichkeit Wagners vor seiner Tat. Seine Schriften wurden eingezogen und damit wurde ein Tatsachenmaterial gewonnen, wie es zur Aufklärung der Individualität eines Menschen kaum vollständiger gedacht werden kann, zumal unter den Schriften auch eine umfangreiche, in 3 Abteilungen gegliederte Selbstbiographie Wagners ist. Dazu kommt, daß Wagner, soviel die Kontrolle seiner

Angaben bisher ergab, ein Mann von seltener Wahrheitsliebe ist, der offenbar nichts beschönigt, und wo er glaubt, eine Aussage nicht machen zu sollen, bestimmt erklärt, er verweigere hierüber jede Auskunft. So wird die Beobachtung und Beurteilung seiner Persönlichkeit durch keine verlogenen Aussagen oder raffinierten Täuschungsversuche erschwert.

Das auffälligste Ergebnis der zahlreichen Zeugenvernehmungen war, wie später genauer auszuführen sein wird, wohl dies, daß keine der vielen Personen in Radelstetten, Mühlhausen, Degerloch trotz eingehender bezüglicher Fragen irgend eine Kenntnis von sittlichen Verfehlungen des Wagner in Mühlhausen hatte, so daß er selbst es gewesen ist, der zuerst durch sein Bekenntnis vor dem Oberamtsrichter in Vaihingen und durch die Übersendung seiner Biographie an Professor X. und Förster S., sowie durch seinen Brief an das „Neue Tagblatt" in Stuttgart ein mehr als ein Jahrzehnt lang gehütetes Geheimnis verraten hat. Dieses Ergebnis der Zeugenvernehmungen stand in so grellem Kontrast zu seinen Aussagen über die Verhöhnungen, Verspottungen, Verfolgungen, denen er sich im Gefolge seiner sittlichen Verfehlungen ausgesetzt wähnte, daß die Vermutung auftauchen mußte, daß hier krankhafte Seelenvorgänge mit im Spiele sein dürften. So kam es denn, daß sowohl der Oberamtsarzt in Vaihingen (28. Oktober 1913), als auch auf Anfrage der Gerichtsarzt in Heilbronn (30. Oktober 1913), der Wagner zu untersuchen Gelegenheit hatte, den Antrag stellten, Wagner möge zur Beobachtung seines Geisteszustandes gemäß § 81 StrPO. für die Dauer bis zu 6 Wochen in die K. Klinik für Gemüts- und Nervenkrankheiten in Tübingen eingewiesen werden. Das Gericht entsprach in Übereinstimmung mit dem Wunsche der K. Staatsanwaltschaft und des Verteidigers diesem Antrag und so wurde Wagner am 11. November im Automobil nach Tübingen verbracht. Hier verblieb er bis zum Morgen des 24. Dezember 1913, kam dann wieder in die Untersuchungshaft nach Heilbronn zurück, bis er nach Einstellung des Strafverfahrens der Irrenanstalt W. übergeben wurde (Februar 1914).

Wagners Familie.

Ernst Wagner, geboren den 22. September 1874 in Eglosheim bei Ludwigsburg, stammt aus kleinbäuerlicher, kinderreicher

Familie. Von 10 Kindern starb die älteste Tochter mit 30 Jahren als verheiratete Frau in Gr. Der älteste Bruder lebt als verheirateter Flaschner in E., das dritte Kind ging unverheiratet nach Amerika und starb dort. Das vierte Kind ist nur 1 Jahr alt geworden, das fünfte, eine Tochter, ist mit einem Beamten in Z. verheiratet, das sechste, eine Tochter, lebt unverheiratet in B.; das siebente, achte und zehnte Kind sind ganz klein gestorben; der Angeschuldigte selbst ist das neunte Kind. Es sind also von den 10 Kindern heute nur noch 4 am Leben. Von den Eltern des Angeschuldigten ist nicht viel zu ermitteln gewesen. Der Vater starb, als der Angeschuldigte 2 Jahre alt war, im September 1876, die Mutter im Dezember 1902, ersterer an Gesichtsrose, letztere an Herz- oder Gehirnschlag. Von seinem Vater schrieb der Angeschuldigte im ersten Teil seiner Selbstbiographie im Oktober 1909:

„Meinen Vater habe ich nicht gekannt, er starb, wie ich 2 Jahre alt war. Wenig ist es, was ich von ihm gehört habe; aber dieses Wenige war nicht geeignet, ein Musterbild von ihm entstehen zu lassen. Meine Mutter meinte, es sei gut, daß er gestorben sei. Ich habe ihn oft verflucht darum, daß er mich in die Welt gesetzt hat. Damit man ihm aber nicht zu viel ins Schuldbuch schreibt, indem man vom Apfel auf den Stamm schließt, will ich bemerken, daß man meinem Vater nichts weiter nachsagte als etwa: ‚Wagners Jakob ist ein eingebildeter, unzufriedener Mensch, der besser täte, seinem Bauernwerk nachzugehen, als hinter dem Bierglas zu hocken.‘ Es mag nun jeder beurteilen, ob das bei mir zutrifft.“

Von der Mutter wissen wir aus den Akten Einiges. Sie scheint eine leichtsinnige Frau gewesen zu sein, die nach dem Tode des Mannes sehr bald mit anderen Personen in geschlechtlichen Verkehr trat, im Februar 1879, also schon 5 Monate nach ihres Mannes Tod, einen Bauern B. heiratete, obgleich sie damals von einem verheirateten Bahnwart P. in E. schwanger war. Noch mit einem anderen, einem Wirt T., scheint sie in jener Zeit Geschlechtsverkehr gehabt zu haben; T. gab diesen selbst für die Monate November und Dezember 1878 zu. B. focht schon im März 1880 die Ehe an; es kam zunächst zu einem Vergleich, dann aber, im Januar 1881, zur Ehescheidung wegen Ehebruchs der Frau. Die Ehescheidungsakten enthalten die Mitteilung, die Frau sei damals, als ihr zweiter Mann B. sie verstossen wollte, eine Zeitlang sehr niedergeschlagen gewesen und habe sich das Leben nehmen wollen. Als aber B. ihr dann verziehen hatte, scheint sie mit T. wieder verkehrt zu haben. Nach der Ehescheidung lebte die Mutter des

Angeschuldigten in dürftigen Verhältnissen. Von dem kleinen Bauerngut mußten einzelne Teile verkauft werden; schließlich kam auch das väterliche Haus zum Verkauf; die Frau mußte ausziehen und einen kleinen Handel anfangen, der aber nach Aussage des Sohnes nur wenig abwarf. Nach Schilderung Wagners litt sie viel an Kopfschmerzen von migräneartigem Charakter, war nervenschwach und hat später mit dem Kopf dauernd gewackelt. Letztere Angaben werden von Wagners Bruder bestätigt. Wagner hat mir noch mitgeteilt, die Mutter habe zu trübseliger, pessimistischer Lebensauffassung geneigt, Mißtrauen und Zorn gegen Gerichte und Behörden gehabt und oft geklagt, wie bei ihnen in der Familie „eben alles schief gehe". Gemeinderat D. gab bei seiner Vernehmung an, Wagners Mutter sei „nicht besonders gedrückt" worden, habe aber immer „daran herumgemacht, daß sie gedrückt werde". Der Rosenwirt H. in P. sagte von ihr: sie sei eine verschlossene Frau gewesen; Bauer M. gab an, daß sie viel an Kopfweh und Kopfzittern litt.

Von den Geschwistern Wagners ist wenig von Belang bekannt. Ein Bruder scheint etwas zum Trunk zu neigen; er mußte bei seiner Vernehmung selbst zugeben, daß er eben manchmal „Blauen mache", weil man nicht immer Lust zur Arbeit habe. Er leide viel an Nervenkopfweh [1]).

Eine Schwester schreibt von sich selbst, sie habe ein Herzübel, müsse sich vor Aufregungen hüten und sei nicht imstande, einer Gerichtsverhandlung beizuwohnen. Der Angeschuldigte gab uns hier an, diese Schwester sei sehr nervenschwach, habe auch schon manches durchgemacht.

Hauptlehrer H. berichtet über eine Äußerung der Frau des Angeschuldigten, dessen Schwester sei „geradeso großtuerisch" wie er selbst.

Von den weiteren Verwandten Wagners ist noch hervorzuheben: Die Großeltern väterlicherseits scheinen geachtete Bürger in Eglosheim gewesen zu sein. Der Großvater war Schultheiß der Gemeinde. Von den Großeltern mütterlicherseits ist soviel ermittelt, daß der Großvater, der Bauer Ch. R. in P., mit 73 Jahren an Nerven-

[1]) Die Angaben über die noch lebenden Verwandten Wagners sind aus naheliegenden Gründen hier nur teilweise und in vorsichtigster Form wiedergegeben; im gerichtlichen Gutachten waren sie eingehender.

fieber starb, daß seine Frau nach Aussage von Medizinalrat F. zwar nicht förmlich geisteskrank, jedoch nicht ganz normal gewesen ist, was allerdings Professor B. nicht zugibt; er nennt sie eine behäbige, tüchtige Frau. Dagegen steht fest, daß von den Geschwistern der Mutter des Angeschuldigten zwei, nämlich der Bauer Fr. R. und der Gerber G. R. geisteskrank waren und deshalb eine Zeitlang in der Heilanstalt X. behandelt wurden. Fr. R. scheint bald wieder gesund geworden zu sein, während G. R. unheilbar geisteskrank blieb und mit 43 Jahren nach 22jähriger Dauer seines Leidens starb. Nach der Schilderung der Akten litt er wohl zweifellos an Dementia praecox (Jugendirresein). Fr. R. litt an einer mit Sinnestäuschungen, Größenideen und Verfolgungsideen einhergehenden Geisteskrankheit, zeigte unzweideutige katatonische Zustandsbilder, zeitweiligen Stupor mit Nahrungsverweigerung, Negativismus, schmatzenden Bewegungen; er betete und sang viel, zitierte gern Bibelsprüche und Liederverse. In seinen Wahnvorstellungen spielte Onanie eine große Rolle.

Von Wagner selbst war über diese Verwandten nicht viel zu erfahren. Er wußte von ihnen nur sehr wenig und lehnte es ab, über seine Mutter Ungünstiges auszusagen; er zeigte sich entrüstet, daß man so weit zurückliegenden Dingen noch nachspüre. Auch erschien ihm jeder Versuch, durch etwaige Aufdeckung einer erblichen Belastung bei ihm einen Teil seiner Schuld auf seine Vorfahren abzuladen, verfehlt. Er spottete über die modernen Anschauungen, die für jede Schlechtigkeit des Einzelnen seine Vorfahren verantwortlich machen wollen. Er müsse es entschieden ablehnen, daß man die Gründe seines Handelns bei seinen Eltern suche. Andererseits betonte er aber doch auch wieder, daß er und seine ganze Familie ein krankhaftes Geschlecht seien, das vom Erdboden verschwinden solle. Sie alle seien Nervenschwächlinge; Schwachheit und Krankheit aber seien die „größten Laster".

So geht also aus dem bisher Festgestellten deutlich hervor, daß sich in der Familie des Angeschuldigten manches Abnorme findet. Zwei Brüder der Mutter waren geisteskrank, die Mutter selbst nervenschwach, sittlich haltlos, mit Migräne behaftet, von trübseligem Gemüt und offenbar zu unbestimmten Verfolgungsideen geneigt; der Vater haltlos, zum Trinken neigend, eingebildet und unzufrieden.

Wagners Kindheit und Jugend und die ersten Dienstjahre bis 1901.

Aus den Personalakten des Angeschuldigten ergibt sich folgender äußere Lebensgang: Wagner besuchte zuerst die Volksschule seines Heimatorts. Im Frühjahr 1888 wurde er konfirmiert. Nach Kenntnissen und Verhalten war er im letzten Schuljahr immer der Erste; er erschien als fleißig und allseitig begabt. Pfarrverweser B. schilderte den Knaben als lebhaften, beweglichen Geist, der manchmal der Versuchung zu vorlautem Wesen unterliege. „Offen, frisch und munter bis zur Ausgelassenheit ist er doch stets einem ernsten Wort zugänglich, hat für Edles und Gutes in Religion, Wissenschaft und Kunst einen empfänglichen Sinn, der sich nur vor einseitiger Betonung des Wissens zu hüten hat." B. hebt ferner hervor, im Elternhaus sei kein erziehlich fördernder Einfluß vorhanden, die Mutter habe früher in einem fast zweideutigen Ruf gestanden und betreibe zurzeit einen kleinen Kramladen. „Von seinen Geschwistern endlich müssen ihm einige geradezu zum bösen Beispiel gereichen, doch halten sich dieselben zum Glück für gewöhnlich nicht hier auf". Wagners Altersgenosse, der Bauer M. in E. sagte bei seiner Vernehmung aus, Wagner habe schon als Kind manchmal Zeiten gehabt, wo man nicht gewußt habe, was mit ihm los sei; er sei dann so „dösig" gewesen. Auch sei er sehr rasch beleidigt, aber im Verkehr „ein tadelloser Kerl" gewesen, der immer vorwärts strebte. Wagners Pflegevater von 1882—1895, der Gemeinderat D. schildert den Knaben als weder niedergeschlagen, noch ausgelassen, wohl aber als anstellig. Der Bauer W. S. in E., ein anderer Schulkamerad Wagners meinte, Wagner sei schon in der Schule eingebildet gewesen. Rosenwirt H. in P. meinte, Wagner sei schon als Seminarist immer etwas großspurig gewesen. Da Wagner von Dr. G. im Februar 1889 als vollständig gesund und körperlich kräftig bezeichnet wurde, so wurde er Schulamtszögling mit Staatsunterstützung zur Ausbildung für den Schulstand. Er besuchte die Präparandenanstalt in Nürtingen und dann das Schullehrerseminar in Eßlingen, wo er im April 1894 das erste Examen mit dem Gesamtzeugnis „gut" bestand. Die Prüfungsarbeiten liegen vor. Aus ihnen spricht ein kritischer, etwas hochfahrender Geist und eine etwas gehässige Art, über manche Dinge zu urteilen. (Vgl. z. B. den Satz: „Das freie Volk der Preußen rettete die nationale Ehre, die durch den bezopften, dünkelhaften und anmaßenden Adel verloren gegangen war“.) Das damalige Aufsatzthema („Das eben ist der Fluch der bösen Tat, daß sie fortzeugend Böses muß gebären“) wurde in ziemlich konventioneller Weise mit moralischem Pathos behandelt; auch wird darin eine religiöse Grundgesinnung zur Schau getragen. Seinen Lehrern und Seminargenossen fiel Wagner schon damals durch manche Einzelzüge auf. Seminarrektor E. nennt ihn begabt, aufgeweckt, fleißig, strebsam, anständig, sittlich korrekt, von starkem Selbstgefühl, eingebildet und hochmütig. Hauptlehrer N. erinnert sich einer Äußerung von ihm: „Ich verkehre nur mit Leuten, die 2 A [1]) haben.“ Der Zeuge meinte, Wagner habe nie sein wahres Gesicht gezeigt. Hauptlehrer R. gab eine genaue Schilderung des Seminaristen Wagner, dessen Freund er schon damals wegen seines eingebildeten Wesens nicht habe sein können. Damals schon sei Wagner seine eigenen Wege gegangen, habe sehr viel in Büchern und Romanen gelesen, oft ein verschlagenes, träumerisches Wesen zur Schau getragen, sei beim Aufstehen vom Bett meist der letzte gewesen, habe sich nicht leicht aus der Ruhe bringen lassen und entschieden etwas Behäbiges an sich gehabt. Im Umgang habe er stets schriftdeutsch gesprochen und sich schon damals zu etwas Höherem und Besserem berufen gefühlt. Am Schule-halten habe er nicht viel Gefallen gefunden. Im ganzen habe er den Eindruck eines ungezogenen Mutterkindes gemacht, dem eine stramme Zucht wohl angestanden hätte. Seine Mutter habe offenbar den begabten Knaben zu lind behandelt, und so sei Wagner, der sich ohnedies gern absonderte, immer mehr auf Abwege geraten. „Allein Verbrechen, wie sie Wagner begangen hat, hätte ich ihm nie zugetraut. Dagegen habe ich mich darin nicht getäuscht, daß er begangene Vergehen und Verbrechen offen und ehrlich eingesteht. Wagner war eine gerade, aufrichtige Natur.“ Hauptlehrer R., Eßlinger Seminargenosse von Wagner, bezeichnet diesen als äußerst gutmütigen, sehr begabten, hilfsbereiten Mitschüler, Hauptlehrer K. als einen lieben Kursgenossen, mit dem er gerne über religiöse und philosophische Dinge disputiert habe. Schon damals sei Wagner ziemlich pessimistisch veranlagt gewesen. So habe er im Frühjahr 1892 in K.s Stammbuch ge-

[1]) Scilicet im Examen.

schrieben: „Es ist das beste, nimmermehr geboren, doch wenn geboren, eilig an dem Ziel zu stehen.“ K. nennt den Wagner einen geordneten, klugen, fleißigen, strebsamen Menschen. Hauptlehrer Sch., der mit Wagner in Nürtingen und Eßlingen zusammen war, sagt von ihm, er sei damals etwas stolz, über andere erhaben gewesen, habe von sich eine starke Einbildung gehabt, sei mit seinem Stand als Seminarist nicht recht zufrieden gewesen. Sch. bezeichnet ihn als einen ruhigen, geordneten, anständigen Menschen, dessen Lieblingsfach die Literatur war. Hauptlehrer R., ebenfalls ein Seminargenosse Wagners, nennt ihn einen der Selbständigsten des Kurses: er habe schon damals recht freie Anschauungen gehabt und manchmal geglaubt, daß er wegen seines Standpunktes von einigen Vorgesetzten eine ungerechte Behandlung erfahre. „Im übrigen war der Kleine bei seinen Mitzöglingen beliebt“. Hauptlehrer B., ebenfalls Seminargenosse von Wagner, sagt von ihm, er sei im Kurs nicht unbeliebt gewesen, doch habe er sich immer etwas stolz zurückgezogen. Er sei elegant gekleidet gewesen und habe viel auf das Äußerliche gehalten. Er sei durchaus nicht grausam, wohl aber immer verschlossen und gedrückt, nie heiter gewesen, habe eine Neigung zum Sinnieren und Träumen gehabt. Obwohl nicht hervorragend begabt, sei er Meister in sprachlichen Fächern gewesen, habe gewandt geschrieben und gesprochen. Unter den Eßlinger Kursgenossen sei das Gespräch gegangen, Wagner sei der Sohn eines Offiziers [1]). Hauptlehrer J. in R., ein Mitseminarist aus der Eßlinger Zeit, sagt von Wagner, er sei schon damals ein frecher Mensch gewesen. Dagegen nennt ihn ein anderer Kursgenosse, Hauptlehrer L. in St. einen außerordentlich ruhigen, literarisch gebildeten, wahrheitsliebenden Mann, und meint: „Wagner muß einen gigantischen Kampf mit sich selbst gekämpft haben in den letzten Jahren, bis seinen scharfen Verstand endlich die wahnsinnige Idee besiegte und zur Tat zwang. Meine innerste Überzeugung ist es, daß das große Rätsel seiner Tat eine Lösung durch den Psychiater finden wird.“ Hauptlehrer F. in S., der ebenfalls mit Wagner in Nürtingen und Eßlingen zusammen war, sagt von ihm, er sei ein sehr fleißiger, sehr belesener und begabter Zögling gewesen, von allen gerne gelitten und geachtet.

---

[1]) Woher dieses Gerücht kam, war nicht festzustellen.

Wagner selbst hat uns von seinen inneren Zuständen als Knabe und Schüler in seiner Biographie Kenntnis gegeben. Freilich ist diese Biographie erst 1909 geschrieben, in einer Zeit, in der Wagner, wie wir später sehen werden, bereits ein ganz anderer Mensch geworden war. So werden wir seine Mitteilungen nicht alle ganz wörtlich nehmen dürfen. Trotzdem sind sie uns bei dem guten Gedächtnis und der großen Wahrheitsliebe Wagners von Bedeutung. Er schildert sich selbst als einen phantasievollen, ehrgeizigen Knaben, der sich verpflichtet fühlte, sein einmal gegebenes Wort zu halten, auch wenn ihm dieses Worthalten Schaden bringen mußte. „Ich Narr des Worts! Wie viel Unheil soll diese Untugend noch über mich bringen!“ Er berichtet von seinen angstvollen Träumen, in denen er sich schon frühzeitig von Hunden und Feldschützen gehetzt, sich zerstochen, erschossen, zerstückelt, gesotten und gebraten sah, wie er von der Flamme ins Wasser, vom Wasser in die Flamme fiel, wie er sehr häufig in allen Ängsten frei durch die Lüfte schwebte und sich einmal mit einer ganzen Bande höllischer Geister herumschlagen mußte; wie er dann in ein schwarzes Loch gezerrt wurde, auf ein Nagelbrett zu liegen kam, gleich dem reichen Mann, den Himmel sehend, und dabei wahrnehmen mußte, daß gerade alle die darin herumspazierten, die er nicht leiden konnte. Dieser Traum habe in ihm den Vorsatz erweckt, fromm zu werden, Er habe sich von den Spielen der Kameraden zurückgezogen, in verstaubten Gebetbüchern gelesen und Pfarrer werden wollen. Dann hätte er mögen von der Kanzel herunterdonnern und selbst den Königen die Wahrheit sagen. So habe er bei all' seiner Zerknirschung immer noch eine große Rolle spielen wollen, und es habe ihm immer die Demut gefehlt. „Lächelt über den Knaben, lächelt über den Mann, er ist heute noch so!“ Von klein auf sei er ein Wildling gewesen, sei in ziemlicher Ungebundenheit aufgewachsen; erzieherischer Einfluß habe sich wenig bei ihm geltend gemacht.

„So sehr ich das Andenken meiner Mutter ehre und so sehr ich bedauere, ihr wenig Freude und viel Kummer gemacht zu haben, so sei es mir doch gestattet, zu sagen, daß sie an der Verdüsterung meines Gemüts wesentlich schuld ist. Sie selbst sah gleich alles von der trübsten Seite, mit ihrer Heirat hat sie keinen Treffer gemacht. Der Mann starb und hinterließ Kinder und Schulden. (Von mir soll das nicht gesagt werden.) Wer die wirtschaftliche Agonie einer kleinbäuerlichen Familie schon mit angesehen hat, der wird die Lage meiner Mutter beurteilen können. Sie tat, was sie konnte, aber der wirtschaftliche Rückgang war nicht aufzuhalten. Unsere Familie zählte bald zu den armen Leuten" . . . . . „Wie ich mich erinnere, ist im Hause auch gepfändet worden. Mir erschien das als etwas ganz Schreckliches und Ehrverletzendes. Ich kann heute noch nicht die Gerichtsvollzieher leiden; ich meine, ein Mensch von einigermaßen anständigem Empfinden könne sich nicht dazu hergeben. Überhaupt faßte ich frühzeitig eine Abneigung gegen Obrigkeit und Obrigkeitspersonen. Meine Mutter sagte mir, die Schulzen und Richter helfen nur den reichen Leuten und quälen die armen. Auf die Prozesse, die sie zu führen hatte, will ich nicht eingehen, es fehlte mir auch hiezu das sachliche Material, und ins Blaue hinein will ich nicht verurteilen. Aber ich glaubte bestimmt, die Richter seien samt allen Advokaten Spitzbuben. Und die Reichen haßte ich. Das ist wahr: es gab wenig Leute, die uns wohlwollten. Das „Witwenbüble" mußte ich oft auf der Gasse hören, auch von Alten, und es klang durchaus nicht wie die Stimme des Bedauerns".

Wagner erzählt weiter von seinen Kinderspielen. Er scheint schon frühe das weibliche Geschlecht geliebt zu haben: das liebste Spiel sei ihm damals das „Hochzeiterles" gewesen.

„Trotz aller Verhöhnung, die ich als „Mädlesschmecker" von rohsinniger Kameradschaft erdulden mußte, blieb ich der Minne treu. Genau besehen, waren diese Kerle nur rechte Neidhämmel, denn überall schlichen sie einem hintennach. Es ergab sich nicht selten bei diesem schönen Spiel, daß bei der Austeilung etliche Weibchen übrig blieben; denn sie stellten sich da gerne und zahlreich ein. Das war das erste Mal eine große Not, bis ich ganz vorurteilslos und sittenfrei erklärte, ich könne auch zwei nehmen. Gelächter und Entrüstung! Obwohl ich aus der Bibel die Zulässigkeit der Bigamie begründete und auf die 1000 Weiber Salomos exemplifizierte, (wohlgemerkt: ich war damals schon passabler Bibelkenner!) — die Gesetzesphilisterhaftigkeit siegte und ich bekam die zweite nur als Dienstmädchen. So prägte die Unschuld jene Formel von Mormonenkniffen. Ich weiß nicht mehr, welche ich mehr geliebt habe, die Gattin oder das Dienstmädchen."

Wagner erzählt in seiner Biographie weiterhin von den mehr kriegerischen Jugendspielen, von seinem Ehrgeiz, dabei der Führer zu sein, von seiner Funktion als Opfereinsammler und als Orgeltreter in der Kirche zu Eglosheim, von seinen Obstdiebstählen, von seinen Schülererlebnissen, wobei er seinem früheren Schulmeister eine freundliche Erinnerung weiht, von seinen Zukunftsträumen als Knabe, aus denen sein Ehrgeiz deutlich hervorgeht, von seiner Schwärmerei für das Räuberleben und von der etwas phantastischen Ausgestaltung der jugendlichen Räuberspiele. Wir erfahren ferner von ihm, daß er als Knabe sehr viel gelesen hat, vor allem natürlich auch sehr viel Schundliteratur in den billigen

10 Pf.-Heften. Auch die Zeit in Nürtingen erfährt in der Biographie eine halb humoristische, halb ernste Darstellung. Er schildert, wie bei ihm aus dem ehemaligen Räuber-spielenden Knaben in Nürtingen ein Junge mit sehr zartem Gewissen wurde, der sich sehr fürchtete, wenn er sich nicht genügend präpariert glaubte.

„Wenn meine Kameraden in der Freizeit etwas Verbotenes auszuführen gedachten, wenn sie etwa einen Schoppen trinken wollten, so lehnten sie meine Begleitung ab mit der Begründung, ich sei zu dumm dazu. Leider, leider ists im Seminar anders geworden. Dort kam ich ins Saufen, Spielen und Huren hinein. Das mit dem Saufen war nicht so arg, wie sich jetzt mancher vorstellen könnte, es ging kaum über 3 Glas Bier hinaus. . . . Ich konnte überhaupt nicht viel vertragen, ein Schoppenfläschchen, das wir in der Vesperpause in der Seminarküche holen durften, bewirkte bei mir schon einen kleinen Spitz. Als schwäbischer Mostkopf aufgewachsen, schmeckte mir das Bier zu bitter, und Wein hat heute noch eine verheerende Wirkung auf mich. Wenn ich also ins Wirtshaus ging, so geschah das nicht des Trinkens wegen, sondern vielmehr aus der Flegeljahrstimmung, die die Mannesrechte gerne vorwegnimmt."

Wagner erzählt ferner von dem Schöntun mit Kellnerinnen, das ziemlich harmlos gewesen zu sein scheint, vom Rauchen und Kartenspielen, von der Ungleichmäßigkeit seiner Leistungen, von seiner Vorliebe für die schöne Literatur, von den Strafen, die er als Seminarist sich zugezogen hat. Dabei tritt seine Wahrheitsliebe zutage.

„Wenn ich von einigen Lehrern geschlaucht und mit Ordnungsstrafen bedacht worden bin, so kann ich das rückdenkend nur als gerecht empfinden. Ich hatte sogar das Hinausgeschmissenwerden verdient. Ich bedauere es wiederum, daß das nicht geschehen ist. Schlimmstenfalls wäre ich eben früher zugrunde gegangen. — Welch ein Glück für mich und andere!"

„So oft ich mich hinsetze, dieses Buch zu schreiben, nehme ich mir vor, mein eigen Selbst zu verleugnen. Ich schreibe, wie wenn ich den Ernst Wagner als objektiver Biograph zu behandeln hätte. Es wird mir oft sehr sauer, aber jeder Wissende wird gestehen müssen, daß ich die Farben wahrheitsgetreu aufgetragen habe, daß zu meinen Gunsten nichts gedreht und gedeutet worden ist." . . . . „Mich schone ich nicht. Ihr sollt mich haben wie ich bin, leider bin." . . . „Bis jetzt habe ich aus meinem Leben im Seminar Dinge angeführt, die mir als ganz nebensächlich erscheinen müssen. Aber was meinem ganzen Leben die tiefunglückliche Richtung gab, was mich um meine Jugend brachte, was mich schließlich in noch tieferen Schmutz hineinstieß, ich verfiel der Onanie. Ich werde damit den Meisten, die mich kennen, nichts Neues sagen. Es war mir ja anzusehen und ich habe auch zu Befreundeten darüber gesprochen. Genau 18 Jahre war ich damals alt, eben reif geworden, wenn die ersten Pollutionen die Geschlechtsreife bedeuten."

. . . . . „Ein Stuttgarter Nervenarzt, dem ich in tiefer Betrübnis meinen Fall vortrug, brach aus: „Nur hellauf, wenn die 90 Prozent von Jünglingen und Jungfrauen sich solche Skrupel machten wie Sie!“ Vielleicht übertrieb er, wie die Ärzte gewohnheitsmäßig ihre Patienten mit dem Hinweis auf andere trösten wollen. Immerhin sind nach meinen eigenen Beobachtungen so viele dieser Seuche verfallen, daß ich mich nur wundern muß, daß man davon nicht ebensoviel redet als vom Alkohol. Das weiße Kreuz ist viel nötiger als das blaue. Eben der Umstand, daß man nicht gerne davon redet, deutet auf ein schlechtes Gewissen der Masse. Denn ein trinkfester Mann zu sein, gilt bekanntlich für keine Schande, aber so einer! Mir selbst hats niemand direkt gesagt — man wollte mich wahrscheinlich nicht beschämen, — aber Anspielungen bekam ich hin und wieder zu hören. Einmal stand an meinem Spiegel in stattlicher Rundschrift: ‚Sumpfhuhn wache auf!‘ Das ärgerte mich über die Maßen; wenn's nur auch genützt hätte“. . . . . „Ich hätte doch selbst so gescheit sein sollen, um einzusehen, wohin das führt. Körper und Geist kamen doch augenscheinlich herunter. Nun kann ich auch versichern, daß ich mit großer Willenskraft — und außer dem Onanisten weiß nur noch der Morphinist um solche Willenskraft — wochenlang, monatelang, ja vierteljahrelang mich bezwungen habe. Aber ich habe deshalb nie eine Besserung meines körperlichen Zustandes gefühlt. Heute weiß ich, woran die Schuld davon lag: Scham und Gram erhielten mich in beständiger Depression, ich hatte schließlich ganz den Glauben verloren, je wieder zu gesunden. Die Natur, redete ich mir vor, richtet den erbarmungslos zugrunde, der sie an dieser ihrer empfindlichsten Stelle verletzt. Ihr Opfer der Selbstbefleckung, ihr Elendesten unter der Sonne, hört meine Rede. Lauft nicht zum Arzt, fragt nicht Geldjäger à la Retau! Nr. 1. Geht hin und sündiget nicht mehr. Ists Dir zu schwer, so schau Dich um nach einem Mensch, und ihr Menscher (pardon), schaut euch um nach einem Kerle. So Ihr Geld habt, tragts ruhig ins Hurenhaus, bis Ihr übersatt seid. Unsittlichkeit in der Potenz? Herrgott, was ist denn unsittlicher, eine Hure oder so ein ? Warum hat mich die Vorsehung nicht im liederlichen Orient niedergesetzt? Da läge ich jetzt gottgläubig auf dem Diwan und ließe mir von meinen Weibern und Kebsen den Buckel kratzen. Statt dessen wandere ich jetzt gramzerfressen durch einsame Wälder und halte waschlappige Ciceroreden über meine katilinarische Verworfenheit“ . . . . „In der Tat hängen im letzten Grunde alle meine kleinen und großen Verrücktheiten, alle meine Mißerfolge und alle Leiden meines Lebens mit geschlechtlichen Abnormitäten („Verbrechen“) und der sie begleitenden Niedergedrücktheit zusammen. So paradox es klingen mag, selbst mein Stolz und meine Eitelkeit sind dadurch eher gesteigert als vermindert worden.“

Aus dieser Schilderung Wagners vom Jahre 1909 halten wir als besonders wichtig die Tatsache fest, daß die Onanie, der er im Jahre 1892 im Alter von 18 Jahren verfiel, und die er erst viel später ganz überwand, in ihm schwere Selbstvorwürfe und Skrupel auslöste und in einem ungewöhnlichen Maße sein Denken und Sorgen beherrschte.

Bald nach seinem ersten Examen wurde Wagner Lehrgehilfe in R. (April 1894 bis Mai 1895). Dort wurde er von seinem Vorgesetzten sehr gelobt (bescheiden, willig, verträglich, solide, anständig, geordnet, ruhig, freundlich). Auch er selbst äußert sich in seiner Biographie zufrieden über die damalige Stelle, obwohl der geringe Gehalt von 520 Mark nur ein sehr bescheidenes Leben gestattete. Von R. kam er im Sommer 1895 nach B. Über diese Zeit berichtete Hauptlehrer L.: Wagner habe über dem Durchschnitt gestanden, eine ruhige, etwas vornehme Art, etwas Überlegenes und Stolzes gezeigt, sei sehr empfindlich gewesen. Er habe immer hochdeutsch gesprochen, sei kein Kirchengänger, aber im übrigen solid und anständig gewesen. Gegen das kleine Kind des L. habe er sich sehr lieb gezeigt.

Etwas anderer Meinung ist Oberlehrer J. in B., der sagte: „Er machte auf mich den Eindruck eines eigentümlichen Menschen, von dem man so bei sich selber dachte, man könnte meinen, er sei nicht ganz normal. In Erinnerung ist mir noch, wie er bei mir Abschied nahm. Er kam etwas hochtrabend herein und sagte: „ich bin versetzt worden wegen einiger Ausdrücke, die ich gegen die Kirche getan habe, und wegen Unfleißes in der Schule; beides ist richtig".

In den Personalakten findet sich ein Brief des Stadtpfarrers M. in B. aus dem März 1896, worin mitgeteilt wird, Wagner habe in einer Wirtschaft für die Sozialdemokratie Partei ergriffen und sei dabei mit einem Beamten in Streit geraten; er habe dabei von sich behauptet, er kenne die Sozialdemokratie, die anderen verständen davon nichts. Bezirksschulinspektor W. berichtete im März 1896 über Wagner an die Behörde, er passe in keine städtische Schule. Er verstehe es nicht, sich zu den Kindern herabzugeben, sich als Person oder als Lehrer unter sie zu stellen, sondern gefalle sich in einer geschraubten, schauspielerischen Abgemessenheit des Tonfalls und der Gesten und stelle sich in einer gemachten Vornehmheit den Kindern gegenüber. Auch mache er unzulässige Äußerungen wie z. B.: ein Gebildeter gehe nicht mehr in die Kirche, die Religion sei unvernünftig.

Von B. wurde er im April 1896 nach R. versetzt, wo er bis zum Dezember 1897 blieb. Dort wird sein feines Auftreten, sein etwas eitles und affektiertes Wesen, aber auch seine Ehrenhaftigkeit, sein Fleiß, sein Geschick, seine Sparsamkeit hervorgehoben. Er bildete sich nach seiner eigenen Angabe durch Lesen philosophisch-pädagogischer Schriften weiter. Hauptlehrer W., der damals mit ihm zusammen war, berichtet, Wagner sei im Studium der französischen Sprache und der Literatur eifrig, gegen das weibliche Geschlecht nicht unempfindlich gewesen. Über die Sozialistin Klara Zetkin habe er sich begeistert ausgesprochen und aus seinem negierenden Standpunkt gegenüber der Religion kein Hehl gemacht. Er sei eigene Wege gegangen und habe die Kollegen gemieden. Es sei ein zynischer Zug in ihm gewesen, und die Keime seiner grausigen Tat haben schon damals in ihm geschlummert. Auf R. folgte W., wo Wagner bis Herbst 1898 tätig war. Aus jener Zeit wurde an die Behörde über ihn berichtet, er beschäftige sich vorwiegend mit deutscher Literatur, seine Erziehungsweise sei sehr mild, aber bestimmt und konsequent, er werde als Lehrer sehr gelobt. Er halte etwas auf sich, sei etwas geziert und zurückhaltend, ohne viel Anschluß, bleibe lieber für sich. Der Charakter sei gut, offen, selbständig. Oberlehrer B. in W. gibt an, Wagner habe damals ein elegantes Auftreten mit gelben Schuhen und weißer Weste gezeigt; man habe von Beziehungen zu einer Tochter des Lehrers Y. gesprochen. Auf W. folgen verschiedene kurzdauernde Dienstleistungen, zunächst in G. bis Februar 1899, dann in O. bis April 1899, dann als Hilfslehrer an der Mittelschule I in S. bis September 1899, dann als Amtsverweser in H. bis Februar 1900, in P. bis April 1900. Dem Hauptlehrer G. in F. erschien er damals als zugeknöpft, an starker Selbstüberschätzung leidend; er habe immer reines Hochdeutsch gesprochen. In P. fühlte er sich krank und konsultierte deshalb Dr. K. in D., nach dessen Mitteilung er damals über Schmerzen in den verschiedensten Körperteilen, unruhigen Schlaf und Onanie klagte, wobei die körperliche Untersuchung objektiv nichts Krankhaftes ergab. Einige Wochen vorher war er bei einem Arzt gewesen, der hochgradige Nervosität, sehr beschleunigte Herztätigkeit und stark erhöhte Sehnenreflexe fand. Wagner bat damals von P. aus um einen halbjährigen Krankheitsurlaub und erhielt zunächst zwei Monate gewährt. Auf Verlangen gab er als seine Adresse den Wohnort seiner Mutter, Eglosheim, an, blieb aber tatsächlich nicht dort, sondern fuhr mit 40 Mk. in der Tasche in die Schweiz. Da er bald ohne Mittel war und sein

Gehalt ihm nicht nachgesandt werden konnte, weil niemand seine Adresse wußte, so sah er sich genötigt, sich durch Arbeit Geld zu verdienen. Er hat diese ganze Zeit seines Krankheitsurlaubs und seiner Rückkehr aus der Schweiz nach Hause im ersten Teil seiner Selbstbiographie ausführlich geschildert. Er arbeitete als Erdarbeiter mit 28 Centimes Lohn pro Stunde, machte einen vergeblichen Versuch, seine Gedichte bei einer Zeitungsredaktion anzubringen, mußte zeitweise fast hungern, verkaufte einen Überzieher und wanderte schließlich als Handwerksbursche von der Schweiz über den Schwarzwald nach Hause. Unterwegs mußte er seine Uhr versetzen und bisweilen an die Mildtätigkeit Fremder appellieren. Für die Freundlichkeit, die er damals von manchen Menschen erfahren hatte, bewahrte er eine dankbare Erinnerung. Seine Mutter hatte sich inzwischen sehr um ihn geängstigt, weil sie gar nichts von ihm gewußt und man verschiedentlich nach ihm gefragt hatte. Nach seiner Rückkehr fand er zunächst Anstellung als Stellvertreter in S. Von dort heißt es in den Personalakten im September 1900, er sei „Rekonvaleszent von Nervenleiden"; seine Lehrbegabung und Lehrweise sei unnatürlich geziert und geschraubt; gegen den Pfarrer sei er höflich und artig, aber zurückhaltend, gegen die Mitlehrer vornehm, zugeknöpft, gegen die Gemeinde angemessen, doch schließe er sich ab. Er habe einen guten Charakter, sei ein fleißiger Kirchgänger und aufmerksamer Zuhörer in der Kirche. Wenige Monate später kam er als Unterlehrer an die Mittelschule in S., wo er bis April 1901 verblieb. Aus jener Zeit schildert ein Lehrer in der G. Zeitung „Hohenstaufen" Wagners Persönlichkeit. Wagner sei damals ein nicht bloß theoretischer, sondern auch praktischer Anhänger des Schopenhauerschen Pessimismus gewesen und habe sich in diese Anschauung geradezu verbeißen können. Er habe über alles die ätzende Säure seines kritischen Verstandes gegossen und kein Hehl daraus gemacht, daß er Atheist und radikaler Sozialist, in manchen Dingen sogar Anarchist sei. Aber das dürfe man nicht offen bekennen. Schon damals hatte der Verfasser des Artikels den Eindruck von Wagner: Wenn du so einsam weitergrübelst, wird dein Geist zerrüttet. Es zeigten sich bei Wagner zuweilen sprunghaft aufflackernd sonderbare Ideen und Gedankengänge. Dabei sei er sehr liebenswürdig gewesen und habe ein fanatisches Gerechtigkeitsgefühl gehabt. Eine große Menschenverachtung, Selbstüberhebung und geistiger Hochmut seien ihm zu eigen gewesen. Auch habe er den festen Glauben gehabt, er werde von der Behörde ungerecht behandelt und mit Absicht auf ihm nicht zusagende Stellen geschickt, obwohl damals dazu kein Grund vorgelegen habe. Ein Trinker sei er nicht gewesen, aber eine problematische Natur. In seinem Wesen sei ein Riß gewesen; er habe prächtige Anlagen gehabt, etwas Nützliches und Gutes zu leisten, aber „ein Dämon schlummerte in ihm, dunkle Begierden lagern in seiner Seele, nichts ist ihm heilig".

Wagner wurde im April nach L. versetzt, wo er nur wenige Monate blieb. Hauptlehrer S. äußert sich 1913 über jene Zeit: „Sein Verhalten war tadellos für einen Mann seines Alters, sein Benehmen nett, ja vornehm, sein Äußeres stets sehr geordnet. Ich schätzte ihn als einen sehr tüchtigen und charaktervollen jungen Mann; mir steht es zweifellos fest, daß sein einst so scharfer, herrlicher Verstand durch irgendwelche leidigen Umstände mußte umnachtet sein, daß er dieser Tat fähig wurde."

Wagners Zeit in Mühlhausen.

Im Juli 1901 erfolgte seine Versetzung nach Mühlhausen an der Enz. Am 30. September 1901 wird er dort von seinem Vorgesetzten in Allem gelobt; sein äußeres Benehmen sei würdig, man sei mit ihm vollkommen zufrieden. Ein Jahr später wird von ihm gesagt, seine Lehrweise sei für Durchschnittsbegabung viel zu hoch gewesen; gegen den Geistlichen sei er höflich, auch dem Tadel gegenüber in lobenswerter Weise zugänglich; gegen Mitlehrer sei er kollegialisch. Dem „Gemeinen sei er fern", dem „Schönen zugewandt". (Kreisschulinspektor X.). Der Bezirksschulinspektor fügte diesem Urteil bei, Wagner mache den Eindruck eines von sich sehr eingenommenen Mannes.

In Mühlhausen war Wagner von Juli 1901 bis November 1902. In diese Zeit fallen Vorkommnisse, die für sein ganzes späteres Leben von verhängnisvoller Bedeutung wurden. Während er als Lehrer zur Zufriedenheit seiner Gemeinde und seiner Vorgesetzten fungierte, während er in der Schule gute Zucht hielt, im Verkehr mit anderen ein etwas vornehmes Gebahren, eine gewisse Einbildung und Eigendünkel zeigte, beging er nach seinen späteren eigenen Angaben sexuelle Vergehen (Unzucht mit

Tieren), von denen jedoch damals niemand Kenntnis erhielt. Zum ersten Male spricht er von ihnen im ersten Teil seiner Biographie, der im Oktober 1909 geschrieben wurde. Ich werde darauf später zurückkommen. Wie er mir hier in der Klinik mitteilte, kam er zu diesen Verfehlungen einige Wochen oder Monate nach seiner Versetzung nach Mühlhausen in späten Nachtstunden auf dem Heimweg vom Wirtshaus. Die Einzelheiten der sexuellen Delikte hat er niemals irgend jemand bekannt gegeben. Er knüpfte dann mit der Tochter Anna des Wirts S. in Mühlhausen ein Liebesverhältnis an, das im Mai 1902 intimen Charakter annahm. Im August ward das Mädchen schwanger; die Sache kam zur Kenntnis der vorgesetzten Behörde, Wagner wurde zitiert, erklärte, er bereue seine Tat und wolle das Mädchen heiraten. Der Bezirksschulinspektor in Großsachsenheim beantragte im Oktober 1902 Wagners Versetzung, worauf er abberufen und außer Verwendung gesetzt wurde. Im Dezember 1902 erfolgte sodann seine Versetzung nach Radelstetten auf der Alb. Schon im Herbst 1901 hatte er das zweite Examen mit der Note 2B bestanden. Die sittlichen Verfehlungen mit Tieren müssen vor diese Zeit fallen, weil er später angab, daß er schon damals unter der Angst vor Entdeckung gelitten habe und immer mit dem geladenen Revolver herumgelaufen sei, um sich zu erschiessen, falls er verhaftet würde. Auch im Examen trug er den Revolver bei sich in der Tasche (Selbstbiographie III, S. 37). Anna S. verließ einige Monate nach Beginn ihrer Schwangerschaft Mühlhausen und gebar am 1. Februar 1903 ein Mädchen.

Während bis zur Zeit des Mühlhausener Aufenthaltes Wagners Darstellungen seines Lebensganges und seiner Dienstverhältnisse, seiner Stellung zu Pfarrer, Lehrer und Gemeinde mit den in den Akten niedergelegten Tatsachen in allem Wesentlichen übereinstimmten, wird dies vom Herbst 1901 ab anders. Es ist darum von besonderer Bedeutung, zunächst aus den in den Akten enthaltenen Aussagen zusammenzustellen, wie seine Persönlichkeit damals beurteilt wurde. Das Urteil seiner vorgesetzten Behörde ist schon oben erwähnt. Seine Versetzung von Mühlhausen erfolgte ausschließlich, weil bekannt geworden war, daß die Anna S. von ihm schwanger sei. Sein Verhalten dem Mädchen gegenüber scheint nicht unehrenhaft gewesen zu sein; wenigstens gab seine Schwiegermutter, die 60jährige Friederike S. an, Wagner sei nie unfreundlich gegen sie und ihre Familie gewesen, er habe nie Geld von ihr gewollt. Als er noch in Mühlhausen Lehrer war, habe er, schon ehe die Eltern wußten, daß ihre Tochter Anna in anderen Umständen sei, mehrmals um sie angehalten. Da das Mädchen aber selbst geäußert habe, sie wolle ihn nicht, er sei ihr zu alt, so sei er von den Eltern abschlägig beschieden worden. Plötzlich sei die Tochter von Mühlhausen verschwunden und es habe sich später herausgestellt, daß sie in Stuttgart gewesen und dort niedergekommen sei. An Wagners Selbstbeschuldigungen der Sodomie glaubte Frau S. bei ihrer Vernehmung im November 1913 nicht, sondern meinte: „Sollte das nicht ein Wahn sein?" Zahlreiche andere Einwohner von Mühlhausen, die als Zeugen vernommen wurden, bekunden, daß in Mühlhausen niemals etwas über sexuelle Vergehen des Wagner bekannt geworden sei, so der Bauer K., ferner der Schultheiß von Mühlhausen, der ausdrücklich mitteilt, daß keinem Mitglied des Gemeinderats in Mühlhausen etwas über Verfehlungen des Wagner mit Tieren bekannt sei. Wohl sicher mit Recht meint K., wenn von sittlichen Verfehlungen Wagners in Mühlhausen überhaupt etwas gesprochen worden wäre, so hätte dies das ganze Dorf gewußt. Ganz ähnlich sind die Aussagen des Wirtes Hermann S., der auch mitteilte, daß Frau Wagner sich nie über ihren Mann beklagt habe. Gleiches sagte S.s Ehefrau aus. Bezirksschulinspektor M. in G. teilt mit, Wagner sei in Mühlhausen durch sein eitles, selbstbewußtes Wesen aufgefallen; er habe seinen Kollegen gerne durch geistreiche oder schöngeistige Reden imponieren wollen, doch sei er keineswegs abnorm erschienen und über sittliche Verfehlungen sei nichts bekannt gewesen. Fasc. 88 der Akten enthält die Aussage der Wirtstochter F. M., sie sei bei Wagner in die Schule gegangen; man habe ihn als Lehrer gerne gehabt und etwas bei ihm gelernt. In Fasc. 102 der Akten teilt die Wirtin W. M. von Mühlhausen, bei der Wagner im Sommer 1902 zu Mittag aß, mit, er sei viel auswärts gewesen, habe sich nicht viel mit den Leuten unterhalten, den Frauenzimmern nicht nachgestellt; er sei damals der Anna S. nachgelaufen, die im Stall die Kühe gemolken habe. Dabei seien seine Schuhe wohl „kuhdrecket" geworden. Fasc. 473 bringt die Vernehmung der Schlossersfrau T. R. in C., die Wagner in den Jahren 1901/02 in Mühlhausen im Schulhaus das

Zimmer richtete, ihm die Sonntagskleider ausbürstete und die Stiefel putzte. Auch sie hörte nie etwas Nachteiliges über ihn. Es falle ihr jetzt ein, daß Wagners Stiefel oft sehr schmutzig gewesen seien, als ob er mitten in einen Kuhfladen hineingetreten wäre. Einmal, ungefähr im Mai 1902, sei ihr aufgefallen, daß die Jacke seines Sonntagsanzugs auf der ganzen Vorderseite voll kurzer rötlicher Haare, wie von einer Kuh gewesen sei. X. Y. berichtet, Wagner habe damals einmal, als sie ihm den Wasserkrug an der Türe niederstellen wollte, zu ihr gesagt, sie solle das Wasser auf den Nachttisch stellen; er habe dann, als sie dies tat, die Türe rasch geschlossen, sie gepackt und ohne ein Wort zu sprechen, sie auf sein Bett geworfen. Sie habe sich aber losgerissen, habe die Türe aufgeschlossen und sei hinausgesprungen, worauf sie die Sache ihrer Mutter erzählte. Frau Y. bestätigt die Aussagen ihrer Tochter und berichtet ferner, ihre andere Tochter sei im Mai 1902 einmal mit den Kleidern des Angeschuldigten zu ihr gekommen und habe ihr erklärt, sie putze die Kleider nicht mehr. Dabei habe sie die Hosen des Wagner vorgezeigt, die bis zu den Knien mit Kuhdreck beschmutzt gewesen seien. Wagner habe dann auf Vorhalt gesagt, er sei gestürzt; man solle die Kleider dem Schneider bringen, damit er sie reinige. Die Tochter bestätigt diese Angaben ihrer Mutter, ohne wesentlich Neues hinzuzufügen. Kein Mitglied der Familie Y. hatte jedoch damals (1901—1902) bei Wagner an Sodomie gedacht oder darüber gesprochen. Ein sicheres Ergebnis haben die Nachforschungen in Mühlhausen, vor allem bei der Familie Y. in bezug auf die Art der Sodomie Wagners nicht ergeben. Vermutungsweise mag man an Unzucht mit Kuh, Rind oder Kalb denken.

In den gesamten Akten findet sich keine einzige Aussage, daß Wagner während seines Mühlhausener Aufenthaltes jemals von irgend einer Seite Geringschätzung, Spott oder Hohn erfahren habe; ebensowenig findet sich irgend eine Angabe, daß er damals bei irgend jemandem in Mühlhausen im Verdacht sexueller Vergehen gestanden habe. Dagegen ist die Äußerung des Lehrers Y. wichtig, Wagner habe bei seinem Weggang von Mühlhausen gesagt: „Das ist die schlechteste Stelle, die ich je gehabt habe.“ Am 10. Dezember 1902 wurde Wagner nach Radelstetten versetzt, wo er bis zum 1. Mai 1912 verblieb.

Die Jahre in Radelstetten.

Äußerer Lebensgang und dienstliches Verhalten.

In Radelstetten erwarb sich Wagner als Lehrer eine geachtete Stellung. Er wurde dort im Juli 1903 definitiv angestellt und heiratete dann die Anna S. im Dezember 1903. Aus der Ehe gingen noch vier Kinder hervor (das älteste, Klara, war am 1. Februar 1903 unehelich geboren), von denen das jüngste, ein Knabe, im Juli 1909 geboren wurde und am 22. September 1909 starb. Die 4 anderen Kinder scheinen sich körperlich und geistig normal entwickelt zu haben. Wagner sagte mir hier in Tübingen, seine Kinder seien sehr intelligent gewesen.

Wir lesen in den Personalakten, daß man ihn in Radelstetten gerne hatte. Er gilt als tüchtiger Lehrer mit guten Kenntnissen, gewandt im Unterricht, sehr fleißig in der Schule, noch mehr in eigener Fortbildung. Bezirkschulinsspektor S. schreibt von ihm 1903: „In seinem Wesen und Benehmen hat er etwas Unnahbares, Geziertes, Unnatürliches, doch ist er dabei gegen die Anordnung der Vorgesetzten willig und lebt sehr solid und eingezogen.“ Ortsschulinspektor N. nennt ihn in seinem Zeugnis vom 21. Mai 1903 selbstbewußt und hochgetragenen Wesens. Seine Aufführung sei gut; gegen den Geistlichen sei er ehrerbietig, aber verschlossen, gegen die Gemeinde zurückhaltend, im häuslichen Leben solid. Im Jahr 1909 wird er amtlich gelobt; er sei fleißig in seiner Schule, gebe guten, klaren, interessanten Unterricht, halte die Schüler zum Denken an; diese werden von ihm gut erzogen, seien aufmerksam und geweckt, haben gute Schulkenntnisse. Der Stand der Schule sei in Kenntnis und Zucht gut. Wagners Charakter und Wandel seien im allgemeinen gut, sein Benehmen gegen die Gemeinde freundlich. Im Mai 1909 heißt es von ihm, er bilde sich in Literatur und Sprachen weiter, huldige modernen Anschauungen. Im August 1909 schreibt der Bezirksschulinspektor, Wagner mache gute Aufsätze, sei sprachgewandt, im Charakter nicht ganz zuverlässig, gebe sich aber Mühe. Sein Wandel sei ohne Klage. Er tauge für einen größeren Schulkomplex. Im September 1911 wird, als er sich von Radelstetten wegmeldete, über ihn berichtet, seine Dienstführung sei gut, er habe sich zu einem tüchtigen Lehrer entwickelt, das frühere hochmütige und gespreizte Wesen abgelegt, sei bescheidener und vernünftiger geworden. Er habe ein sehr gutes Lehrgeschick, gute Erziehungsweise, sei ziemlich streng, manchmal etwas ungeduldig. Er bilde sich gut weiter, sei in allen Fächern gut, besonders sprachgewandt. Der Ortsschulrat in Radelstetten habe sich im Frühjahr 1911 über Wagner in jeder Hinsicht sehr lobend ausgesprochen und möchte ihn gerne behalten. Wagner werde aber in einem großen Schulkomplex ganz an seinem Platz sein.

Wagners Leben und Persönlichkeit in Radelstetten im Urteil seiner Freunde und Bekannten: Durch zahlreiche Vernehmungen, die der Herr Untersuchungsrichter in Radelstetten und den Nachbarorten vorgenommen hat, haben wir ein ziemlich genaues Bild vom äußeren Leben Wagners, von seinem Verhältnis zu seiner Familie, von seinem geselligen Verhalten, von der Stellung seiner Freunde und Bekannten zu ihm. Als das Wichtigste stelle ich voran: Niemand in Radelstetten, noch auch in den umgebenden Dörfern hatte irgend eine Kenntnis seiner Mühlhausener sexuellen Vergehen; niemand kam ihm mit Hohn, Spott oder Verachtung entgegen. Als Lehrer war er geachtet, als Kollege bei den meisten beliebt; sein Haushalt machte den Eindruck guter Ordnung, in seiner Familie wurde man gastlich und freundlich aufgenommen. Besonders wichtig sind naturgemäß alle Angaben über sein Verhältnis zu Frau und Kindern. Die Vernehmung des Schultheißen F. in Radelstetten ergibt: Wagner sei beliebt gewesen und habe urgemütlich sein können. Seine Frau habe er nicht geliebt und seinen Verkehr vor der Ehe als einen Fehler von sich bezeichnet, ferner geäußert, man sollte nicht so viele Kinder kriegen. Manchmal habe er zu viel getrunken, auch viel gedichtet und dann sei er oft geistesabwesend erschienen. Weder Schultheiß, noch Gemeinderat von Radelstetten, haben irgend etwas von sittlichen Verfehlungen Wagners gewußt. Daß er sich mit einem Revolver eingeschossen habe, sei nicht bekannt gewesen. Auch der Schultheiß S. von Sch. konnte über Wagner nur Günstiges aussagen. Hauptlehrer H. in T. schildert Wagner als intelligent, unbedingt wahrheitsliebend, aber extravagant in seinen Aussprüchen, namentlich, wenn er betrunken war, was bei den Lehrerzusammenkünften im Wirtshaus beinahe regelmäßig der Fall gewesen sei. In der Betrunkenheit sei seine stehende Redensart gewesen:

„Was Schiller, was Goethe! Ich bin der größte deutsche Dramatiker."

Mit seinem Urteil über anerkannte Werke der Literatur sei er rasch fertig gewesen. In den Jahren 1907, 1908 oder 1909 habe er öfters geäußert:

„Dieses Jahr werde ich noch sterben und da wird man von Wagner sprechen; Wagner wird noch ein großer Mann werden."

Seine Frau sei eine gute Hausfrau gewesen, habe aber geistig weit unter ihm gestanden. Und so habe Wagner in ihr bloß eine Magd erblickt. Er habe auch offen seinen Unwillen darüber geäußert, daß er sie habe heiraten müssen. Ob Wagner in der Ehe untreu gewesen sei, ist H. unbekannt. Gegen die Kinder sei er ein liebevoller Vater gewesen, obwohl er in den Kindern, wie überhaupt in der Familie einen Hemmschuh zu seinem Vorwärtskommen erblickt habe. In Radelstetten habe sich einmal im Wirtshaus zum Adler folgender Vorfall ereignet: Ein katholischer Lehrer namens Wi. habe einmal von einem Buch über chinesische Kindererziehung gesprochen und dabei gesagt, die Chinesen bestrafen ihre Kinder, wenn sie faul sind, dadurch, daß sie ihnen schwarze Ringe um die Augen machen. Dies habe Wagner grundlos auf sich bezogen und auf dem Heimweg zu H.s Schwiegervater geäußert: Wi. habe ihn als rechten Bock hinstellen wollen. Auch habe Wagner einige Zeit später dem Wi. selbst Vorhalt gemacht, daß er ihn damals der Onanie beschuldigt habe. Sein Lieblingsthema seien die Frauen gewesen. Bezirksschulinspektor S., der Wagner 1903 kannte, nennt ihn einen tüchtigen, begabten Lehrer mit guten Kenntnissen, sicherer und umfassender Beherrschung des Lehrstoffes, klarer und gewandter Methode, einen fleißigen und strebsamen, in seiner Betonung von Literatur, Kunst und Theater eitlen Mann mit stark entwickeltem Selbstbewußtsein. Pfarrer M. in S. kennzeichnet Wagner als übertriebenen Menschen und Phantasten, der im Unterricht sehr kühl und gegenüber Stoff und Kindern teilnahmslos gewesen sei, als ob die Gedanken mit anderen Dingen beschäftigt wären. Hauptlehrer Ho., der mit Wagner näher befreundet war und mir bei seiner Konfrontation mit dem Angeschuldigten hier einen sehr zuverlassigen und gediegenen Eindruck machte, schildert Wagners Familienleben im großen ganzen als ruhig und nicht unglücklich. Wagner sei, solange er nüchtern war, ruhig und still gewesen, habe nicht viel Worte gemacht, sei dagegen sofort sehr redselig geworden, wenn er ein Glas über den Durst getrunken hatte. Dann habe er viel von sich und seinen Werken gesprochen, sich als großen Mann aufgespielt und namentlich drei Themata behandelt: Gott und die Bibel, von denen er nichts hielt, die freie Liebe, für die er schwärmte, und seine Dichtkunst, die er in den Himmel hob. Ho. vermutet, daß Wagner es mit der ehelichen Treue nicht so genau genommen habe; es seien in ihm polygamische Neigungen gewesen. Direkt von Selbstmord habe er nicht gesprochen. Wohl aber habe er bisweilen Äußerungen getan wie: „Das nächste Jahr lebt der Wagner nicht mehr!"

Ho. berichtet ferner, es sei unmöglich gewesen, Wagner von der gänzlich falschen Annahme abzubringen, daß der Lehrer Wi. ihm habe den Vorwurf der Unsittlichkeit machen wollen. Da Ho. von den Verfehlungen des Angeschuldigten in Mühlhausen gar nichts bekannt war, so verstand er auch nicht, was Wagner in seinem Abschiedsbrief an ihn mit dem „Unaussprechlichen" gemeint habe. Ebenso habe er eigentlich nie etwas von der schlechten Laune Wagners gemerkt, von der er in diesem Briefe spreche. (Über Ho.s Konfrontation mit Wagner hier in Tübingen in der Klinik s. unten.) Dem Landjäger Z. gab Ho. außerdem noch an, Wagner, der ein großer Geflügelfreund gewesen sei, habe beim Schlachten des Geflügels nie zugesehen; er habe überhaupt kein Blut sehen können. Diese Aussage wurde auch von Schultheiß F. und Gastwirt B. bestätigt. Frau Lehrer Ho. gibt einige Mitteilungen über Wagners Frau. Sie sei eine fleißige Frau gewesen. In den ersten Jahren ihrer Ehe habe sie manchmal sagen können: „Ach wenn nur mein Mann auch wäre wie andere Männer!" Seine Kinder habe Wagner sehr gerne gehabt. Als Frau Wagner im Februar 1913 in Sch. zu Besuch gewesen sei, habe sie einen gedrückten Eindruck gemacht und auf die Frage nach dem Befinden ihres Mannes geantwortet: „Mit dem wird's immer weniger." Förster S., der mit Wagner befreundet war, schildert zunächst Wagners literarische Neigungen, seine Vorliebe für große Dichter, sein freies, offenes Wesen, seinen reinen Wahrheitsfanatismus; er sei keineswegs engherzig gewesen, vielmehr in seinem Urteil über seine Mitmenschen sehr gerecht, im Verkehr freundlich und nicht etwa hochmütig. Dabei habe er allerdings eine große Selbstüberhebung gehabt, die freilich meist nur im Wirtshause, wenn er getrunken hatte, zutage trat. Ein eigentlicher

Trinker sei er nicht gewesen, vielmehr habe er rasch einige Glas Bier hinuntergestürzt, wodurch eine innere Erregung zum Ausdruck gekommen sei. Dann habe er sich für den größten Dramatiker erklärt, davon gesprochen, er werde mit einem Schlage ein großer Mann werden, man werde ihm nach seinem Tode noch ein Denkmal setzen. Mit dem Urteil über anerkannte Dichter und Schriftsteller sei er rasch fertig gewesen; dabei habe er sich mit ihnen nur ziemlich oberflächlich beschäftigt. Von sittlichen Verfehlungen des Wagner sei ihm nichts bekannt geworden; er hätte es sicher erfahren, wenn in der Gegend so etwas über Wagner gesprochen worden wäre. Durch Adlerwirt B. in Sch. erfahren wir, daß Wagner, wenn er abends im Wirtshaus saß, manchmal 5—6, aber auch 8—10, ja selbst 12—13 Schoppen Bier habe trinken können; dann habe er von Gott und dem Teufel gesprochen, an die er beide nicht glaubte, von den Frauenzimmern, auf die er nicht viel gehalten habe, und von seinen Dichtereien. Einmal habe er geäußert, er gehe noch elend zugrunde, ein anderes Mal, als B. ihn in seiner Betrunkenheit unter der Türe stützte, er sei ein „großer Lump" und werde „als Lump sterben". Pfarrer W., der Wagners Selbstüberschätzung ebenfalls kannte, äußert sich: „Ich habe mir oft Gedanken darüber gemacht, wie es ihm bei dieser Eingenommenheit von sich selbst noch gehen werde." Die Familie Wagners habe einen guten Eindruck gemacht; von ihm selbst habe er sagen hören, er trinke hier und da ein Glas zuviel und spotte dann über die Religion. Durch die Zeugenaussage des Hauptlehrers Ha. erfahren wir einiges Genaueres über das Verhältnis Wagners zu seiner Frau. Frau Ha. habe seiner Zeit Wagner zugeredet, es wäre nicht recht, wenn er das Mädchen Anna S. mit seinem Kinde sitzen lassen würde. Doch glaubte Frau Ha., Wagner würde, wenn er nur das Geld gehabt hätte, sein Kind wegbezahlt haben. Frau Wagner soll damals zu Frau Ha. gesagt haben, sie habe ihrem Mann früher gedroht, sie springe in den Neckar, wenn er sie nicht heirate. Wagner habe viel Nietzsche studiert. Frau Ha. erinnert sich der Bemerkung von ihm, wenn er einmal genug habe, jage er sich eine Kugel durch den Kopf. In den ersten Jahren seines Radelstetter Aufenthaltes habe Wagner stets den Eindruck eines unzufriedenen, mit seinem Schicksal unausgesöhnten Menschen gemacht. In den letzten Jahren sei dies besser geworden, er habe zufriedener geschienen und auch gelegentlich entsprechende Äußerungen getan.

z. B.: „Wir Lehrer habens doch schön. Welcher Stand hat soviel freie Zeit wie wir? Und mit der Bezahlung hat es einen tüchtigen Ruck vorwärts getan.“ Hauptlehrer Ha. schildert weiterhin Wagners rasches, gieriges Lesen von Büchern und Schriften, seine krankhafte Selbstüberschätzung auf literarischem Gebiet, den oft zynischen und frivolen Charakter seiner eigenen Schriften, seinen sparsamen Sinn, die Liebe zu seinen Kindern, von deren einem, dem Richard, er einmal äußerte, der müsse ein Richard Wagner werden. Er habe auch „schrecklich“ werden können; so habe er einmal bei seiner Heimkunft vom Gasthaus die Küchentüre mit dem Beil bearbeitet, weil seine Frau die Dauerwurst versteckt hatte, und er hätte wohl noch mehr zerstört, wenn die Frau nicht geöffnet hätte. Im allgemeinen aber sei Wagner die Güte selbst gewesen, guttätig und freigebig bis zum Tadeln, habe nie wehtun wollen, kein Hühnchen beleidigen können; sein Haus sei gastfrei gewesen und dabei habe man auch wahrnehmen können, daß er seiner Frau gegenüber von großer Geduld war. Frau Wagner habe eine ungeschickte Art im Verkehr gehabt, manchmal vor den Gästen ihren Mann heruntergesetzt, seine Unordentlichkeit breitgeschlagen; dann sei er „unnatürlich ruhig“ geblieben. Die Kasse habe die Frau geführt; wenn er über Feld ging, habe er von seiner Frau Geld gefordert. Sie sei eine tüchtige Hausfrau gewesen. Wagner habe sie geachtet, aber nicht geliebt. Kinder habe er nicht gewollt und bedauert, daß seine Frau nicht, „wie andere Frauen abortiere“. Nach dem Tode seiner Mutter habe Wagner zugunsten einer Schwester auf das kleine Erbe von etlichen hundert Mark verzichtet. Ha. berichtet, er habe Wagner am 11. August 1913 in Degerloch besucht, ihn ganz wie sonst ruhig und freundlich gefunden; das Einvernehmen der Ehegatten habe ein gutes geschienen. Ha. hatte damals, also wenige Wochen vor den Mordtaten, den Eindruck, daß Wagner geachtet sei und sich eine nette Stellung errungen habe. Lehrer T., der mit Wagner in den ersten Radelstetter Jahren zusammenkam, macht ähnliche Aussagen. Er teilt mit, Wagner habe keinen Hehl daraus gemacht, daß er die Anna S. nicht heiraten würde, wenn sein und ihr Kind sterben sollte. Aber Alimente könne er nicht bezahlen. Die Ehegatten Wagner seien sich geistig zu ferne gestanden, doch habe er seine Frau nicht schlecht behandelt. In betrunkenem Zustand habe er mit großem Pathos sich zu Ausdrücken verstiegen, wie: „Wer ist Gott? ich bin Gott!“ So habe ein Hauptlehrer G. den Eindruck gewonnen, Wagner sei seinen Kollegen gegenüber immer ein Schauspieler gewesen, dessen wahre Natur nur erkennbar wurde, wenn er betrunken war. T. berichtet von der mit Wagner 1904 gemeinsam unternommenen Schweizerreise an den Neuenburger See zum Zwecke der Erlernung der französischen Sprache. Wagner habe damals nicht viel gearbeitet. (Vgl. unten Wagners Selbstschilderung.)

„Ich glaubte immer, daß es mit Wagner ein schlimmes Ende nehmen würde, d. h., daß er sich eines Tages das Leben nehmen werde, obgleich er nie so etwas verlauten ließ; denn er fühlte sich hineingezwängt in eine Familie, die ihm lästig war. Einnahmen und Ausgaben wußte er nur schwer in Einklang zu bringen, und die Erfolge, auf die er Anspruch zu haben fest überzeugt war, stellten sich nicht ein."

Pfarrer N., der Wagner 1907 kennen lernte, schildert ihn als verschlossenen, stolzen, aufgeblasenen Menschen, der sich auf seine Kenntnisse allzuviel einbildete und an Größenwahn litt. Er sei aber solid und nüchtern gewesen und habe eine gute Unterrichtsmethode gehabt. Von Lehrer B. in U. hören wir, Wagner habe zu seinen Freunden gehört, er sei im Verkehr sehr anständig und gefällig gewesen. Von Stolz, Größenwahn und dergleichen habe man nichts bemerkt. Über seine Strafversetzung nach Radelstetten sei er erbittert gewesen. Von der Kirche und ihren Organen habe er nichts wissen wollen. Obgleich kein eigentlicher Säufer, habe er doch manchmal alkoholische Exzesse begangen. Dann sei er entweder sehr heiter oder verbittert worden. Es habe sich bisweilen ein Hang zur Grausamkeit dann gezeigt. So habe er einmal, als auf der Fahrt von Scharenstetten nach Salzhausen die Pferde nicht recht ziehen wollten, in kaltem Tone ärgerlich herausgestoßen: „Diese Bestien möchte ich zu Tod peitschen!"

Seine Frau habe er nicht geliebt, sie nur aus Zwang geheiratet, auch einmal geäußert: „Sieben Teufel haben mich geritten, als ich diese Frau geheiratet habe." Doch habe er sie nicht schlecht behandelt, obwohl sie einen losen Mund hatte. „Es ist unmoglich, daß Wagner bei Begehung seiner Verbrechen in geistig normalem Zustand war." Hauptlehrer D. lernte Wagner erst im November 1909 kennen und gewann von ihm einen guten Eindruck. „Ich lernte ihn je länger, je mehr schätzen und achten. Sein charaktervolles Betragen gefiel mir sehr. Ich sah ihn nie betrunken. Auch hörte ich nie ein unsittliches Wort aus seinem Munde. Ich lernte ihn nur von der guten Seite kennen. In seinem gemütlichen Heim gefiel es mir sehr gut." Dem Hauptlehrer B. in U. erschien er immer zugeknöpft, streng hochdeutsch, etwas überspannt, mit dem Aufenthalt in Radelstetten unzufrieden, nach der Stadt strebend, als Dichter sich selbst überschätzend, ja direkt an Größenwahn leidend. Hauptlehrer Wi. in S. schildert den Vorfall, bei dem seine Äußerung über die Bestrafung der chinesischen Schulkinder fiel. Es geht daraus unzweideutig hervor, daß diese Erzählung gar nichts Sexuelles, auch keinerlei Hinweis auf Wagner enthielt, daß dieser sich vollständig grundlos schwer beleidigt fühlte und trotz aller Beruhigungs- und Berichtigungsversuche des Wi. beleidigt blieb, so daß eine erregte Auseinandersetzung entstand, wobei Wagner die anwesenden Lehrer beschimpfte. Auch habe er sehr über alle Frauen geschimpft. Hauptlehrer G. in F. teilt seine Erfahrungen mit Wagner bei einer Zusammenkunft im August 1907 mit, wo dieser, nachdem er einiges getrunken hatte, maßlosen Größenwahn gezeigt habe:

„Ich bin über euch alle turmhoch erhaben. Ihr könnt alle zusammen das Wasser mir nicht bieten. Ich werde noch ein berühmter Mann werden. Wenn ihr schon alle lang verfault sein werdet, wird man von mir noch lange reden, noch nach Jahrhunderten. Von allen Menschen, die ich bis jetzt kennen gelernt habe, bin ich weitaus der Gescheiteste, Beste und Anständigste". „Was Gott, ich brauche keinen Gott, ich bin selbst mein Gott!"

Als von Kindern geredet worden sei, habe er, und zwar in einem öffentlichen Wirtslokal, gesagt:

„Wenn mir wieder ein Kind geboren wird, so wäre es das beste, ich würde es gleich nach der Geburt an die Wand werfen, daß es —."

G. schließt seine Aussage mit den Worten: „Als meine Frau die erste Nachricht davon bekam, Wagner habe seine Frau und seine Kinder ermordet, war ihr erstes Wort: Dem sieht's gleich." Ganz anders lautet das Urteil des Hauptlehrers S. in O.: Ihm machte Wagner beim Zusammenkommen durch die Geduld, mit der er die Kritiken seiner Frau über sich anhörte, ohne ein Wort des Widerspruchs oder Unmuts zu äußern, den Eindruck eines seelenguten Menschen mit stets taktvollem Benehmen. Er habe seine Kinder anscheinend sehr geliebt und sei sehr gastfreundlich gewesen. „Wenn man mich gefragt hätte, wer unter meinen Kollegen in der Umgebung als der angenehmste und gutmütigste bezeichnet werden könne, so hätte ich frischweg geantwortet: der Wagner." S. schildert weiterhin Wagners unheimlich rasches Biertrinken und die dann sich bei ihm vollziehende Umwandlung, wie er dann zum Gottesleugner wurde, alles verhöhnte und verspottete, sich unfehlbar, alles wissend, den Gescheitesten nannte, die anderen als beschränkt und dumm ansah. Bei diesem Größenwahn habe ihm dann kein anständiger Mensch mehr zuhören können. Hauptlehrer B. in B. bezeichnet Wagner als kollegial, ehrlich, aufrichtig, exzentrisch, mit einem an Größenwahn grenzenden Selbstbewußtsein; er habe etwas Faszinierendes an sich gehabt, sei ein leidenschaftlicher Spieler und Leser gewesen, habe blutrünstige Dramen geschrieben und viel trinken können. Gegen seine Frau sei er, nach deren eigener Aussage, kalt und abstoßend gewesen. Einmal habe er ein junges Mädchen vor vielen Personen und in Gegenwart seiner eigenen Frau in den Arm genommen und geküßt. Auf den Vorhalt seiner Frau sei die Antwort erfolgt: „Ich mag Dich nicht, ich hab' Dich nicht wollen und ich kann Dich auch nicht leiden.“ Man sei damals allgemein darüber entsetzt gewesen (1906). Dieser Vorfall wird von Lehrer T. bestätigt. Manchmal habe Wagner unverständliche Äußerungen getan:

„Ich könnte jetzt die ganze Welt umbringen. Kalten Blutes könnte ich einen Menschen abschlachten.“

Hauptlehrer D. in C., der Wagner 1903 in Radelstetten kennen lernte, schildert Wagners Charakter, seine materialistische Lebensanschauung, seine Negierung alles Religiösen, seine Schweigsamkeit in nüchternem, seine Redseligkeit in angeheitertem Zustande, in dem er dann auch schlüpfrige und gemeine Reden habe führen können, seine nur zu große Nachsicht gegen die Kinder, seine Selbstüberhebung als Dichter, seine Aufrichtigkeit und Ehrlichkeit, seine Verabscheuung der Lüge. Er habe nichts Schlechtes über die Menschen geredet. „In Degerloch besuchten wir die Familie einige Male und er und seine Frau waren jedesmal in der fröhlichsten Stimmung. Sie waren ganz glücklich über die angenehme und schöne Stelle in Degerloch.“ Die Schwägerin Wagners berichtet von einer häuslichen Szene in Radelstetten im Jahr 1910, wobei Wagner nachts betrunken heimgekommen und seine Frau und die beiden Knaben aus dem Bett geworfen habe. Sie habe damals geäußert, sie hätte nicht gedacht, daß Wagner so sein könne. Sonst sei er aber immer ziemlich ruhig gewesen, habe nicht viel gesprochen, nichts Auffälliges im Wesen gezeigt. Aus der Zeugenvernehmung des Lehrers L. in S. erfahren wir, daß Wagner die Ehe mit seiner Frau nur ungern einging. Er habe am Tage vor seiner Hochzeit in Vaihingen geäußert, er liebe alle Mädchen, nur seine Braut nicht. Aber als Mann von Ehre müsse er sie heiraten, da er sie nicht auszahlen könne. Hauptlehrer S. von S. berichtet von seinen Erfahrungen mit Wagner im August 1907. Damals habe dieser schreckliche Äußerungen getan: es wäre ihm ganz gleich, wenn Frau und Kinder sterben würden, Kinder seien überhaupt eine Last und überflüssig. Wagner habe das Dasein Gottes und ein Fortleben nach dem Tode geleugnet, den Einwand S.'s, er sei verrückt, aber als Beleidigung empfunden. Dies habe dann zu einer scharfen Auseinandersetzung geführt. Schließlich sei Wagner so betrunken geworden, daß er nicht mehr allein nach Hause gehen konnte, sondern von seinen Kollegen habe heimgeführt werden müssen. Damals habe der Schultheiß S. zu seinem Bruder, eben dem Zeugen, gesagt, Wagner sei ein überspannter hochmütiger Mensch; man meine, er sei zeitweise verrückt. Aber er saufe eben zu viel.

Die Aussagen des Lehrers R., der mit Wagner in Scharenstetten zusammenkam, entwerfen ein günstigeres Bild von Wagners Persönlichkeit; er sei, wenn nüchtern, liebenswürdig, in der Unterhaltung geistreich und witzig gewesen. Er habe aber sehr rasch getrunken und dann sei der Alkohol Herr über ihn geworden. Dann habe er in mehr als freier Weise über religiöse und geschlechtliche Dinge gesprochen. Das Verhältnis zu seiner Frau sei kein herzliches gewesen. Bei Schülern und deren Eltern sei er beliebt gewesen, nie grausam, habe im Gegenteil den Stock nie oder nur selten angewandt. Fasz. 213 der Akten besagt, daß Uhrmacher F. in O. die Mauserpistolen an Wagner im Herbst 1907 bezw. 1909 verkauft hat.

Endlich ist noch zu erwähnen, daß Wagner etwa 1909 von Dr. Fr. in U. wegen eines Katarrhs der oberen Luftwege (Nase, Rachen, Kehlkopfs) und des Ohres behandelt wurde. Dabei sind damals an der unteren Nasenmuschel Wucherungen entfernt worden.

Wagners innere Erlebnisse in Radelstetten nach seinen eigenen Aufzeichnungen in jener Zeit.

Aus den zahlreichen Vernehmungen geht mit Sicherheit hervor, daß in den Jahren, in denen Wagner in Radelstetten als Lehrer wirkte, niemand einen tieferen Einblick in seine seelischen Kämpfe getan hat. Niemand wußte etwas von seinen Mühlhausener sittlichen Delikten und niemand, daß er in einzelnen seiner Dichtungen, die in Radelstetten entstanden, seine eigene Lebensanschauung wiedergab. Auch der Förster S., der in literarischen Fragen sein Vertrauen genoß, ahnte die tieferen Ursachen seines verbissenen Pessimismus nicht. Um diesen kennen zu lernen, muß seine Selbstbiographie herangezogen werden, deren erster Teil in Radelstetten im Herbst 1909 geschrieben wurde, während der 2. Teil wohl noch im Jahr 1911 in Radelstetten beendet wurde, und der 3. Teil (die „Stuttgarter Spaziergänge") ausschließlich in die Degerlocher Zeit fällt. Es wird sich empfehlen, Wagner hier möglichst viel selbst zu Worte kommen zu lassen. Über die Zeit von der Rückkehr aus der Schweiz (1900) bis zum Jahre 1904 fehlen in der Biographie alle Angaben; Wagner gibt nur an, daß er auch nach jener Rückkehr noch krank gewesen sei.

„Und krank war ich doch, viel kränker als alle, die wegen ein bischen Heiserkeit feiern und sich die Zunge im Spiegel begucken. Ich bin freilich auch nicht gesünder heimgekehrt. Eigentlich hätte ich jetzt freilich merken können, daß meine Krankheit in der beständigen Aufgeregtheit meines Gemüts bestand; war ich doch ein Vierteljahr keusch wie ein Joseph gewesen. Aber ich glaubte gar nicht mehr ans Gesundwerden. Jetzt lebst du deine paar Jahre noch ab, resignierte ich, und dann bist du für alle Ewigkeit gesund. Nachgerade glaube ich an dieses baldige Ableben gar nicht mehr, ich glaube vielmehr, daß von den meisten andern, wenn die durchgemacht hätten, was ich durchgemacht habe, kein Fetzen mehr übrig wäre."

Wagner schildert nun weiterhin, wie er im Jahre 1904 zum zweiten Mal in die Schweiz reiste.

„Im Jahre 1904, ich war schon anderthalb Jahre in Radelstetten und das Unglaubliche war in Mühlhausen schon längst geschehen, ich war schon ein halbes Jahr verheiratet und hatte $1^1/_2$ Kinder und war des Familienlebens gründlich satt — reiste ich zum zweiten Mal in die Schweiz. Alles meinte, ich wolle Französisch lernen und das Reallehrerexamen machen. Fehlgeschossen! Ganz daneben geschossen! Ersäufen wollte ich mich, ganz ohne Rumor wollte ich beim Baden im Neuenburger See ein „Schlägle" kriegen und untersinken. Aber da hatte ich die Rechnung ohne mich gemacht. Ich tauchte unter, tauchte auf und befahl mir dann jedesmal: aber jetzt bleibst drunten! Doch der Kerl folgte nicht mal sich selbst. Und das Wasser war erst so warm. So ein Schwächling! Wahrhaftig ich glaube, wenns wirklich ans Ertrinken gegangen wäre, ich hätte geschrieen. Und dann hätten sie mich herausgezogen und sich über meine Rettung gefreut" . . . . . . „Und wenn ich dann schwankend heimgekehrt wäre mit größerem

‚Moralischem‘ als je, hätte ich gewiß bei allen Sternen versichert: Aber morgen schrei ich nicht. Dabei hielten sie mich alle für lustig, für sehr lustig. Denn wer sich hehlingen[1]) umbringen will, der muß zuvor lustig sein, sonst schreien sie gleich: ‚Selbstmord! Hat vorher deutliche Zeichen von Schwermut gezeigt!‘ Mit dem Ertrinken ists nichts, sagte ich mir, da müßte man dich schon in einen Sack stecken. Aber du könntest einen Fehltritt tun aus dem Eisenbahnwagen. Das wäre ja auch nur ein Moment. „Was schert Dich Weib, was schert Dich Kind?“ Sie haben ja Vermögen und Pension. Und da stand ich auf der Kuppelung und zählte: eins, zwei, drei! Aber wart no e Weile. Bern kannst du dir noch vorher ansehen. Und ich stand in Bern vor einem tiefen Abgrund — es ist ein Aufzug dort und ein Denkmal in der Nähe. Hätte ich gedacht, daß ich noch meine Memoiren schreibe, hätte ich mir alles besser gemerkt oder notiert — also ich stand an einem Abgrund und apostrophierte mich folgendermaßen: Ein Feigling bist du, sonst lägest du jetzt zermalmt auf der Eisenbahnstrecke; aber hic Rhodus, hier springe! Dann kannst du sehen, ob du in Wirklichkeit ebensogut fliegst als in deinen Träumen. Ich richtete mich straff auf, stützte die Hände fest auf die Brüstung, mein Blick richtete sich starr in die Höhe, ganz so wie es die Helden auf der Bühne zu tun pflegen, wenn sie vom Leben Abschied nehmen. Ich hörte schon die obligate Sphärenmusik, die Englein stiegen schon hernieder „damit ich meinen Fuß nicht an einen Stein stöße“ — da — Lump, elender, rief eine Stimme — ich glaube, ich war es selbst — du bist gar nicht wert, daß du in den Himmel kommst. Lebe eben, wenn du nicht sterben kannst, höhnte ich mich dann. Und ich lebte, ging in ein Gasthaus und soupierte tüchtig auf den Schrecken. Darauf besuchte ich ein Konzert, denn für so einen Lumpen sind die irdischen Freuden noch lang gut genug. Andern Tags stand ich wieder auf dem Trittbrett des Schnellzugs. Ich wollte mir jetzt suggerieren, ich sei noch klein, stände auf einer niederen Mauer und wolle den Sprung mit kindlichem Spiel wagen. Und ich fing an, halblaut zu sagen: I trau mer net, i trau mer net, i trau — i trau. „Er traut sich nicht“, lachte ich auf, denn wenn ich mich selbst recht verachtete, so redete ich immer per „er“ mit mir. So erträgt es sich dann viel leichter. Der Kerl soll jetzt wieder heimgehen und weiter Trübsal blasen. Und ich kam wieder nach Radelstetten und grub meine Revolver und Patronen, die ich im Wald versteckt hatte, wieder heraus. Denn es wäre nach meinem Tod doch auffällig gewesen, hätte man ein solches Waffenarsenal bei mir gefunden.

Solch ein Hanswurst von Selbstmordkandidat war ich. Ich habe mit dem Umbringen gespielt, wie ich immer erst spielte, ehe es blutiger Ernst wurde. „Und es wird jetzt blutiger Ernst in des Wortes wirklichster Bedeutung“. „Ich will an meine Arbeit gehen wie an ein alltägliches Geschäft. Scharf soll mein Auge sein, sicher und ruhig mein Arm sein zu Schuß, Stich und Hieb. Zwingen will ich mein Schwappelhirn nur zu denken an die Forderung des Augenblicks. Verlachen will ich jede Regung des Mitleids, ersticken die

[1]) Schwäbischer Dialektausdruck für „heimlich“.

Stimme, die mir von Unrecht quatscht. Am vernichtenden Wollen soll es nicht fehlen, aber Glück muß der Mensch haben, zumal der „Verbrecher". Schäumen werde ich vor Wut, wenns mißlingt, die Hände will ich mir übers Feuer halten und mir die Augen ausstechen. Ihr Geister des Winds, pfeift euren lustigsten Tanz allen sprungfreudigen Flammenteufeln! Herauf mit Euch, ihr Fackelträger Rostophins! Ihr geköpften, gehängten, geräderten Mordseelen, alle, nur auf ein Stündchen leistet mir Beistand! Schlitzt die Schläuche, ruft Aufruhr, Mord und Brand durch die Gassen! Folgt mir nur immer, ich will führen den fröhlichen Reigen. Und wenn getan das große Werk, will ich singen ein neronisch Lied und sterben. Kennt ihr ein neronisch Lied? Nicht? Das müßt Ihr lesen. Großartig wie es sich für einen Nero ziemt. Ich rede von meinem Nero. Ein Cäsar wäre ich sehr gerne gewesen, an Größenwahn hätte es mir nicht gefehlt, auch etliche Laster hatten mich dazu prädisponiert. Und so einfältig bin ich nicht, daß ich nicht hätte ein großes Reich regieren können. Meine Fehler und meine Vorzüge hätten sich dann in monumentaler Größe gezeigt. Ich hätte gewiß Geschichte gemacht. Für andere mag es aber besser gewesen sein, daß ich nicht ein Cäsar war, sondern ein Schulmeister."

Wagner fährt dann fort, mitzuteilen, daß er den Nero 1907 geschrieben habe, weil er sich schon damals in die Rolle des Brandstifters hineindachte. Er habe ihn wie seine anderen Werke auf eigene Kosten drucken lassen, weil er keinen Verleger gefunden habe.

„Nero ist übrigens noch unbekannt. Jetzt werdet ihr ihn begierig lesen, denn es ist was schönes um einen rechten Brand." „Die Schriftstellerei habe ich schon frühzeitig angefangen, bin aber weder zu Ruhm noch zu Geld, ja nicht einmal zum Druck gelangt. Ich habe aber schon einmal ausgesprochen, daß ich eben zu den ganz Großen gehöre, die erst „entdeckt" werden, wenn sie tot sind. 21 Jahre war ich alt, als ich den Teufel totschlug. Kein Mensch hat mir das gedankt, ja nicht einmal rühmen durfte ich mich meiner Tat. Der Zorn des Konsistoriums hätte mich treffen können. Das sagte mir auch der Verleger, bei dem ich mein Opus I anbringen wollte. Er sagte mir auch, das, was ich da auf 150 Seiten mühsam zusammengeklaubt, das sei seit Jahrhunderten in dickleibigen Büchern ganz gelehrt abgehandelt worden; aber die Menschen wollten sich ihren Teufel nicht nehmen lassen, und es sei ganz gut so."

Wagner teilt mit, daß er die Druckkosten hätte selbst bezahlen müssen und da habe er sich tief verletzt und schweigend zurückgezogen. Er berichtet ferner von seinen Heinestudien; er habe in Heine weniger den Lyriker als den Satiriker geschätzt, der seinen eigenen radikalen Instinkten entgegengekommen sei. Er habe ihm die rechte Lektüre für seine eigene Zerrissenheit geboten.

„Wenn die Sturmwinde sich an den Felsenzacken zerfleischten, wenn die Wasser in überschäumender Vernichtungslust hoch aufspritzten, dann jauchzte ich hoch auf. Meine Stimme suchte den Donner zu übertäuben, und mein Arm reckte sich herausfordernd gegen den Blitzstrahl. So zerschmettere mich, wenn du kannst! Aber du kannst ja nicht. Hat dich der Baum gehöhnt, den du fällst, das Scheuerlein, das du zündest! Neben solchen Ausbrüchen leidenschaftlicher Wildheit die müdeste Lehnstuhlapathie, die ans Schlafen und Sterben denkt. Heine ist also schuld daran, wenn ich unter die Poeten ging."

Nun folgen Ausführungen über seine formale Abhängigkeit von Heine, über die Pflicht literarischer Ehrlichkeit, über die Entstehungszeit seiner Schriften. Wir erfahren dabei, daß die Schrift „Der alte Jehovah" 1904 nach der Rückkehr von der Schweiz entstand, als er viel Haß und Verachtung gegen sich selbst gehabt habe, für die der alte liebe Jehovah habe als Blitzableiter herhalten müssen.

„Der ist schuld, daß du da bist, sagte ich. Auch tut es ihm von allen Kreaturen am wenigsten weh. Ja, du tust dann gar niemanden Unrecht, denn den alten Jehovah, den gibts ja gar nicht. Wie kann ich einen Gott lästern, an den ich gar nicht glaube? Vielmehr glaube ich mir ein Verdienst erworben zu haben, wenn ich die literarische Bedeutung der Bibel würdigte. Ich bin ein Bibelkenner und ein Bibelfreund."

Nach einigen höhnischen Ausführungen über unsere deutsche Kolonialpolitik und über die Wertlosigkeit des Kultivieren- und Christianisierenwollens im Ausland, ferner über die Ideen, die seinem Drama „Bilder aus dem alten Rom" zugrunde lagen, kommt er zum Schlusse des ersten Teiles seiner Biographie noch auf diese selbst zu sprechen. Er gibt ihr den Titel „Auch Einer" und sagt, daß sie sein Leben erkläre. Darum wünscht er ihre Publikation; das Anstößige könne gestrichen werden. Dann fährt er fort:

„Fürchtet von meinen Schriften auch nicht schlimmen Einfluß auf andere; wahrlich: Leben, Taten und Ende des Radelstetter Schulmeisters werden wenig zur Nacheiferung anreizen. Ja, wenn ich beschönigen wollte, könnte ich das Gegenteil behaupten und sagen: Ich mußte leben und leiden, um die andern heilsam zu schrecken, sie herauszureißen aus dem geschlechtlichen Sumpf. Ich könnte mich ebenso als ein Werkzeug „Gottes", der Vorsehung, betrachten (aber dazu fehlt mir im Angesicht des Todes die Eitelkeit), dazu bin ich zu wenig eitel und zu viel aufrichtig. Wohl dem, der durch mich bei Zeiten gewarnt und aufgerüttelt wird. Aber ich kann und will nicht sagen, daß das mein Zweck gewesen sei. Was ist denn der Zweck? Ach, ich möchte mich selbst nicht so ganz wegwerfen, ich möchte mich immer gerne vor mir selbst und ein wenig auch vor Euch behaupten: es ist die liebe Eitelkeit" . . . „David und Saul" ist ein gutes, gesundes Volksstück für jedermann verdaulich. Es ist als der erste Teil einer Trilogie „König David" gedacht, deren zweiter Joab und dritter

Absalom lauten sollte. Die Arbeit mache jetzt ein anderer aus . . . . . Alle 3 Schauspiele habe ich vorgestern an etwa 20 Bühnen versandt, damit sie nach meinem Tod gleich loslegen können. Ihr Schauspieler macht Eure Sache recht brav, damit ich der Vorstellung als seliger Geist anwohnen kann, und nicht als Kritikspatz schimpfen muß."

„So, die Memoiren wären jetzt geschrieben, und was an mir liegt, so bin ich jetzt für die Nachwelt gerettet. Weil ich schon nicht selber lebte, so muß ich das doch in eurem Angedenken. Gestaltet das Bild von mir freundlich, bitte, recht freundlich. Jetzt muß ich bloß noch das Messer kaufen. Mein alter Dolch, den ich für mich oder den Landjäger stets bei mir trug, ist stumpf und schartig geworden. Ich will auch meine Patronen zählen und meine Revolver proben. Auch der Revolver war in den Zeiten des Hangens und Bangens mein steter Begleiter. Ich saß mit ihm im Wirtshaus und auf der Orgelbank, zu Hause und auf der Gasse war er bei mir, der 6läufige Beschützer. Ich saß mit ihm im Examen nebst 20 Patronen und hielt Hochzeit zu Ludwigsburg mit 2 Revolvern, 50 Patronen und dem Dolch. Nur immer heranspaziert, meine Herrschaften. Mich hätte man nicht „geholt". Ja in den Tagen der nervenzuckenden Qual habe ich die „Uniform" herbeigesehnt, dann hätte ich elender Schwächling ein Ende machen müssen und lange Leidensjahre wären mir erspart geblieben.

So lebt denn wohl, die ihr mich geliebt und nicht geliebt habt. Nicht gerne scheide ich, aber es ist notwendig, daß ich hingehe. Es ist auch notwendig, daß ich die Meinen mitnehme. Meine Frau könnte ja wohl leben, aber wie könnte ich dann die Kinder töten? Für sie selbst ist es übrigens auch gut, wenn sie das nicht überlebt. Ich töte alle 5 aus Mitleid. In tausend Jahren will ich wiederkommen und zwar so sittig, daß ich mich selbst nicht wieder erkenne. Darum schmücket euer Erdenheim bis dahin, auf daß es mir wohlgefalle. 14. Oktober 1909. Titel des Buches ist: Auch Einer, darin ist beschrieben von ihm selber das Leben des großen Narren Ernst Wagner."

Mit diesen Worten endet der 1. Teil der Biographie Wagners, die mit ihren ersten Worten („Ich will mich umbringen") schon ankündet, was sie damals vor 4 Jahren sein sollte: das Bekenntnis eines Mannes, der unmittelbar vor der furchtbaren Mordtat stand. Es ist damit festgestellt, daß der Plan, der erst im September 1913 zu seiner teilweisen und grauenvollen Ausführung kam, schon 4 Jahre früher in seinen Grundlinien feststand: die Tötung der eigenen Familie, Brand und Mord in Mühlhausen und schließlich die Selbstvernichtung. Die Beweggründe für diesen furchtbaren Gedanken deutet die Schrift ebenfalls an.

„Daß ich mich des Geständnisses gleich entledige: Ich bin Sodomit. Es ist glücklich heraus. aber viel mehr will ich nicht darüber reden; eure Lüsternheit wiegt auch keine Minute Selbstverachtung auf. Selbstverachtung und Gram haben mich grau gemacht, denn ich bin erst 34 Jahre alt. Genau so lange habe ich gelitten. Ich bitt Euch, nehmt den Nazarener vom Kreuz herab und heftet mich daran, ich bin das fleischgewordene Leiden. Ja, wenn ich an das Opferlamm zu Golgatha denke, so kann ich nur lächeln."... „Das, was ich schreibe, ist Wahrheit und nicht Dichtung. Der Wahrheit wegen muß ich ja auch gehen. Denn, wenn mich einer fragte: Hast du dich wirklich jenes abscheulichen „Verbrechens" schuldig gemacht, ich könnte nicht nein sagen. Und dieses Eingeständnis zöge unmittelbar die Kugel nach sich. Darum will ich mir die Zeit selbst wählen; ich will mit Überlegung alle Dispositionen treffen, um zu sterben, wie es meiner würdig ist."

Welche Gründe Wagner bestimmt haben, seinen damals gehegten Plan noch 4 Jahre hinauszuschieben, bis er zur Wirklichkeit wurde, geht aus den Akten und aus seinen Schriften nicht klar hervor. Er hat uns darüber hier Rechenschaft gegeben (vgl. unten). In den Jahren nach Abfassung des ersten Teiles der Biographie entstanden dann die Dramen: Joab (1910/11) und Absalom, der am 22. September 1911 vollendet wurde, endlich die kleine Schrift: Die neue Rechtschreibung (Juli 1910) und die halb ironische, halb ernst gemeinte Schrift: Der Unteroffizierschulmeister. Auch diese Schriften geben einen wichtigen Einblick in die Denk- und Fühlweise Wagners in den letzten Radelstetter Jahren. In der neuen Rechtschreibung ist gleich der erste Satz von Bedeutung:

„Ich, der Schulmeister von Radelstetten möchte eine schöne Tat tun. Es ist mir gleich, wenn ihr sagt: Den Saukerl beißt das Gewissen. Mag sein. Oft genug schon wünschte ich mir die große Seele, die sich lächelnd ihre Schandtaten besieht."

An einzelnen Stellen macht sich eine bitter-ironische Selbstüberhebung geltend. So nennt er sich einmal: „Ernst, Edler von Eglosheim." Ein andermal schreibt er: „Von Shakespeare bis Wagner", an einer dritten Stelle nennt er sich den „sterbenden Nero". Wichtig sind folgende Ausführungen:

„Ich habe mein Leben gedehnt, obwohl sich die Qual von Tag zu Tag geschärft hat. Weil aber Buchstaben leichter umzubringen sind, als Menschen, so will ich wenigstens im Rechtschreiben meine erbärmliche Schwäche überwinden."

Der Grundgedanke der Schrift, nämlich die rein phonetische Schreibweise, wird stellenweise mit gutem Urteil, aber auch mit mancher Verschrobenheit und mit dialektischen Fehlern ausgeführt;

die Schrift selbst ist in dieser Schreibweise verfaßt. Im „Unteroffizierschulmeister“ kommt Wagners bitterer Grimm über sein qualvolles Leben kraß zum Ausdruck. Ein wilder Haß gegen die Familie als Institution, eine bittere Verhöhnung des Standes der Schulmeister, die immer unzufrieden, nicht Fisch noch Fleisch seien, ein Räsonnieren über Behörden, Pfarrer, die Dummheit der Schulkinder, ein Schelten über seine eigene Schwäche und Willenlosigkeit stehen im Mittelpunkt der Schrift, in der er halb mit Hohn, halb mit Ernst die Forderung stellt, man solle die Schullehrerseminare abschaffen, die Unteroffiziere als Schulmeister in die Schulfront einrücken lassen, Schulpensum und Stundenzahl verringern und so körperliche Tüchtigkeit der Kinder und Ordnung im Schulbetrieb erzielen. Der heutige Volksschullehrer sei ein destruktives Element, „ich merke es deutlich an mir“. Der ganze Stand sei verbildet; im Schulunterricht, namentlich in der Grammatik werden sehr viele Torheiten begangen. Gegen die Religion habe er nichts einzuwenden, habe sie aber nur selten zu sehen bekommen. Über sein seelisches Leiden geben folgende Stellen Auskunft:

„Ich habe es aufgegeben, mich retten zu wollen, und ich will ruhig am Schandpfahl stehen“. . . .

„Und wenn es ihm zum Sterben ist,
so fängt er an zu prahlen.
Und seines Lebens ganzen Mist
will er mit dem Tod bezahlen.“

An anderer Stelle:

„Ich aber bin geboren in Schwäche und werde sterben in Schwäche. Die Schwäche aber ist das größte Verbrechen. Dies Beispiel habe ich auch gegeben.“

Wagner schätzt in der Schrift den Willen als das Höchste ein und nennt sich selbst einen „Schlappschwanz“. An einzelnen Stellen finden sich Anspielungen auf seine spätere Mordtat. Auch Größenideen sind an manchen Orten eingestreut. So sagt er einmal von seinen Gedanken, daß sie in „Adlerhöhe“ stehen. Er spricht einmal von sich, allerdings mit ironischem Beiklang, von des „Kaisers Kanzler“.

In der Biographie II. Teil, der in die letzte Zeit des Radelstetter Aufenthalts fällt, macht sich ein grimmiger Humor geltend. Die Schrift ist in einzelne Abschnitte eingeteilt, von denen jeder eine bestimmte Überschrift hat. In der ersten, „Der Segen

Gottes" genannten Abhandlung klagt er mit bitterem Grimm über seine große Familie und proklamiert das Zwei-, Ein- oder Keinkindersystem. Kinder haben heiße Verzicht, Verantwortung, Sorge, Fesseln, vielleicht auch Schande. Sie hindern am sozialen „In-die-Höhe-kommen". Die meisten Menschen verdanken ihr Dasein dem Rausch und der Dummheit. Fast immer komme das Kind bei Mann und Frau ungewollt und unerwünscht. Das zweite Kapitel, betitelt: „Das Weib", gibt uns Auskunft über Wagners stark sexuelle Veranlagung und über seine Stellung zu seiner eigenen Frau, über seine polygamischen Neigungen und über seine Meinung von der Verlogenheit der Menschen auf sexuellem Gebiet. Der Anfang des Kapitels scheint mir zur Beurteilung der ironischen Art, mit der er auch bisweilen seine eigene Frau behandelte, so kennzeichnend, daß er hier angeführt werden soll.

„Ich hab dich geliebet und lieb' dich noch heut
Und werde dich lieben in Ewigkeit."

„Damit meine ich nicht mein eigenes Weib. Das habe ich nie so schön angesungen.

Ach wärst du bei Muttern geblieben,
Bei Muttern, da ist es so schön.
So ist's wenn die Mädchen im Lieben
Vom Spaß zu dem Ernst übergehn."

„Der Ernst bin nämlich ich und ich hätte Bänkelsänger werden sollen. Ich merke mein Talent dazu besonders, wenn ich meiner Frau solche Verslein improvisiere. Sie nennt mich deshalb eine schlechte Seele; aber ich weiß, sie mag mich und wird sich nicht von mir scheiden lassen."

„Ich bin auch takt- und lieblos genug, sie immer darauf aufmerksam zu machen, wenn mir eine andere gefällt. Ich setze ihr auch, wenn ich, was selten ist, gesprächig werde, auseinander, was mir an der andern gefällt. Mit der möchte ich auf der Königstraße in Stuttgart promenieren und mit jener im Unterholz Versteckens spielen. Überhaupt, so schließe ich immer, jede Nacht möchte ich mit einer anderen zu Bett steigen. Du, aber Weib, zieh mir jetzt die Stiefel runter. Bleich und starr steht das brutalisierte Weib. Sie sinkt zusammen — nein hoch bäumt sie sich auf wie ein stolzes und sporengequältes Roß. Sie stürzt hinaus, rast die Treppe hinab und schlägt die Türe zu, daß man's von Christiania bis Stuttgart hört, die Kinderlein fahren erschreckt aus ihren Betten, kommen verstört herbeigelaufen und sehen den Vater, wie er, die Hände am Kopf, reuezerbrochen an die Wand taumelt. Erschüttert das Publikum bei solcher Ehetragödie! Aber ihr träumt und seht Gespenster. Kalte Duche! Also jetzt: Der Vater taumelt, ja, ja, er taumelt, aber gerade so, daß er heil aufs Sopha fällt. Er streckt schweigend die Füße in die Höhe, winkt mit dem einen seiner Frau und die zieht ihm jetzt pflichtschuldigst die Stiefel herunter. Ganz vernünftig ist sie und sagt bloß: Es ist nur gut. . . . Den Rest schenkt sie mir seit langem. Ja, sag ich darauf, laß dir's nur alleweil gut gehen. Das freut mich, ja, wie mich das freut! Denn ein guter Kerl bin ich doch trotz meiner schlechten Seel! Die Kinderlein aber schnarchen friedlich weiter, und wartet nur: balde, ja balde, da schnarchen die Alten auch."

Mit ätzendem Spott behandelt er dann manche modernen Probleme über das Verhältnis der Geschlechter, bekennt sich offen zur Polygamie, verachtet die Prostitution und proklamiert die freie Liebe, während er die Frauenemanzipationsbestrebungen lächerlich macht. Die Verlogenheit der modernen Verhältnisse auf erotischem und sexuellem Gebiet empört seinen Wahrheitsfanatismus und treibt ihn zu extravaganten Forderungen. Dabei verwahrt er sich gegen den Vorwurf, nur roh und sinnlich zu empfinden und sagt, er erhebe seine Stimme für gesunde natürliche Sinnlichkeit ohne jeden Ehezwang und untergrabe mit seinen Anschauungen die Sittlichkeit nicht, denn die sei ja gar nicht da. Sie sei nur ein verlogenes Kompliment, das die Menschen einander selbst machen. Und die Lüsternheit mache sich überall breit.

Im dritten Kapitel („Das Lazarett") beginnt er mit Ausführungen, die mir für seine spätere Tat als so bedeutungsvoll erscheinen, daß sie hier wörtlich angeführt werden sollen:

„Ich bin krank, rede aber nicht gerne davon. Werde ich gefragt: Sind sie gesund? bejahe ich. Aber ihr Aussehen ist nicht das beste? Das überhöre ich. Warum? Ihr wißt es, ich bin ja schuldig daran, daß ich krank bin. Ich bin sehr krank, seit 17 Jahren krank, unheilbar krank. Es scheint aber trotzdem, meine Krankheit ist nicht zum Tode. Ich muß ihr noch nachhelfen, sonst zwingt sie mich nicht. Es ist eine ganz perfide Krankheit, die mich nicht leben und nicht sterben läßt.

Aber jetzt habe ich es satt. Ich will ihr den Strick drehen, daß sie sich aufhängen kann. Das ist aber nur bildlich gesprochen. Ich werde mich nicht aufhängen, weder an einer seidenen Schnur, noch an Dr. Eisenbarts Hanfseil, noch an Teufels Strohhalm. — Denn das Hängen ist eine ganz niederträchtig gewöhnliche Selbstmordsmethode. Wer etwas auf sich hält, hängt sich nicht. — Wie wäre es mit dem Ersäufen? Prächtig wär's, wären die Nixen nicht ausgestorben. Die wiegten den Zögernden sanft über den Bootsrand und sagten ihm viel liebe, kosende Worte. Sie erzählten ihm von dem kristallenen Schloß, wo alle Tage Bankett ist. Das ist aber erlogen, wie ich bestimmt weiß. Denn da ich mich unter's Wasser beugte, sah und spürte ich nichts anderes als Schlamm und Kiesel. Dieser Dinge wegen bin ich aber gerade des Lebens überdrüssig geworden. Bin ich doch über viel Steine gestolpert und lange genug im Sumpfe gelegen. Jetzt meine ich auch: Dieses Wasserschlucken ist die billigste Art des Delirium tremens, aber nicht die beste. — Vergiften? Wanzen-, Ratten- und Apothekertod! Auch für Weiber mag es gut sein. Die schaben gerne Phosphor, um den Mann um die Ecke zu bringen. Auch müssen sie des Abtreibens wegen die Pillelein und Tränklein kennen. Soll ich den „Römischen Narren" spielen und in mein Taschenmesser fallen? Als Philosoph in die Badewanne steigen, die Adern öffnen und mein Leben vertröpfeln lassen? Mich indisch verbrennen oder mir japanisch den Bauch aufschlitzen? Letzteres gewiß nicht, es ist zu eklig. — *Aller Voraussicht nach werde ich mich erschießen.* Das ist mannhaft, soldatisch. Ich höre lachen. Es lachen alle, die mich in der Montur gesehen haben. Sie glauben, ich sei ein schlapper Hund. Sagte ich nicht selbst in Kompagniegesellschaft, man müsse mich in der Chaise aufs Schlachtfeld führen! Wohl aber dann sollt ihr sehen, was ich leiste. *Von dem Vulkan, der in mir brütet und kocht, hat kein Mensch eine Ahnung.* Gegen mich gehalten seid ihr alle hinterwäldlerische Buren. Was von jenen zu halten ist, darüber kann euch Dewet Auskunft geben. Nebenbei: Auf die Buren habe ich nie was gehalten, am wenigsten zu der Zeit, als das Geschrei über ihre Tapferkeit alle englandfeindliche Welt erfüllte. —

Jetzt aber habe ich wieder lange von mir geredet. Ihr täuscht euch, wenn ihr meint, ich rede *gerne* von mir. Ich muß mich jedesmal objektivieren, damit ich es aushalte. Vom Lazarett will ich reden? Nun, ich bin eins, ein Mikrokosmos von Lazarett. Und weil ich dem Lazarett gern ein Ende machte, deshalb habe ich die gebräuchlichsten Umbringungsarten aufmarschieren lassen zur gefälligen Auswahl. —

Denn, ich bin nicht *allein* krank. Das ist ja ein Trost für schwache Seelen, daß andere auch leiden müssen. Erzählt doch der Fromme an Krankenbetten von dem Heiland „voller Schmerzen". So ein unschuldig Lämmlein und so arg haben sie's ihm gemacht. Der weise Sokrates bemerkt dazu: Wolltest du lieber, daß ich *schuldig* litte? *Ich würde gerne mit dem Nazarener tauschen. So eine Bagatelle von 9 bis 3 Uhr und dann die ewige Herrlichkeit! Das ist was anderes als 17 Jahre und dann des Teufels sein!*

Mir ist die Krankheit von anderen kein Trost. So niedrig bin ich nicht organisiert. Ich hasse und verabscheue sie auch da wie an mir selbst. Und allen Leidenden möchte ich Erlöser sein. Wie das machen? Totschlagen kann ich euch nicht, so will ich wenigstens den Rat eines anderen wiederholen: Streicht euch selbst durch. Wie schwer das freilich ist, davon wüßte ich vieles zu erzählen. Aber ihr seid ja energischer als ich, darum Entschluß und Tat wie Blitz und Donnerwetter und ihr seid genesen. Was ächzt ihr geduldig weiter, in den Berufskarren gespannt, und bevölkert Krankenhäuser, Bäder und Sanatorien — Mastkälber der Besitzer und Ärzte! Die könnten es euch ja wohl sagen, aber denkt nur, der Profit — und das große Mitleid!

Das Mitleid! — Ich habe Nietzsche natürlich gelesen, und ich habe ihn mit dem Vergnügen gelesen, das ein Feinschmecker des Geistes bei solcher Lektüre empfindet. Gewiß wird man es von mir anmaßend finden, wenn ich mich mit Nietzsche in Vergleich stelle. So ein armseliges Dorfschulmeisterlein! Aber dessenungeachtet behaupte ich, daß das, was bei Nietzsche nur Redefigur und Geistreichelei, bei mir ernste, lebenvernichtende Überzeugung ist. Ich sage gleich ihm: Das Mitleid mit dem Schwachen, Siechen, Verkrüppelten ist Verbrechen, und allererst Verbrechen gegen den Bemitleideten selbst. Nietzsche hat aber keinen einzigen davon „gestoßen", nicht einmal sich selbst. Ein richtiger Gespenster-Oswald, hat er es nicht fertig gebracht, sich „durchzustreichen", so lange es Zeit war. Denn er war krank und elend, und er fühlte und wußte das. Und weil ich ihm in Dankbarkeit zugetan bin — als Leser seiner Schriften — hätte ich es ihm gerne gegönnt, wenn ein nerviger Herdenmensch ihm beizeiten das zerquälte Hirn mit dem Schmiedhammer eingeschlagen hätte.

„Ich aber gehe hin und handle nach meinen Worten. In meiner Proskriptionsliste stehe ich obenan. Folgt als Avantgarde die totenkopfgezeichnete neurasthenische Reiterei. Nehmt all eure Kraft zusammen zum letzten Schenkeldruck und galoppiert lustig hinter mir drein! Dann seid ihr doch anständig gestorben. Denn euer Leben — man weiß ja schon! Die Jammerbuben wollten sich „ausleben" und da zeigte es sich, daß sie sich in der Tat nur zu bald ausgelebt hatten."

„Zurzeit wollen sie alles Unheil dem Alkohol in die Schuhe schieben. Der soll alle die schwachen Nerven gemacht haben. Das ist nicht wahr, jedenfalls ist es stark übertrieben. Nein, das Nervenelend kommt nicht her vom Alkohol, es kommt nicht her vom Großstadtgetriebe, es kommt nicht einmal her von der Hast und der Sorge im Erwerbsleben, vielmehr hat es seine Hauptursache im geschlechtlichen Laster, in der geschlechtlichen Unnatur jeder Art. Statt daß die Ärzte den Patienten immer zuerst fragen, wieviel er gewohnheitsmäßig Schnaps, Wein, Bier trinke, sollten sie sich zuvörderst über sein Sexualleben orientieren. Ich weiß, es ist das eine heikle Sache, aber wer Gesundheit sucht und wer sie geben will, der muß sich eben über schlechtangebrachte Scham hinwegsetzen. Daß der Alkohol nicht der Hauptmissetäter ist, zeigt doch auch der Umstand, daß das weibliche Geschlecht nicht minder nervenschwach ist als das männliche, obwohl es im Trinken von lobenswerter Mäßigkeit ist. Der Kasus liegt also nicht im Gaumen, sondern ziemlich weiter unten.

„Die Nervenschwachen, das sind die Halben des Lazaretts. Sie leben nicht und sterben nicht. Es ruckt bei ihnen nicht vor- und nicht rückwärts, die Krisis fehlt, kein Ende ist abzusehen. Stets schläfrig, schlafen sie doch nicht, müde zum Zusammenbrechen, können sie nicht ruhen. Träg im Denken, träumen sie, unlustig im Tun, planen sie. Nehmen sie sich ein wenig zusammen, so ists beim Kartenspiel, konzentrieren sie sich ernsthafter, so sind sie beim Weibe. Für gewöhnlich schauen sie gelangweilt und trübselig drein, aber das Sumsen einer Fliege macht sie gereizt bis zum Ausschlagen. Sind sie animiert und lustig, so haben sie gewiß einen Spitz, gebärden sie sich, als wollten sie Eichen ausreißen, so haben sie das Fieber. Sie selbst sind sich unausstehlich, wie sollten sie andere leiden können. Sauerampfer und Spitzgras sind sie ihren Nebenmenschen, Stachel, Galle und alle Bitterkeit. Wehe denen, die mit ihnen zu tun haben, wehe Eltern und Geschwistern, Frau und Kindern. Nur Leute, die ihnen fernstehen und die boshaften Herzens sind, mögen über sie lächeln und ihren Spaß an ihnen haben. Wer es aber gut meint mit ihnen, wünscht, daß unseres Herrgotts Blitz sie erschlüge, daß sie wenigstens eine rechtschaffene, ehrliche Krankheit bekämen, die nicht jahrzehntelang hin- und herfackelt, sondern ihnen eins-, zwei- drei den Treff gibt.“

Die weiteren Ausführungen Wagners über Krankheit, Vererbung, Kinderreichtum, Kinderverhütung können zum Teil hier übergangen werden. Nur Einiges ist zu erwähnen, weil es das Verhältnis Wagners zu seiner Familie beleuchtet:

„Ihr werdet euch entrüsten, daß ich über solch „ernste Dinge“ so spassig rede. Und weil ich weiß, daß die Menschen sich nie größer und besser fühlen, als wenn sie sich über andere entrüsten, so will ich dies Vergnügen steigern — was ich wieder für ein guter Kerl bin! — und nackt erklären: Es ist ganz gut, daß viele Kinder sterben, es wäre noch besser, wenn alle die stürben, welche von Eltern und Geschwistern als Last empfunden werden. Und ich stelle ganz ernsthaft den Antrag, daß die Eltern das Recht haben sollen, sich ungestraft der Kinder zü entledigen, die sie nicht aufziehen können oder mögen. Und ich erkläre hier mein Bedauern, daß ich nicht in Zeiten eines Pharao gelebt habe: Ich hätte meine drei Buben in vorgeschriebener Pflichtmäßigkeit ins Wasser geworfen und meine zwei Mädchen gratis hintendrein. Unmensch her, Unmensch hin! Denn aufgepaßt: wenn sie mir nacharten, und es wäre ja möglich, daß sie mich noch übertrumpften. . . . He! ja, was sagt ihr dazu? Daß ich sie der Gefahr aussetzte, einmal zu leiden, wie ich gelitten habe! Ei, das wäre ja euch einerlei, aber daß sie sich gegen euch kehrten, gegen Sitte, Ordnung, Gesetz, Leben! Da wünschtet ihr dann freilich: Hätt' doch der Alte, der Erkennende, sein Gezücht mit sich genommen! Ja, das wird er tun; nicht euch zuliebe.“

Und den Schluß des Kapitels bilden folgende emphatische Worte, aus denen Wagners Geringschätzung des menschlichen Lebens deutlich hervorleuchtet:

„Überall aber täte eine große Sanierung der Menschheit not. Und wie in den alten Städten zerfallene Häuser und Straßenzüge eingerissen werden, wie auf dem Acker das Unkraut ausgereutet wird, so muß auch beim Menschengeschlecht aller Unrat radikal ausgefegt werden. Nach meinem Beobachten und Ermessen müßte ein starkes Drittel daran glauben, ja, ich meine, wir hätten dann erst das Gröbste weg. Wir schiffen zu sehr in übelriechenden Niederungen und müssen jetzt endlich den Ballast auswerfen, um in reiner, gesunder Region zu schweben. Ich habe ein scharfes Auge für alles Kranke und Schwache, bestellt mich zum Exekutor und kein Kommabazillus soll durchschlupfen. 25 Millionen Deutsche nehme ich auf mein Gewissen und es soll nicht um ein Gramm schwerer belastet sein als zuvor. Ich bin ein Mensch, fähig der allergrößten Verantwortung. Die aber bleiben, werden spüren, erkennen und schätzen, was ich getan habe. Sie werden frohlocken mit Psalter und Harfe und allerlei lieblichem Wohllaut, sie werden springen und tanzen und alle Purzelbäume der Lust schlagen, sie werden rühmen und laut verkündigen: er ist gekommen, endlich ist er gekommen, der Heiland der Gesunden, der Gerechten des Körpers. Er hat den Kopf zertreten allen giftigen Schlangen, allem kriechenden Gewürm, allem eklen Sumpfgetier, und alle hinkenden Teufel hat er geworfen in den feurigen Pfuhl. Das Herz schwillt mir — Caligula, reich mir das Schwert!"

Das nächste Kapitel des zweiten Teiles seiner Selbstbiographie („Erziehung, Bildung und anderes Schulmeisterliche") bringt in derselben bissig-vergrämten Weise, wie die vorangegangenen Abschnitte kritische Ausführungen von ätzender Schärfe und mannigfache Reformvorschläge, in denen der alles besserwissende Schulmeister Selbstgedachtes und anderwärts Gelesenes in bunter Mischung vorbringt. Ein scharfer Verstand spricht aus vielen Darlegungen. Ich will es mir aber versagen, Detail hier vorzubringen; ich beschränke mich auf die Ausführung dessen, was für Wagners Persönlichkeit vom ärztlichen Standpunkt aus speziell von Bedeutung ist. Er beginnt gleich:

„Das kann recht werden, wenn über Bildung ein Flegel schreibt. Angeboren ist mir der Flegel nicht. Ich bin so nach und nach einer geworden. Ja es schien in früheren Zeiten, als wollte sich was ganz anderes aus mir entwickeln: Ein ganz geschniegeltes Kerlchen. Aber nicht einmal zu dem hab' ich's gebracht. Und mein Beruf hätte mir doch darin förderlich sein können. Ich bin ja doch Lehrer, Erzieher, Bildner der Jugend, von Staatswegen aufgestellt zu leuchtendem Exempel für Groß und Klein, eine eherne Schlange, zu der gläubig aufschauen alle Bildungsbeflissenen und Wissensdurstigen. Aber hier gebe ich zerknirscht mein Pfund zurück, das ich vergraben hatte, hier leiste ich feierlich Verzicht darauf, „einst zu leuchten wie des Himmels Glanz". Nein, ein guter Erzieher bin ich nicht gewesen. Ich selbst bin schlecht erzogen und mit der Selbsterziehung habe ich es auch nicht weit gebracht, was ihr mir gerne glaubt. Aber was ich im Leben nicht getan habe, das habe ich um so besser gewußt. Mir ist es gegangen wie dem Apostel, der klagt: Was ich nicht will, das tue ich, und die Tat zeugt wider den Geist. Darum dürft ihr wohl meinem Worte lauschen, und lebte der Nazarener noch, so hätte er euch gewiß angeraten: Was er euch saget, das tut, sein Tun aber sei für euch ein „Mach-mich-nicht-nach!"

Etwas weiter unten fährt er fort:

„Wenn ich mich als gewordenen Flegel vorstellte, so will ich damit zugeben, daß Erziehung, Umgang und Lebensverhältnisse auch etwas anderes aus mir hätten machen können, d. h. ich anerkenne Wert und Wichtigkeit der Erziehung. Die Vererbungstheoretiker gehen viel zu weit; wenn die unbedingt recht hätten, so müßten wir eigentlich schon längst ausgestorben sein. Freilich ist alles determiniert und muß folgerichtig und notwendig seinen Gang gehen. Wenn wir aber unserer und anderer Menschen Schicksal in die Hand nehmen wollen, so ist Einfall und Wille dazu eben auch determiniert. Die Frage von der Freiheit und Unfreiheit des Willens ist praktisch völlig wertlos. Menschen, die gleich mir an Depression leiden, möchte ich folgenden Rat geben: Wenn ihr einen Fehler, eine Dummheit gemacht habt, so quält euch nicht darob und nehmt ein- für allemal an, daß es so hat sein müssen. Aber ebenso müßt ihr den Glauben haben: in meiner Kraft, in meiner Hand liegt es, mir mein Glück zu schmieden. Das müßte ein zwiespältiger Mensch sein, meint ihr! Ja, wir sind zwiespältige Menschen. Die Bibel nennt uns ganz treffend: „Ein trotzig und verzagt Ding." Die Hauptsache ist, daß wir gesunde Menschen sind. Gesundheit, das sei das weitleuchtende, alles überragende Panier, nach dem alles erzieherische Reden und Tun sich richtet" . . . . „Ich meine, wer einen gesunden Körper hat, dem muß es sehr leicht fallen, gut zu sein."

An diese Ausführungen schließen sich rassenhygienische Erwägungen, sodann eine Kritik des württembergischen Volksschulgesetzes, der heute üblichen Unterrichtsmethoden, der Orthographie, des Theaters, der Presse etc. Es soll hier nur noch Wagners Stellung zur Religion und zum Religionsunterricht wiedergegeben werden:

„Gegen die Abschaffung des Religionsunterrichts hätte ich nichts einzuwenden. Wer meine Schriften liest, wird das verständlich finden. Ich halte die „Heilstatsachen" des Christentums für bloße Hirnspekulation. Es gibt weder einen Gott Geist, noch einen Gott im Fleisch, noch den Nebelmann, den heiligen Geist. So wird es nicht wenig befremden, wenn ich hier erkläre, daß mir der Religionsunterricht durchaus nicht lästig gefallen ist, daß ich ihn lieber erteilt habe, als Schön- und Rechtschreiben. Und wie habe ich ihn gegeben? Ich kann sagen, ich habe im großen ganzen ihn so gegeben, wie er vorgeschrieben ist. Absichtlich habe ich nicht atheistisch aufklären wollen. Ich halte die Gleichnisse als Unterlagen für einen Moralunterricht für ganz vorzüglich, und im alten Testament finden sich ganz prächtige Stücke — das haben wir auch in der deutschen Götter- und Heldensage, sowie in der deutschen und allgemeinen profanen Geschichte — und wenn man „den alten Gott und den alten Glauben" aus der Schule hinausexpediert, so kann ich ganz gelassen zusehen. Ich will an dieser Stelle die Bemerkung einflechten, daß die protestantischen Geistlichen ihren Unterricht meist freisinniger geben, als die Lehrer. Man wird vielleicht sagen, ich sei eben dann ein Heuchler gewesen. Ich hätte gehen sollen. Wäre ich gesund gewesen, hätte ich es ja auch getan. Aber dagegen bitte ich euch: Sagt mir doch einmal eine religiöse Wahrheit klipp und klar, ohne Hörner und Zähne. Ich habe mich, wie Heine sagt, auf allen „Tanzböden der Philosophie" herumgetrieben, aber auf festen Grund bin ich nicht gekommen. Ich bin religiös völlig indifferent. Von meinen Vorgesetzten ist wohl keiner im Zweifel darüber gewesen, daß ich „nichts" glaube. Erwachsenen gegenüber habe ich nie was „vorgeheuchelt". Dabei machte ich die eigentümliche Erfahrung, daß Väter, die den Freigeist spielten und prahlten, es sehr übel vermerkten, wenn der Lehrer ihrer Kinder sich ebenfalls ungläubig äußerte."

Etwas später äußert sich Wagner über seine Frau, der er verübelte, daß sie so viele Kinder hatte; er fährt fann fort:

„Um Mißverständnissen vorzubeugen, will ich daneben erklären, daß sie eine tüchtige, überaus fleißige Hausfrau ist. Zu ihrer Bildung liest sie, wenn es die Schreihälse erlauben, fleißig in der Bibel und ihren zwei Gebetbüchern, Sonntags auch die Geschichten der Ortslesebibliothek. Ihr Herr Gemahl verlangt freilich andere Kost. Ich habe, seit ich in Radelstetten bin, viel gelesen, jedes Jahr für 300—500 Mark Bücher verschluckt. Ernstliches mochte ich nicht arbeiten, weil ich mir sagte, du mußt ja doch bald fort" . . .

Wagner schildert weiterhin, mit welcher Hast und Gier er gelesen habe:

„Selten aus größerem Interesse an der Lektüre, sondern zur Ablenkung meines Trübsal brütenden Geistes. Ich wollte aus meinen eigenen „Geschichten" mich herausflüchten in ein erträglicheres Milieu. . . . Ich habe so ziemlich die ganze deutsche Literatur gelesen und getraute mir einen vorzüglichen Standard aufzustellen."

Das letzte Kapitel („Von der Bierbank") beginnt Wagner mit einer Schilderung seiner gelegentlichen Trinkexzesse in Radelstetten und der dabei geführten Unterhaltungen, wobei er sich selbst als das „Gscheidle" ironisiert. Dann wendet er sich der Politik zu, erörtert die Licht- und Schattenseiten der Sozialdemokratie, der er in jüngeren Jahren zugestimmt habe, während er ihr später ferngerückt sei. An ihr tadelt er den Mangel des Nationalen, das viele Reden statt des Handelns usw. All diese politischen Kritiken können hier außer Betracht bleiben. Dagegen ist eine Äußerung wichtig, die ihm bei Erwähnung der sozialdemokratischen Politik entschlüpft:

„Ich sehe, ich werde pathetisch und zitiere, und ich zitiere mich selbst, mich den einstigen Barrikadenrevolutionär. Denn was geht ihr mich eigentlich heute noch an? Ich kann meine Revolution allein machen und es handelt sich bei mir um noch viel wichtigere Dinge als um eure 3mal 8 Stunden".

Und weiter oben steht zu lesen:

„Ich sage euch, es gibt Spitzbuben in der Welt und ich muß noch meine Rache haben. Ich will über sie kommen wie der Dieb in der Nacht und ich will . . . Was ich da sage, das verstehet ihr jetzt noch nicht. Ihr werdet es aber hernach mal verstehen."

Außer der Selbstbiographie I. und II. Teil entstanden in Radelstetten, wie schon oben erwähnt, auch mehrere Dichtungen, in denen zum Teil historische Themata aus dem alten Testament zur Darstellung kommen, zum Teil Wagners eigene Lebenserfahrungen und Anschauungen in historischer Verbrämung wiedergegeben werden. Nero, ein Schauspiel in 3 Akten hat mit dem Nero der Geschichte wenig gemeinsam; der grausige Stoff wurde von Wagner, wie er auch hier in Tübingen zugab, nur gewählt, weil er seiner mordbrütenden und vernichtungsdürstenden Seele adäquat erschien. Die Dichtung ist in ihrem Anfang brutal, in ihrem Schlusse blutrünstig, in den mittleren Teilen verschroben, und in der Form manchmal recht mangelhaft und absonderlich. Auf die anderen Dichtungen soll hier (mit Ausnahme des erst in Degerloch beendeten Nazareners) nicht näher eingegangen werden, da sie zur Kennzeichnung der Persönlichkeit Wagners nicht mehr ergeben, als wir aus der umfangreichen Selbstbiographie entnehmen können. Die Vorliebe für das alte Testament und seinen Stil tritt in einigen deutlich zutage. Wir verstehen bei ihrer Lektüre, daß sie keinen Verleger fanden und auch von den Freunden — mit Ausnahme des Försters S. — nicht hoch gewertet wurden. Wagner selbst war anderer Meinung über sie, wie aus seinen 3 Briefen an die Stuttgarter Theaterintendanz hervorgeht. Im ersten Briefe (datiert vom 5. Oktober 1908) legte er das Drama „David und Saul" vor, das er für bühnenfähig erklärte; es habe keine religiöse Tendenz, sondern trage in biblischem Gewande kerndeutschen Charakter. Noch selbstbewußter klingt der Inhalt des zweiten Briefes an den Intendanten:

„Wenn Sie nicht Reichskanzler gespielt und das Schauspiel wirklich gelesen haben[1]), muß ich annehmen, daß Sie ablehnen. Vielleicht haben Sie die Güte, Ihr Urteil beizufügen. Das meinige hat sich nicht geändert, ich meine immer noch, es wäre jammerschade, wenn die Stuttgarter um das große Vergnügen gebracht würden."

Die Hoftheaterintendanz war anderer Meinung und sandte Wagner das Manuskript zurück. Die beiden Dramen „Nero" und „Bilder aus dem alten Rom" ließ Wagner auf seine Kosten drucken, nachdem er vergeblich versucht hatte, einen Verleger zu finden. Ebenso waren Versuche, die Dramen an anderen Bühnen zur Aufführung zu bringen, vergeblich gewesen. Das Manuskript „Der alte Jehovah", das aus dem Jahre 1904 stammt, erweckte wegen seines gotteslästerlichen Inhaltes bei einem Buchhändler Bedenken und wurde Wagner deshalb 1909 ohne Drucklegung

[1]) Anspielung auf ein damals in Berlin vorgekommenes Ereignis.

wieder zurückgesandt. Wagner hat später bestritten (Brief an Professor X), daß er jemals etwas Lästerliches oder Zotiges geschrieben habe, wenn er auch bisweilen derb geworden sei.

„Nicht leichtfertig habe ich geschrieben, sondern mit Ernst, mit blutigem Ernst. Das soll zum voraus jeder wissen, der mich liest."

Auf den „Absalom" legte er selbst den größten Wert.

Der Aufenthalt in Degerloch.

Am 1. Mai 1912 trat Wagner sein Amt als ständiger Lehrer an der Volksschule in Degerloch bei Stuttgart an; er war also 1 Jahr und 4 Monate in seinem neuen Wirkungskreis, bevor er seine Verbrechen beging. Über diese letzte Zeit sind wir nicht bloß durch Aussagen anderer Personen, sondern vor allem durch den dritten, sehr umfangreichen Teil seiner Selbstbiographie und durch die Briefe unterrichtet, die er in den Tagen vor seinen Verbrechen geschrieben und auf dem Weg zwischen Degerloch und Mühlhausen der Post übergeben hat. In den Akten finden sich eine Reihe von Äußerungen über seine Persönlichkeit in Degerloch. Er hatte dort eine freundliche Wohnung inne. Seine Vermögens- und Familienverhältnisse waren in guter Ordnung. Die Schwiegermutter, Witwe S. gibt an, Wagner habe nie Geld von ihr gewollt, doch habe sie ihm erst kurze Zeit vor der Tat durch ihre Tochter 400 M. zugesandt, von denen er selbst habe nichts wissen wollen. Rektor M. in D. gibt an: „Ein rätselhaftes, geheimnisvolles Etwas leuchtete unheimlich aus dem Auge, dessen Blick ich nicht lange ausgehalten habe." Wagner habe gegenüber dem übrigen Lehrkörper zielbewußte Berechnung und geistige Überlegenheit gezeigt, das Züchtigungsrecht einmal bei einem Knaben überschritten. Hauptlehrerin P. schildert Wagner als sehr phlegmatisch, gegen seine Kinder sehr nachsichtig; er habe im Verkehr ein pathetisches Wesen gezeigt, schriftdeutsch gesprochen und dadurch komisch gewirkt. Er hätte lieber keine Kinder gehabt, weil man es dann schöner hätte und sich auch mehr leisten könne. Hauptlehrer R. bezeichnet Wagner als sehr zurückhaltend, verschlossen, fast stolz und erwähnt den vergrämten Gesichtsausdruck der Frau. Hauptlehrer V. fand Wagner einmal so schwer betrunken in einer Degerlocher Wirtschaft, daß er nur noch das Gespött sämtlicher Gäste bildete. V. veranlaßte ihn zum Nachhausegehen und machte ihm dabei Vorhalt, worauf Wagner meinte, er habe sich mit der Absicht nach Degerloch gemeldet, um leben zu können, wie es ihm beliebte. Seine Kinder seien, so gab V. an, Wagner zu viel gewesen, weshalb er gewöhnlich auf Befragen nur 2 statt 4 angegeben habe. Apotheker V. teilt mit, er sei im Mai oder Juni 1912 dem Wagner vor dem Garten der Wirtschaft Schweizerhaus in Degerloch begegnet, als dieser aus der Wirtschaft herauskam. Als V. hinübergesehen habe, sei Wagner auf ihn zugekommen und habe ihn zur Rede gestellt, warum er ihn so ansehe. V. habe darauf eine Bemerkung gemacht, worauf Wagner seinen Zwicker eingesteckt und gesagt habe: „Der will scheints auch noch etwas.“

Bei diesen Worten habe er sich kampfbereit vor V. hingestellt. Es sei dann aber zu keiner Schlägerei gekommen. Acht Tage später habe V. den Wagner etwa um Mitternacht im Café B. in Stuttgart gesehen. Dort habe er mit einem zweifelhaften Frauenzimmer zusammengesessen, sei bald darauf mit ihr weggegangen und zwar die Eßlingerstraße hinaus, hinter der Leonhardskirche vorbei, in der Richtung gegen den Wilhelmsplatz. Lehrer L. in S. teilt mit, Wagner sei gegenüber einfachen Leuten hochmütig und stolz gewesen, habe sich gefreut, in Stuttgart Leben um sich zu haben, eine Vorliebe für das Café B., eines der verrufensten Lokale in Stuttgart, gezeigt. Einmal habe er zu ihm im Gespräch gesagt, es sei schwer, seine vier Kinder durchzubringen, aber er arbeite gerne für sie. Er habe sie recht lieb. Wagner habe extreme Anschauungen und eine leichte Moral dokumentiert, jedoch habe ihm niemand eine schlimme Handlung zugetraut. Dem Hauptlehrer F. in S. machte Wagner in Degerloch den Eindruck eines gut lebenden, wohlsituierten Mannes. Aus dem Verzeichnis der von Wagner aus der Volksbibliothek in Stuttgart geliehenen Bücher geht hervor, daß Wagner gute Kunstwerke und ernste philosophische und naturwissenschaftliche Schriften bevorzugt hat. Die Vernehmung des Schmiedes B. ergab, daß er einmal von Wagners Ehefrau gehört haben will, Wagner habe zurzeit Unannehmlichkeiten mit Schülern und sei aufgeregt. Er habe geäußert, die Kinder in der Stadt seien im Vergleich zu denen auf dem Lande verdorben. Es wundere ihn nur, daß er es in dem einsamen Radelstetten so lange ausgehalten habe. Die Lehrerswitwe S. in D., bei der Wagner bis zu seinen Mordtaten gewohnt hat, schildert ihn als einen rücksichtsvollen Mieter, der immer sehr ruhig gewesen sei, auch wenn er erst morgens früh heimkam. Man habe ihn dann nicht gehört, wohl aber habe die Frau geschimpft, worauf er kaum eine Widerrede gegeben habe. Er sei ein pünktlicher Zahler gewesen, habe gern gut gegessen und bequem gelebt. Das Familienleben sei ruhig und friedlich, wenn auch nicht herzlich gewesen. Die Kinder seien mehr von der Frau, als von ihm geschlagen worden. Ein eigentümlicher Mann sei er immer gewesen. Mit den anderen Lehrern habe er kaum verkehrt, die Nachbarn kaum gegrüßt. Er habe kein Blut sehen können. Als sein kleiner Sohn Richard im Sommer 1913 sich einmal ein Loch in den Kopf fiel und stark blutete, habe er in Frau S.s Gegenwart zu seiner Frau gesagt, als sie ihm das Loch habe zeigen wollen:

„Du weißt doch, daß ich kein Blut sehen kann."

Etwa drei Wochen vor der Mordtat habe er zu seinem jüngsten Sohn gesagt: „Du Richele, Dein Vater wird noch einmal ein berühmter Mann."

Der Musiker D., der mit Wagner im gleichen Hause wohnte und mit ihm manchmal in den Kinematographen ging, hebt Wagners ganz besonders ruhiges Wesen und großes Phlegma hervor. Der Fußballtrainer K., der mit Wagner auch im gleichen Hause wohnte, hörte Wagner noch am Nachmittag des 3. September 1913 um 3 Uhr mit seinen Kindern in seiner Wohnung singen. Wagners Schwager, A. S., Wirt in O., berichtet, er sei manchmal nach Degerloch gekommen, ebenso die Familie Wagner manchmal nach O. Er habe an Wagner nie etwas Auffallendes bemerkt; seine Schwester habe sich nie über ihren Mann beklagt, außer, daß er manchmal spät von Stuttgart zurückkomme. Sie habe ihm einmal die Schußwaffen ihres Mannes im Mansardenzimmer gezeigt, zwei Mauserpistolen, einen kleinen Revolver, das Dolchmesser und viele Munition. Wirt L. in D., bei dem Wagner öfter verkehrte, weiß über ihn zu berichten, Wagner habe einmal innerhalb 2 Stunden 4 Schoppen Wein und 5 Flaschen Überkinger Wasser getrunken, über mangelnden Anschluß in Degerloch geklagt und dabei erwähnt, er habe in Radelstetten immer mit den Bauern gegaigelt [1]), die ihn aber anfangs furchtbar beschissen hätten. Wagner habe wenig gesprochen, sei erst, wenn er etwas getrunken hatte, redseliger geworden und habe dann den Eindruck eines von

[1]) Ein Kartenspiel.

sich sehr eingenommenen Menschen gemacht. Einmal habe er bei einer Metzelsuppe 12 Flaschen Bier getrunken, sei dann hinausgegangen, um sich zu erbrechen, und habe dann nochmals 4 Flaschen Bier getrunken. Man habe ihm aber dabei nicht viel angemerkt. Über Wagners verschiedene Aussprüche habe er, L., seiner Zeit einen Artikel fürs „Neue Tagblatt" in Stuttgart geschrieben, der humoristisch gehalten gewesen, aber eben wegen seines scherzhaften Tones vom „Neuen Tagblatt" zurückgewiesen worden sei. Diesen Artikel sandte L. dann später ein. Daraus geht hervor, daß Wagner in L.s Gasthaus in D. revolutionäre Reden geführt haben muß und dabei eines seiner Lieblingsthemata (es gebe auf der Welt zuviel Menschen, man müsse die Saat vom Spreu reinigen und der Intelligenz zum Sieg verhelfen usw.) erörtert hat. Wirt V. in D. schildert Wagner als immer höflich; er habe meist gleich nach den Zeitungen gegriffen, manchmal 10—12 Glas Bier getrunken. In der letzten Zeit habe er weniger getrunken. Noch am Abend vor der Ermordung seiner Familie habe er von 5—7, wie immer ganz ruhig im Schweizerhaus gesessen, höchstens 3 Glas Bier getrunken und dabei nicht den Eindruck eines aufgeregten Mannes gemacht. Die Bürger Degerlochs seien mit Wagner wegen seiner hochdeutschen und auch hochtrabenden Ausdrucksweise in keine Unterhaltung gekommen. Von Wirt M. in D. erfahren wir, Wagner sei zweimal bei ihm im Wirtshaus gewesen, einmal im Winter 1912 abends, das andere Mal im Sommer 1913 nachmittags mit den Kindern. Im Gespräch über die Landtagswahl habe er geäußert, er wähle sonst nationalliberal, diesmal aber habe er seinen Kollegen L., ein Mitglied der Volkspartei, gewählt. Wagner erschien dem M. intelligent, im übrigen bot er ihm nichts Auffallendes. Mechaniker H. in D. teilt mit, Wagner habe ihm am 27. August 1913 sein Fahrrad gebracht mit der Bitte, es nachzusehen und instand zu setzen. Er habe dabei geäußert, er wolle am nächsten Tag mit dem Rad nach Mühlhausen. Tags darauf sei aber Regenwetter gewesen und so habe Wagner das Rad erst am 2. September abgeholt, die Kosten gleich bezahlt und dabei gefragt, ob das Rad jetzt gut im Stand sei und er sich jetzt darauf verlassen könne. Hauptlehrer B. in B. erhielt von Wagner im September 1912 einen Besuch bei sich: dabei sei die ganze Familie sehr vergnügt gewesen und Wagner habe gesagt, er habe sich jetzt in Degerloch gut eingelebt. Die Akten enthalten eine Mitteilung der Landesbibliothek Stuttgart, daß Wagner im Januar und März 1913 zahlreiche Schriften von Professor X.[1]) entlehnte. Frau J. in Mühlhausen gab an, Wagner sei Ende Juli oder Anfang August 1913 einmal bei ihr in Mühlhausen gewesen und habe nach ihrem Manne, dem Hauptlehrer J. gefragt. Er habe diese Worte etwas hart und barsch herausgestoßen, als ob er erzürnt wäre, während er früher immer sehr freundlich gewesen sei. Er habe sich in ihrem Garten und darüber hinaus scharf umgesehen. Aus den Akten ist zu ersehen, daß Wagner in Mühlhausen in einem gewissen M. einen Schuldner hatte. Dieser war Wagner auf zwei Pfandscheinen 1150 M. zu $4^{1}/_{2}{}^{0}/_{0}$ schuldig. M. sei mit dem halbjährigen Zins manchmal, so auch im März 1913, im Rückstand geblieben, ohne daß Wagner ihn deshalb zur Zahlung aufgefordert hätte. Auch hatte Wagner noch beim Darlehenskassenverein in Mühlhausen und bei einem N. dort ein Guthaben. Die Schwägerin Wagners, Frau Br. in X., war mit ihren zwei Kindern vom 6.—25. August 1913 bei der Familie Wagner in Degerloch zu Besuch gewesen. Frau Br. sandte eine Karte Wagners, die er am 25. Juli 1913 in Mühlhausen schrieb, und worauf er mitteilte, er habe seine zwei Mädchen nach Mühlhausen gebracht, wo sie die nächsten 3 Wochen bleiben sollen. Deshalb solle Frau Br. mit den Kindern jetzt gleich nach Degerloch kommen. Während ihrer Anwesenheit dort fiel ihr, wie sie berichtet, an Wagner nicht das Geringste auf. Auch Frau Wagner habe nichts wahrgenommen und habe nie etwas über unglückliche Ehe geäußert. Wagner sei immer gegen seine Frau gut und gegen seine Kinder der beste Vater gewesen. Auch gegen seine Schwägerin, Frau Br. und deren Kinder habe er eine Gastfreundschaft gezeigt, wie sie sie nirgends hätte besser erhalten können. (Dies war also noch bis 8 Tage vor der Degerlocher Mordtat.)

Während weder die nächsten Angehörigen Wagners, noch seine Kollegen irgendwelchen tieferen Einblick in sein Seelenleben in der Degerlocher Zeit gewannen, gibt uns der dritte Teil seiner Selbstbiographie („Stuttgarter Spaziergänge") ein Bild seines Denkens und Fühlens in jener für das Verständnis seiner Taten wichtigsten Zeit. Wir lernen daraus auch einen Teil seines äußeren Lebens kennen, so z. B. seine Neigung, sich in Stuttgarter Cafés

---

[1]) Einem bekannten Religionsphilosophen.

und Restaurants herumzutreiben; weit wichtiger sind für uns die Mitteilungen über seine damalige Gedankenwelt und über die Beweggründe seiner späteren Gewalttaten. Ein großer Teil dieser Biographie wurde in Stuttgarter Cafés geschrieben, und so geben sie manchmal Eindrücke des Augenblicks wieder, an die sich dann allgemeine Reflexionen anschließen. Gram, Bitterkeit und Sarkasmus sprechen aus den 293 Seiten dieser „Stuttgarter Spaziergänge“; bisweilen erhebt sich der Stil zu leidenschaftlichem Pathos und grandiosem Affekt. Seite 3 lesen wir:

„Mein Kopf fällt willensschwach vornüber; (Wagner sitzt im Café) was nützt mich das Heimgehen, was nützen mich ersparte Nickel, ich muß bald sterben. Wehmütig und weinerlich wird mir zumute, aber meine Tränensäcke haben einen festen Verschluß, ich will ein Patent drauf nehmen und Limonade fabrizieren. Ich sage euch, es ist schlimm um verhaltene Tränen. Und ich sage euch, ich bin alle Tage trunken von den Tränen, die ich nicht weinen darf. Denn es sind Tränen der Schuld. Darum will ich jetzt bleiben und trinken, bis sie alle tuscheln und anheben zu sagen, daß ich ein Lump sei. Und ich selbst werde es am lautesten zu mir sagen. Denn im Rausch vergesse ich, daß ich trunken bin von den Tränen meines Leides.“

Seite 10: „In meiner Familie starb alles zu spät. Die Eltern: Die mußten erst viele Kinder haben, die Geschwister: sie mußten auch erst viele Kinder haben. Darum will ich darüber trauern, daß solch unseliges Krummholzgeschlecht[1]) sein Elend weitersprosset.“

Die folgenden Seiten zeigen uns stark sinnliche Regungen bei Wagner, beim Anblick der Frauen und Mädchen Stuttgarts. Seite 18 schreibt er, im Olgacafé sitzend:

„Ob wohl unter dieser schmausenden, lachenden Gesellschaft auch nur eine Seele ist, die dran denkt, daß der Heiland auch für ihre Sünden hat leiden müssen. Meine Seele ist's nicht, die ist in den Banden des schönen Weibsbildes da droben, die auf dem wilden Tiere sitzt. Ich will hinaufgehen und mich auf ihren Schoß setzen, sie umhalsen und küssen. Aber es würde doch einiges Aufsehen machen und ich muß fein im Verborgenen bleiben. Es kommt aber die Stunde, da will ich lärmen und Skandal machen, daß euch die Ohren dröhnen“ . . . „Nach dem Automaten im Olgacafè sollt' ich nur 144 Pfund wiegen, ich wiege aber 170. Ich komme aus der Angst gar nimmer raus. Früher erbarmungswürdig dürr, fürchte ich jetzt Stiernacken, Wanst, Herzlähmung und Erstickungsanfälle. Es ist mir ein Rätsel, daß ich dick werde und hab' doch keine ruhige Stunde. Es scheint, das Elend fühlt sich bei mir so wohl zu Hause, daß es Fett ansetzt. Die Flamme soll an mir auch etwas zu lecken haben[2]).“

[1]) Das Krummholz ist das Zeichen des Wagnerhandwerks.

[2]) Anspielung auf seine Absicht, sich im Ludwigsburger Schloß zu verbrennen.

. . . . Alles an mir ist Wunsch und Begierde und ich hätte doch alle Ursache, Vernunft anzunehmen; denn mein Auge ist trüb und grau ist mein Haar, o Narr, was sollen die Frauen."

Seite 25 berichtet Wagner von einem Ausflug nach der Staatsirrenanstalt Winnenthal; er sei dort nicht zurückbehalten worden:

„Wenn sie freilich wüßten, daß ich jetzt zu unwiderruflich letztmaligem Auftreten gesonnen bin, wenn sie diese letzte Vorstellung nur entfernt ahnten: sie hätten mich in die Zwangsjacke gesteckt."

Wagner schildert dann einige seiner Eindrücke von der Heilanstalt und fährt fort:

„Ich kann mir nichts Unterhaltenderes denken, als eine Gesellschaft, die so viele unverfälschte Natur mit so viel Anstand zum Ausdruck bringt. In der Männerabteilung ist's gewiß nicht halb so lustig, und weil ich mich meines Verstandes gar nicht sicher fühle, will ich euch an dieser Stelle den tiefgefühltesten Wunsch ans Herz legen: Lasset mich dann eingehen in den Rosengarten der Liebe. Ich werde dann Komödien aufführen, die einen Inhalt haben sollen — aber ihr habt doch kein Organ für Komödien, die einen Inhalt haben; ihr seid ja alle so seicht, daß ihr niemals verrückt werden könnt. In Winnenden hat es überhaupt eine „Nation", der „taube Siech" — man verzeihe mir den Ausdruck scheinbarer Rohheit — geht truppenweis spazieren und wie selbstzufrieden einen der Blödsinn anlächelt. Führt sie hinab an den Bach Kison, Zipfelbach geheißen und schlachtet einen nach dem andern ab[1])!"

Häufig kehren in den folgenden Seiten Ausführungen über die Notwendigkeit wieder, schwache, kranke, degenerierte Menschen zu vernichten. Seite 33 bricht sein literarischer Größenwahn hervor:

„Der Stuttgarter Landesbibliothek wünsche ich dann das Schicksal ihrer Kollegin von Alexandria. Alles soll verbrennen, bis auf das, was von mir drin ist. Damit ich der einzige Klassiker bin."

Seite 34 spricht Wagner von seinem Leiden:

„Vergiß! Was geschehen ist, ist geschehen. War es Fügung des Himmels oder des Teufels oder des Weißnichtwas? Predigst du das nicht andern, warum ist es dir nicht selbst Trost? Und wenn je Schuld, hast du nicht gebüßt? Unsagbar gelitten? Wahrlich, wenn es in der Erde Eingeweide so wühlte wie in mir, sie müßten bersten mit solcher Gewalt, daß ihre Stäubchen das Weltall füllten. Welch ein Satan das Leiden doch ist! Es will mich gar noch eitel machen und läßt sich vernehmen: Warum bist du unzufrieden mit deiner Vergangenheit? Sei dankbar, viele haben gar keine. Und lerntest du nicht in die Tiefe sehen wie kein anderer? Möchtest du wirklich mit einem von denen tauschen, die um dich her lachen? Nein, ich möchte nicht tauschen, aber ich habe doch ein Ideal

[1]) Es ist nicht ohne tiefe Tragik, daß Wagner gerade in diese Heilanstalt Anfang Februar 1914 zu dauerndem Aufenthalt verbracht wurde!

von mir selbst, das ich auch wirklich sein möchte. Und das ich auch erreicht hätte, wenn dies und das und die Hauptsache nicht gewesen wäre. Ich fange dann an, in den ersten Tagen meiner Erinnerung zu kramen, merze aus und setze unter, meine ganze Familie lasse ich vom Blitz erschlagen. Ich meine die zu Eglosheim. Denn die zu Degerloch bekomme ich gar nicht. Ich bin dann frei, es geht alles wie geschmiert. Schulmeister werde ich natürlich nicht. Aber was ich auch sonst gelernt und getan, eins ist sicher: Ich wäre heute ein reicher, vornehmer, berühmter Herr, und alles, wonach mein Herz gelüstete, wäre mein" . . . „Solche Gedanken wälze ich auf meiner Vakanzreise durch die Straßen Stuttgarts. Und hinter mir schleicht ein höhnisch grinsender Kerl und hebt jetzt an: „Ich glaube gern, daß du aus deiner Haut herausmöchtest. Ich, der Teufel, möchte nicht drinstecken. Aber bei all deinem Gejammer bist du doch ein verdammt selbstsüchtiger Mensch und an der Kette halte ich dich. Du möchtest deine Vergangenheit weg- und dir ein Recht auf Weiterleben zudisputieren. Du willst nicht hinaus zum Loch. Die Geschichte kenne ich schon von Mühlhausen und von Radelstetten und von der Schweiz, du brauchst mich nicht auch in Stuttgart anzukohlen. Aber ich dein Freund rate dir: Was du tust, das tue bald. Und der Teufel bleibt stehen, zieht die Uhr heraus und fletscht ingrimmig: Das ist ein Zäher, ich will nur sehen, wie lange ers noch treibt."

Seite 36 findet sich die Äußerung:

„Mir geht es nicht gut, und ich schwebe so in einem Etwas, das nicht tot und nicht lebend ist. Es ist wohl ein garstiger Traum und ich werde aufwachen zu einem schönen, sonnigen Morgen" . . . „Da drüben ist auch der Saal, wo ich das Examen, den Revolver in der Tasche, machte."

Seite 38 berichtet er, wie ihm spät nachts im Wartesaal II. Klasse des Bahnhofs der Gedanke kommt:

„O, wenn jetzt nur mein Liebchen verschwunden und ich ganz heimatlos wäre! Schon einmal auf der Alb hat sie Boten nach mir ausgeschickt, vermeinte, ich wäre vom Rad gestürzt und hätte das Genick gebrochen. Aber es war eine unnötige Sorge ums Unkraut gewesen."

Wagner berichtet sodann, wie er in jener Nacht vom Hause wegblieb, erst am Morgen heimkam, als seine Frau in der Kirche war, von seinen beiden Knaben froh begrüßt wurde und dann bei seiner Frau Eifersucht auslöste, weil er Postkarten bei sich trug, auf denen Weibsbilder abgebildet waren, und viel Geld ausgegeben hatte. Er schildert dann seine Angst, als sie auch einen Teil des Manuskripts seiner Stuttgarter Spaziergänge aus seinem Überzieher herauszog. Dann erzählt er von einem anderen Vorfall, bei dem sein sorgfältig verstecktes Manuskript von seiner zweiten Tochter gefunden und in die Familie heraufgebracht wurde. Er konnte jedoch verhindern, daß es die Frau zu lesen bekam.

„Ich erschrak, daß ich am ganzen Leib zitterte, und als ich mich erholt hatte, gab ich dem unschuldigen Kind einen solch heftigen Backenstreich, daß es umfiel und mich dann nach Wochen noch fragte, warum ich das getan hätte. Ich hätte mich dann jedesmal martern können. Glied für Glied. Aber denkt doch, ich wäre in der Schule gewesen und meine Frau hätte das Paket aufgemacht. Sie hätte bei der furchtbaren Enthüllung ohnmächtig werden, ja überschnappen müssen; was noch das beste gewesen wäre, sie hätte in Todesangst die Kinder zusammenraffen und auf die Straße flüchten müssen, mein ganzer Mordplan wäre zusammengestürzt. Denn ich glaube, ich selbst wäre dann wie gelähmt gewesen und hätte wohl in Dummheit und Verzweiflung mich allein umgebracht. Und die armen Kinder sollen dann ein ganzes Leben lang die Schande ihres Vaters tragen! Ich muß sie töten, zu ihrem eigenen Heil. Wer das nicht begreift, mit dem rechte ich nicht. Aber daß ich nun gerade da war, und dann das Paket unter den Rathausbüchern auf der Bühne besser verwahren konnte, das sehe ich als den glücklichsten Zufall meines Lebens an. Ja, derart ist mein Glück beschaffen. Das fuhr mir jetzt alles durch den Sinn, wie ich durch die abgeschlossene Tür das Papier knistern hörte. Mein erster Gedanke war der ans Beil. Ich kleidete mich an und schaute zum Fenster hinaus nach den Buben, die wollte ich rufen, wenn das erste Opfer gefallen war. Aber die Mädchen, die in Mühlhausen in Ferien waren? Wenn die davon kamen, war's nur Stückwerk. Ob ich noch dorthin gelangen könnte? Es ist Tag, oben und unten im Haus Mitbewohner. Und mein Arm so schwach, mein Kopf so wüst. Ich wußte es schon, es geschieht nichts, wie immer. Du bist eben nichts. Wie kann man von einem Garnichts verlangen, daß er töte. Ein Garnichts kann nichts Besseres tun, als hinnehmen, was über ihn kommt. Wenn ich nur recht wüßte, was auf den Zetteln steht. Vom Elendsein und Töten, das ist gewiß, ich hatte es im Reichshof in den Pausen geschrieben."

Wagner erzählt nun weiter, wie dieser Vorfall gut vorüberging, ohne daß seine Frau den Inhalt des Geschriebenen las, wie sie ihm eine Zeitlang grollte, weil sie glaubte, er sei ihr untreu geworden und wie schließlich alles wieder in Ordnung kam. Seite 45 beginnt ein sehr wichtiger Abschnitt der Biographie. Wagner schildert hier genau seinen ganzen Mordplan, wie er ihn dann später zur Ausführung brachte, soweit dies ihm möglich wurde. Wir erfahren daraus, daß er schon lange vor der Abfassung dieser Biographie, nämlich in Radelstetten im Jahr 1911 oder Frühjahr 1912 den Plan hatte, nach der Brandstiftung und dem Morden in Mühlhausen morgens um 2 Uhr 7 Minuten mit dem in Mühlacker abgehenden Schnellzug nach Ludwigsburg zu fahren. Wir lesen da:

„Wenn ich um $^1/_2$12 Uhr nachts meine Arbeit in Mühlhausen begann, konnte ich um $^1/_2$1 Uhr fertig sein. War ich dann nicht mit Mistgabeln erstochen oder von den Bauernflegeln sonstwie abgemurgst, so reichte es mir bequem nach Mühlacker zurück. Ich brauche nur eine halbe Stunde, wenn ich mein Rad benütze. Ich nehme es als Passagiergut mit nach Mühlacker, vielleicht nach Illingen, und lasse es dann oben an der Mühlhäuser Steige stehen. Habe ich das Rad bei mir, so beginne ich eine kleine Stunde später. Den ursprünglichen Plan, auf dem Rad nach Eglosheim zu gelangen, habe ich fallen lassen. Das Rad ist neu, gut und stark; setzt das Gegenteil dieser Eigenschaften und ihr habt mich! Und voraussichtlich würde ich in Vaihingen, in Bietigheim oder Markgröningen in Empfang genommen werden. Ich müßte in den Stromberg oder ins Gäu abbiegen. Ob ich nach vorausgegangener Bataille solcher Anstrengung gewachsen wäre, ist mir zweifelhaft. Es wäre Tag, bis ich auf den zweiten Kriegsschauplatz käme. Freilich, wenn der andere Plan dann mißlingt — ist es denn so sicher, ob ich an den genannten Orten abgefaßt werde? Die Nachricht könnte ja noch gar nicht dort sein, wenn ich sie passierte. Den Telephondraht habe ich ja durchgefeilt. Es gibt Leitern und Steigeisen, und im Notfall kann ich solche Höhe auch erklettern. Hoffentlich habe ich nichts zu bereuen, und wenn schon, so dauert diese meine letzte Reue nicht lange."

Wagner schildert nunmehr seinen Rekognoszierungsausflug, den er schon im letzten Jahr seines Radelstetter Aufenthalts von Stuttgart aus mit dem Rad nach Mühlhausen unternommen hatte. Seite 47 lesen wir:

„Ich hatte viel Zeit und legte mich in einen Haberacker. Die ganze Schwere meines Unglücks lastete auf mir. Der Haberacker kam mir wie der Ölberg vor. Aber kein Engel, der mich getröstet hätte! Da drunten höre ich das Eisen von Schwertern und Fesseln klirren, mit ihren Pfiffen geben die Häscher einander Richtung und Ermutigung, die Fackeln leuchten hell auf, Hohnlachen umgibt mich und der Stimmen hassenswerteste spricht: Stehe, auf, es ist Karfreitag. Ich stolpere weiter am Waldrand entlang über Welschkorn und Kartoffeln, bis ich in der Höhe über Mühlhausen stehe. Es ist unnötig, hinabzugehen. Die Scheuern werde ich schon finden und die andern auch. Sie haben mich mit ihrem Vermuten und Viertelwissen geängstigt, aber jetzt will ich sie braten wie am Spieß, an den Baum unter den Ameisenhaufen möchte ich sie binden, in dem Keller der Emichsburg möchte ich sie haben, und einen nach dem andern mit den verrosteten Henkerwerkzeugen langsam zu Tode martern. Aber ihre Martern alle und die Martern derer, die mein rächender Arm noch zu erreichen wünschte, was wollten sie besagen, gegen meine Qual? Was sind alle diese elenden Tropfen gegen den Ozean meines Leidens?

„Dort taucht eine Laterne auf, es ist einer von ihnen[1]) und kommt natürlich vom Bahnhof. Das halbe Mühlhäuser Bettelvolk liegt auf der Eisenbahn. Geriete es doch unter die Räder und zwischen die Puffer, Mühlacker ist doch der richtige Ort dazu." [2])

---

[1]) Nämlich von den Mühlhäusern.

[2]) Weil es einen Rangierbahnhof hat.

Wagner schildert weiterhin seine Erwägungen über den zu wählenden Weg und fährt Seite 48 fort:

„Die Frage ist jetzt die, ob Mühlacker schon alarmiert ist. Mühlhausen liegt wie Stuttgart im Kessel. Aber es wird ein artiges Feuerlein und eine schöne Mitternachtssonne geben. Und die vom Bahnhof Heimkehrenden könnten den Brand von weitem sehen und riechen."

Nach weiteren Erwägungen, unter welchen Gefahren er schließlich nach Mühlacker gelangen könne, wie er dort eventuell zu schießen und zu morden habe, um in einen Wagen des Schnellzugs zu gelangen, fährt er fort:

„Der Aufenthalt des Zugs dauerte mir zu lang, ich wurde schon bei der Probe ganz nervös und sah im Geiste schon Landjäger, Polizei und Automobile heranrennen, die Halt! schrien. Dann knallt's. Ich werde niemand schonen, auch die im Zuge nicht. Es soll ein rechter Krieg sein und nicht ein italienisch-türkischer. Aber nein, die Hölle hält ihren Schwur; es wäre auch dumm von ihr, wenn sie solchen Hauptlieferanten im Stiche ließe. Der Zug fährt, ich bin geborgen. Er fährt schnell, meine Phantasie eilt aber voraus in meines Bruders Haus. Ich töte. Ins Schloß. Ich töte. Ich brenne und verbrenne. Aber das Telephon spricht nach Bietigheim? Ach da halten sie mich. Aber sie geben Haltsignal und stellen die Weiche auf totes Geleise? Das Bietigheimer Aufgebot steht da? Bewahre! Nein, Nein! Ich lache jetzt so laut und schrill, daß mich alle im Kupee entsetzt anstarren. Und ich juble laut: Nein in Bietigheim hält er nicht! Und denke, o ich weiß es gewiß, sie wollen mich in Ludwigsburg fassen, in Ludwigsburg, da hat es mehr Polizei und Hunde und Militär. Für mich brauchen sie viel Militär. Das wissen sie in Mühlacker, deshalb haben sie mich nach Ludwigsburg überwiesen und auf dem Bahnhof stehen sie dann, die Polizei, die Hunde und das Militär, und Angst haben sie: Der wird uns totschießen! Und Freude: Weil viele Hunde des Hasen Tod sind. Und ich muß noch lauter lachen, ich habe den Asperg hinter mir und das Zuchthaus und ich spüre es: Du bist in der Osterholzallee. Und da werde ich die Glocke reißen und der Zug wird halten und ich werde hinausspringen. Und sie werden in Angst die Fenster aufreißen und in die stockfinstere Nacht hinausstieren, und die Schaffner werden rennen und der Zugmeister wird rufen: Wer hat die Glocke gezogen? Danke, werde ich dann sagen, drin auf dem Sitz Nr. x liegen 20 M. Ich bin ein ehrlicher Mensch. Ich kann jetzt zu Fuß gehen. Gute Nacht ihr, und guten Morgen denen, die in Ludwigsburg meiner warten. Und ich lache dann so hell und schön, daß alle, die es hören, später sagen, es sei eines Engels Lachen gewesen. Und ich werde klopfen an das Fenster von meines Bruders Haus, er wird seinen Kopf herausstrecken und fragen: Wer ist da? Ich, der Ernst, bin's. Ich habe mich verspätet, bringe aber frohe Botschaft. Und er wird die Türe aufmachen und es eilig haben zu vernehmen die frohe Botschaft. Dergleichen ist selten in eines Wagners Haus gekommen. Gib mir einen Trunk Wasser, werde ich sagen und zur Küche gehen. Du kannst mir auch einen Krug Most holen, werde ich sagen und das Beil suchen. Und ich werde ihm auf der Kellerstaffel die frohe Botschaft auf den Schädel hämmern, und er wird beseligt sein. Und ich werde Würgengel sein im Haus, der Würgengel des Mitleids. Dann will ich die Hölle zum zweiten Male aufrufen, ich will rächen der Sünden größte und kleinste, die an mir und den Meinen, an Witwe und Waisen begangen worden sind. Ich will euch meinen Haß in den Kopf gerben und in den Bauch löchern, und meines Hasses Flamme soll eure Häuser verzehren und mein Haus und meines Vaters Haus und das Warenhaus dazu. Und dann werden sie kommen von Ludwigsburg und werden mich suchen, ich aber werde dahin gehen, wo sie herkommen über das Geheg, in den Park, in das Schloß. Ich werde den Posten ablösen, das Schloß von der Seite, wo mein Trabant [1]) den Herzog Alexander zum Fenster hinaus hat, stürmen. Ich werde die Schloßwache inspizieren und ihr auf den Kopf zusagen, daß sie überflüssig sei. Ich werde — aussteigen! Ludwigsburg! ruft der Schaffner. Herrgott was gäbe ich drum, wenn alle diese Phantasmen reelle Arbeit wären! Wäre ich nicht ein Kerl, den man zum leuchtenden Exempel zu den Sternen versetzte? Ich bin wie im Rausch und habe doch nichts getrunken. Ich sollte mich nicht mehr darüber wundern, daß ich so schnell besoffen bin, werde ich es doch von meinen Gedanken und Träumen". . . . „Kein Mensch erwartet mich am Bahnhof. Sollten sie in Mühlacker noch nicht telephoniert haben, hat mein Trabant die Drähte durchfeilt? Wenn einer geleistet hat was ich, hat der nicht Anspruch auf eine Ehreneskorte?" . . . „Ich blicke zurück auf meine gedachte Tat. Gesetzt, sie wäre wirklich geschehen, könntet ihr anderen mehr tun als euch meine Tat denken? So ist das Gedachte also gleich dem Geschehenen. Ziehe für mich die Folgerung: Du bist Mörder, ganz wie in der Auslegung Matthäi im 5. Wie ich die Schloß-Straße hinabgehe, fällt mir noch ein Vers ein: Wie oft sollst du deinem Bruder vergeben? Das ist wieder eine ganze Geschichte, aber so eigenartig, daß man versucht werden könnte, an göttliche Vorsehung und Hexerei zu glauben. War ein Spaß von mir, fällt da mein Trabant ein. Gut, so oder so."

Wagner berichtet dann ferner, wie er bei der Rückkehr nach Ludwigsburg sich am Schloß mit dem Posten unterhielt und dabei sich über die örtlichen Verhältnisse genau zu orientieren suchte. Er teilt seine daran geknüpften Erwägungen mit, wie er in das Schloß eindringen könne und wolle, wie er dann dort Feuer legen werde:

„Und ich selbst kann mich dann in der Herzogin Bett verbrennen. Auch darum wünschte ich, daß die Herzogin jung wäre" . . . „Wenn ich das Glück hätte, alles das zu tun, was mir so leicht aus der Feder geflossen ist, wenn ich zum theatralischen Abschluß Nero und wenn das Ludwigsburger Schloß mein goldenes Haus [2]) wäre, wenn ich mich in dem goldenen Haus verbrennte: so möget ihr denken Großes oder Kleines, Erhabenes oder

[1]) Der Teufel (Anspielung auf eine Volkssage).

[2]) Das goldene Haus kommt in Wagners Drama „Nero" vor.

Hanswurstiges, ihr mögts halten für Frevel oder für Wahnsinn. Wer von euch die Geschichte des Schlosses kennt und dabei ein guter Christ ist, dem will ich das Wort prägen: Die Sünde hat's gebaut, die Sünde hat's zerstört. Was aber mich betrifft, so ist es für mich und euch die Hauptsache, daß ich tot bin."

Die folgenden Seiten der Biographie besprechen mit finsterem Spott Tagesereignisse. Bisweilen tritt dabei Haß und Verachtung des niederen Volkes zutage und Wagner sagt von sich selbst Seite 60 unten:

„Auf solch „reaktionären" Gedanken ertappte ich mich immer häufiger. Ist es die bessere Einsicht, oder ist es eine Alterserscheinung? Auch darum ist es Zeit, daß ich gehe."

Politische Darlegungen, in denen sich Wagner mit Naumanns Liberalismus auseinandersetzt, mögen hier übergangen werden. Seite 67 findet sich eine Stelle über Wagners Wirtshausbesuch:

„Ich habe schon an anderer Stelle gesagt, warum ich ins Wirtshaus gehe (in Degerloch geschieht es selten). Ich will meiner eigenen Gesellschaft entfliehen. Ich trinke, um in Stimmung zu kommen. Und dann tut der Herr dem Esel den Mund auf und schlägt seinen Verstand mit Dummheit, daß er meint, rings um ihn her säßen lauter gute Menschen, arglos wie er selbst. Und das, was ich sage, muß solche Beachtung verdienen, daß aus jedem Zuhörer ein Kolporteur wird, der meinen Ruhm verbreitet, aber keinen feinen. Die Leute befinden sich in großer Täuschung, wenn sie glauben, ich wolle sie unterhalten. Der Vogel pfeift sich selbst. Eben im Ritter soll ich auch höhnisch gesprochen haben. Ich glaub's kaum, Hohn verabreiche ich nur mir selbst. Sonderbarerweise weiß immer ich am wenigsten, was und wie ich gesprochen habe. Und noch weniger merke ich mir, was andere sagen. Aus lauter Vorsicht und Angst tischen sie meist unschuldigen Kindlesbrei auf, düseln über den, der hinausgeht, und hecheln unter Verschwiegenheitsgelübden den durch, der auf der Tagesordnung steht. Fühlt sich aber die niederträchtige Gesinnung ganz unter sich, so werden aus diesen Hinterhältigen gröhlende Frechdachse. Zu solchen Gesellen zähle ich nicht. Wenn ich nicht von mir selbst rede, so schneide ich die großen Welt- und Menschheitsfragen an. Dessen darf jeder versichert sein: das Schlimmste, was ich über einen anderen sage, sage ich zu ihm selbst. Bei meiner Vergangenheit muß ich mich leider über das Gerede der Leute ängstigen und aufregen. Hätte ich meine Vergangenheit nicht, so solltet ihr was erleben. Meine Reden sollten euch wie Mistgabelzinken in den verlogenen Bauch fahren."

Am Schluß dieses Absatzes kommt eine Kritik des schwäbischen Charakters, die mit den Worten schließt:

„Ich glaube, Württemberg lebt zu sehr auf die Rechnung seiner einzelnen großen Söhne. Neben dem Schiller und etlichen andern bin ich's, der das Schwabentum herausreißt!"

Der nächste Abschnitt, der in Tagebuchform geschriebenen „Stuttgarter Spaziergänge“ bringt einige wichtige Äußerungen Wagners über seine Frau:

„Ich will nichts über sie gesagt haben; schon oft bin ich zu meiner Zwangswahl beglückwünscht worden. Ich halte sie für einen tüchtigen Dienstmädchencharakter. Das ist auch was, und kommt mir in mancher Beziehung zu statten. Sie bedient mich gut, wenn sie auch mault. Das unterhält sie. Von mir hat sie wenig Unterhaltung. Ich starre ins Buch, ins Weite, in mich hinein. Wenn sie das bemerkt, knüpft sie an: „Ich möchte nur auch wissen, wo Du wieder bist“. Gewöhnlich bin ich dann an einem Orte, den ich ihr nicht nennen kann. Z. B. kann ich nicht sagen, ich sei in Mühlhausen. Sie würde verwundert fragen, was ich dort zu tun hätte. Sie selbst ist von Mühlhausen und ahnt nichts. Es ist nicht allein Hochmut, wenn mir an ihrer Seite unbehaglich ist. Das Schicksal ist eine infame Schicksel. Am interessantesten ist die Psychologie da, wo sie stinkt. Mehr sage ich nicht. — Meine Frau möchte sich bilden und ist wißbegierig. Sie fragt mich dies und das. Ja, sage ich drauf, oder jo oder jau. Ich kann auch sagen: ‚Das Wissen ist der Tod.‘ Wie ernst mir dabei ist, davon hat sie keine Ahnung.“

Wagner berichtet dann, daß seine Frau an seiner Schriftstellerei keine Freude habe, weil sie soviel Geld koste. Er erzählt, er habe einmal seine Manuskripte seinem Schwager in Z. zugesandt und dabei 2 Hundertmarkscheine beigelegt, die den Beweis liefern sollten, wie gerne er seinen Angehörigen Gutes erweisen würde. Er sei damals „auf dem Sprung“ (zur Ausführung seiner Mordtaten) gewesen; es sei aber dann etwas dazwischen gekommen: zunächst ein Jubiläumskränzlein in O., wobei er sich sehr lustig gegeben habe und schließlich betrunken gewesen sei; dann eine Erkältung und Mittelohreiterung. Damals glaubte er an der Krankheit zu sterben.

„Und ich war so elend daran, daß ich dachte, du hast nimmer nötig dich totzuschießen, der Herr erbarmt sich deiner, das heißt, er spielt dir wieder einen rechten Streich. Aber ich war ein Held und vergaß mich selbst in der Sorge um die andern. Den Revanchegedanken mußte ich aufgeben, welche Entsagung meine Fieberhitze nicht wenig steigerte. O, daß ich in jenen qualvollen Stunden hätte glauben können an eine Gerechtigkeit, an die Frau Nemesis und den Herrn Teufel. Niemand, dem ich den Vollstreckungsbefehl hinterlassen könnte, trostlos verlassen, einsam, verzweifelnd! Mit höhnischem Grinsen und boshaftem Lachen umstanden die Peiniger mein Bett. Sie führten einen Reigen auf und sangen: „Er hat's gewollt, doch nicht getan. Jetzt kommt er als der Erste dran.“ O, warum hast du gesäumet und immer verschoben! Und hast dir doch 100 mal selbst gesagt, daß es noch so gehen könnte, daß du noch liegen mußt, dir selbst ein Ekel und ein Fraß den Schmerzen. Und sie singen weiter: „Eh' er konnt' legen seinen Brand, hat ihn gefället Gottes Hand!" O du Narr, hattest du doch allwöchentlich deinen Brand[1]), was legtest du ihn ins eigene Nest? Und weiter geht die Moritat: „Mit Beilen, Dolchen, zwei Pistolen schwur er uns gründlich zu versohlen, wie schwingt er nun den Rächerarm? Er kann nicht stehn, daß Gott erbarm!" Der Kranke hatte sich erhoben, aber er wankte und fiel auf die Vorlage nieder. Mit einem: „Es muß sein" rafft er sich auf und gelangt mehr kriechend als gehend ins Wohnzimmer, in den Öhrn, die Treppe hinab in die Schule, im bloßen Hemd. Er schämt sich aber nicht, denn er weiß, daß niemand da ist". . . . „Was will denn der Schulmeister in seiner Schule? Treibt ihn Gewohnheit oder Pflicht? Er schließt einen Kasten auf. Drinnen sieht man Bücher und die Lutzschen Bildertafeln. Hinter die greift er und zieht den neuen Revolver vor. Der andere ist auf der Bühne[2]) unter dem Staatsanzeiger[3]). Und er freut sich der köstlichen Perle und tritt den Rückzug an. Seine Kinder wenigstens sollen gut versorgt und aufgehoben sein, wenn er sterben muß. Sie sollen kein Pensionsbrot essen. Wenn er sein Ende wirklich herannahen fühlt, will er sie an sein Bett rufen, um sie zu segnen. Und sie werden nicht leiden Mangel und es wird nicht auf sie fallen eine Schande. Sie werden nicht gestoßen sein von den bösen Menschen und kein Gott kann sie mehr quälen. Ihr seid wieder eingegangen zur Ruhe der Ungeborenen. Daß ich euch ins Leben nötigte, das war auch ein Verbrechen. Aber nun ist es wieder gut gemacht."

Etwas später lesen wir:

„Es ist ein Jammer und ein Elend, wie ich es gar nicht wagen darf, mir Feinde zu machen; ich bin von vornherein verloren. Ein Wörtlein kann mich fällen. Ich kann gar nicht mehr siegen, ich kann nur noch mit Ehren untergehen. Daß ich mir aus Ehre überhaupt noch etwas machen kann! Aber wie ein Spielball werde ich zwischen Stolz und Selbstverachtung hin- und hergeworfen. Ich fühle mich heute aller Welt überlegen und morgen fürchte ich mich vor einem armseligen Schwätzer. Das Resultat ist einzig, daß meine letzten Kräftlein vollends zerrieben werden. Eine Kardinalfrage wäre die: Gesetzt, es wüßte keine Seele von dem, was ich getan, wie stünde es dann um mich? Wenn nicht gut, jedenfalls besser. Ich glaube kaum, daß ich es dann für notwendig hielte, zu sterben. Aber das glaube ich hinwiederum, daß die „Entgleisung" — es gibt für die Sünde so schöne Abschwächungs- und Entschuldigungswörter — nicht spurlos an mir vorübergegangen wäre. So wenig wie das andere, die Onanie. Ich bin zu schwächlicher Natur und mein Gewissen hält nichts aus. Die schönen Bilder waren doch Tag und Nacht vor mir gestanden und in der kleinsten Widrigkeit hätte ich die gerechte Heimsuchung und Strafe erblickt. Wie der Herrgott mir, der nicht einmal das Kleinste überwinden kann, eine solche

---

[1]) Hier gleichbedeutend mit Rausch.

[2]) „Bühne" bedeutet im Schwäbischen Speicher.

[3]) Der „Staatsanzeiger" ist das württ. amtliche Zeitungsorgan.

Ungeheuerlichkeit aufpacken konnte, das — schreit wider den Lästerungsparagraphen! Ihr werdet darum begreifen, wenn ich für den an Leib und Gewissen robusten Menschen schwärme, wenn mir die Starken, die Unbekümmerten, die Draufgänger, die Verbrecher und die Bestien imponieren. Sie alle denke ich als Gegenstück zu mir. Ich habe mir in diesem Stück nichts angelesen, wie ich überhaupt sehr selbständigen Geistes bin. Mich hat der „Modephilosoph" nicht verführt, und ich will bei dieser Gelegenheit den Nietzschekärnern bemerken, daß der Schlüssel zum Verständnis seiner Schriften Schwäche heißt. Das Gefühl der Ohnmacht gebiert die starken Worte, die kühnen Angriffsfanfaren schmettern aus dem Horn, das Verfolgungswahn heißt. Die Kennzeichen der wahren Stärke sind Ruhe und Güte. Den starken Menschen, von dem in unserer Literatur das Geschwätz geht, den gibt es gar nicht. Es gibt auch nicht den starken Mann in der Rolle des Volksbändigers. Die starken Menschen sind die, die ohne Rumor[1]) mit Ernst ihre tägliche Pflicht tun. Die haben weder Zeit noch Veranlassung, sich in Pose zu werfen und etwas Großes sein zu wollen. Aber merkst du denn nicht, was du da schreibst? Keulenschläge für dich und sonst gesinnungstüchtige Bettwärme. Hätte mich eine Kindsmagd bis ins 30. Jahr behütet, aus mir wäre ein braver Mensch geworden. Ich muß mich von dem Lumpenvolk auf dem Balkan beschämen lassen: Sie haben, des Geschwätzes satt, doch endlich einmal zu schießen angefangen; aber bei mir wird es doch wieder nichts; ich habe eben keine Courage. Und ich brauchte keine drei Wochen zur Mobilmachung, es ist immer alles parat. Eine einzige Nacht, die Schlacht wäre geschlagen und ich stünde da in Gloria. Aber es ist so kalt, ich muß mir Unterleible kaufen, daß ich warm bleibe. Ich halte kein Biwak aus. Und sind die Finger starr, so gibt es Ladehemmungen. Und die andern sind in der Übermacht. Zwar schätze ich sie nicht allzuhoch ein: Es sind Buren. Die Kälte ist kein Entschuldigungsgrund, sagt der Hetzer, sie wird dich frisch und nüchtern erhalten, und bis du den Draht durchgefeilt hast, wird es dir schon warm werden. Überdies wird es auf der Walstatt eingeheizt sein. Das ist doch deine eigene Generalstabsidee, was wirst du da in die Finger frieren!"

Satirische Ausführungen über politische Fragen füllen die nächsten Seiten, dazwischen machen sich erotische Regungen geltend. Dann kommt Seite 79 eine Unterhaltung mit seinem Fahrrad, aus der man entnehmen kann, daß er es speziell für seine Mordtaten in Mühlhausen gekauft hat.

„Weißt du noch", läßt er sein Fahrrad sagen, „was du sagtest, als du mich zum ersten Male die Ulmer Steige hinaufgeleitetest? ‚Herrlichen Zeiten will ich dich entgegenführen', sagtest du. Du sollst mein Rößlein sein und sollst mich tragen in die große Schlacht und sollst in die Geschichte kommen, wie der Buzephalos und ins Epos wie das Roß zu Troja". . . . „Du wirst ihn (den Reiter) kennen lernen, für heute sage ich nur: Hier ist mehr als

---

[1]) Das Wort „Rumor" wird im Schwäbischen im Sinne von Lärm gebraucht.

Alexander und mehr als Homer." „Am widerwärtigsten warst du, wenn wir nebeneinander den Berg hinauftrotteten. Wie konntest du da fluchen! Und die Verwünschungen, die du ausstießest! Ich will schweigen davon. Einmal zogst du unterwegs eine Feile heraus, um sie am Telephondraht zu probieren, du sahst dabei auf die Uhr und sagtest: „In zwei Minuten." Am wenigsten gefielen mir deine Schießübungen. Immer hieltest du sie anderswo ab. Im ganzen Viereck Geislingen-Ulm-Blaubeuren-Laichingen knalltest du herum. Vorsichtig bogest du von der Straße ein in den Waldweg; ein Pfadfinder kann nicht schärfer umheräugeln. Du schrittest einige hundert Meter nach allen Seiten ab — hol' der Henker die Büschelbinder und Beerensammler — heftetest ein Quartblatt an einen Baum, nahmst 20 Schritte Abstand und drücktest ab. Immer fünfmal. Gewöhnlich blieb das Blatt unverletzt, worüber du sehr betrübt warst. „Ich schieße zu hoch, ich muß auf den Bauch halten", sagtest du einmal. Wars vorbei, packtest du mich mit schnellem Griff, und nie sonst mußte ich mich so sehr anstrengen. ‚Mein Kavalier muß ein Duell ausfechten', dachte ich das erste Mal. ‚Er will ein Abenteurer werden', das zweite Mal. ‚Er hat einen bestimmten Mordplan', das dritte Mal. Aussehen, Gebahren, Reden: Alles deutet auf den Mörder hin. Fürs Vaterland schießt er sich nicht ein, das brauchte er nicht in Angst und Hast abzumachen. . . . Ich fing an dich interessant zu finden. Ich gab mir Mühe, dich zu verstehen und aus dem, was ich von dir selber vernommen und was ich von andern über dich gehört habe, — *es wurde in deiner Abwesenheit immer sehr viel von dir geredet* — aus alledem habe ich mir ein Bild von dir zurecht gemacht. Ich denke, ein wohlgetroffenes Bild. Schön ist's nicht, aber *Ausnahme zeigts in allem*. Und zu einem Ausnahmemenschen bring' ich's doch nicht wieder, ich harre aus. Und wenn du dein Rachewerk unternimmst, auf mich kannst du unbedingt rechnen. Denn ich habe Mitleid mit dir und Respekt vor dir, weil du doch noch gekommen bist, mich zu holen in Kampf und Tod.' Alles dies sprach mein Rad zu mir, als ich neben ihm saß, auf einem Block im Holzstall. Ich schwieg und wandte mich ab. Weinen hätte ich können." —

Die folgenden Seiten besprechen mit grimmem Humor die kriegerischen Ereignisse auf dem Balkan, wobei sich Wagner bisweilen in Größenvorstellungen berauscht, ferner eine Reihe anderer zeitgeschichtlicher Ereignisse, z. B. den Neubau des Stuttgarter Theaters, Stücke, die er darin gesehen hat und bei denen er dann immer Vergleiche mit seinem eigenen Los anstellt. So namentlich, als er Goethes Iphigenie sah. Dabei sind in Wagners Ausführungen manch gute Gedanken eingestreut. Immer aber kommt er wieder auf sich selbst zurück. So Seite 95:

„Auch ich bin aus Tantalus Geschlecht."

Mit bitterem Hohn wendet er sich bei Besprechung des Orestes gegen die Niedertracht der Götter, die den Menschen schuldig werden lassen.

„Tückisch locken und gängeln sie uns, bis wir fallen. Und dann legen sie die Stirne in Runzeln und wollen uns predigen und richten.“

In diesem Sinne geht es seitenlang weiter. Wagner kann sich nicht genug tun in der Schilderung des Elends, das ihm im Leben geworden ist, und er schwelgt in wilden Phantasien des Mordens und Zerstörens

„mit der Hand, mit der Faust, mit Fuß und Ellbogen. Knüppel und Keule sind meine Waffen, Dolch und Schwert, Pistol und alles feuerspeiende Mordwerkzeug. Wie die Grashalme sinken sie dahin unter der Wucht meiner Sense.“

Dann fährt er in wilder Selbstverhöhnung fort:

„Soll ich nicht noch ein Lustspiel schreiben, betitelt: „Der große Mörder“, mit der beruhigenden Inhaltsangabe: Der große Mörder ist ein großer Kaspar, und was er totschlägt, lebt lustig weiter.“

Seite 97 schildert uns Wagner ein Wiedersehen mit seiner unverheirateten Schwester. Dieses Wiedersehen löst in ihm düstere Gedanken über „ererbte Degeneration und Familienmisère“ aus und versetzte ihn, wie er schreibt, „in die düsterste Schwermut“. Auf die Frage der Schwester, ob er sich denn nicht freue, sie nach 10 Jahren wiederzusehen, und warum er denn gar nicht schreibe, gibt er eine ausweichende Antwort; er habe nichts zu berichten, es gehe ein Tag vorüber wie der andere.

„Du sollst bald ausgiebige Nachricht haben, dachte ich im Stillen, und meine grauen Haare werden dir dann kein Rätsel mehr sein. Und sie dauerte mich in tiefster Seele, und der Wunsch stieg in mir auf, daß ich sie auch töten könnte in der Nacht, da meine Hand Blut vergießt im Dienste der Notwendigkeit. Immer besser verstehe ich das Mysterium des Blutopfers, es sühnet ‚und machet uns rein von aller Sünde‘. Mord scheinet mir Gottesdienst, nicht in der Knechtschaft des Wahns, sondern im Tempel der Vernunft. Ich sage das nicht für andere, ich sage es einzig für mich. Ich fange an, für mich besondere Gesetze zu schaffen. Denn keines Menschen Los ist nur entfernt dem meinen zu vergleichen.“

Seite 101 und folgende bespricht Wagner die Landtagswahl in Württemberg, wobei er neben vielen scharfen Worten der nationalliberalen Partei das Zeugnis ausstellt, sie sei von allen noch die selbstloseste, bei ihr gelte noch am ehesten der Satz: das Vaterland über die Partei. Er selbst habe nationalliberal gewählt. Sein Urteil über den Kinematographen als Volksunterhaltungsmittel (Seite 104) verrät gutes Verständnis und ästhetischen Geschmack. Man lese z. B. folgendes:

„Wie ich lese, wollen unsere berühmtesten Dramatiker sich in den Dienst der wortlosen Kunst stellen. Um zu bilden und zu heben, sagen sie. Das ist Geschwätz, es ist ihnen ums Geld wie anderen Leuten auch" . . . „Gräßlich ist es anzusehen, wenn die Kinomenschen denken. Man meint, Gedanken wären schwerer herauszuziehen, als angefrorene Stiefel. . . . Es wird alles zu sehr verdeutlicht."

Auch hier kommt er zuletzt auf sich selber zurück und schließt diese Kinobetrachtungen mit den Worten:

„Wenn ich aber mein letztes Drama aufführe, nehme ich vielleicht etliche mit, die alles aufnehmen. Recht viele Menschen sollen mich und meine Taten kennen lernen, daß sie eine Sensation haben für ihr ganzes Leben. Verschwiegene Leute müßten es freilich sein, nicht daß sie schon im voraus Reklame machen und die Ausführung gefährden. Auch gute Augen müßten sie haben, daß sie nicht über die Miste stolpern und unversehens zu einem Schwedentrunk kommen. Aber nein, sicher ist sicher. Ich will auf den Kinoruhm lieber verzichten und gewisse Rache haben. Denn alles große Werk reifet in der Stille und die seltenste Eigenschaft ist die Verschwiegenheit."

Grimmiger Hohn und Selbstverspottung füllt die folgenden Blätter. Aus Seite 108 unten ist zu entnehmen, daß Wagner im Winter 1912/13 die Mühlhausener Mordtat für das Frühjahr 1913 geplant hatte. Wir erfahren ferner, daß seine Geldmittel in Degerloch knapp waren; auch in diesem Punkte kommt er immer wieder auf die Auffassung zurück, daß es ihm schlechter als allen anderen gehe. In 18 Jahren habe er nur 22000 M. verdient, es mit 30 Jahren erst auf 1200 M. Jahresgehalt gebracht. Seite 114 berichtet er, daß er viel älter aussehe, als seinen Jahren entspreche und daß man ihn darum oft frage, ob er denn viele Sorgen habe. Dann müsse er ausweichende Antworten geben, weil er die Wahrheit nicht sagen dürfe.

„Ich will natürlich niemand darüber aufklären; solche Offenheit kann man nicht von mir verlangen. Ohnehin werden bald an aller meiner Bekannten Ohr die dunklen Gerüchte geschlagen haben, die über mich im Umlauf sind. So oft ich das erwäge, wird es mir immer von neuem klar, daß ich mich hinwegräumen muß. Wie glücklich ist doch der, der bloß sich selbst abzutun hat."

Seite 125 lernen wir bei Wagner auch weichere Gemütsregungen kennen. Hier spricht er von Weihnachten:

„Der Christtag ist mir der widerwärtigste Tag im Jahr. Es muß trostlos bestellt sein um einen, der das sagt. Also werden die Lehrer denken. Es ist wahr, es ist trostlos um mich bestellt. Die Weihnachtsfreude der andern erhöht mein Elendgefühl. Nicht daß ich sie ihnen mißgönnte! Aber ich komme mir dabei vor wie ein Ausgestoßener". . . . „Ich bin Vater und habe die Pflicht Freude zu machen. Wer aber nicht gerne Vater ist, der ist es wiederum an Weihnachten am ungernsten. Ich wünsche meine Kinder dahin, wo das Christkindle hergekommen ist. Wenn sie nur ein Engel heimholte, ohne daß ich meine Hand an sie zu legen brauchte. Aber der Himmel will meine Schuld, um mich mit dem Schein des Rechts quälen zu dürfen. Wenn die zehn Gebote vom Himmel stammen, haben wir die vollendete Heuchelei". . . . „Die Kinder kommen ja alle Jahre gut weg; ich erzähle meinen Buben oft, wie sie es in allen Stücken viel besser hätten, als es Wagners Ernstle zu Eglosheim gehabt habe. Der hätte auch um sein Leben gern Soldaten gespielt und Erbsenkanonen, um sie totzuschießen. Auch Baukasten, Farbschachteln und Bilderbücher hatte er sich vom Christkindle gewünscht; aber das hatte ihn vergessen". . . „Meiner Kinder wegen tue ich am heiligen Abend so, als ob ich mich freute. Ich spiele, und sie singen die bekannten Weihnachtslieder. Die Melodie gefällt mir, aber den Text empfinde ich als Hohn. Ich bin so froh, daß ich die Weihnachtsbotschaft nicht mehr in der Kirche aus Predigers Mund anzuhören brauche. Wahrscheinlich verspüre ich von allen Menschen auf Erden den verheißenen Frieden am wenigsten."

Immer wieder kommt Wagner auf sein trostloses Los zurück:

„Alles hat sich gegen mich verschworen, sogar der Zufall."

Nur in Größenphantasien findet er Erleichterung für sein Leiden.

„In Vaihingen haben sie einen Schillerstein errichtet. Nehmt den Zeppelinstein bei Echterdingen und mich dazu, so habt Ihr die drei berühmtesten Schwaben beieinander". . . „Wie eine Feste erscheint Degerloch nahe an den Sonnenberg herangerückt. Ich bin stolz dort zu wohnen. Und wenn es erst einmal meinen Namen trägt, und seine welthistorische Bedeutung das Entzücken des Auges erhöht, dann darf sich die Brauerei zu Vaihingen[1]) gratulieren. Es wird von Jerusalem und vom ganzen judäischen Lande alles dorthin pilgern, daß es an Malz fehlen wird und das Bier noch leichter gemacht werden muß. Nicht zuletzt wird Degerloch selbst von Fremden überschwemmt werden, und die Geschäftsleute werden mein Andenken segnen. Da werden sie sagen: „Wir hätten nie geglaubt, daß uns ein Schulmeister solche Ehre brächte und solchen Profit in die Tasche jagte." Und sie werden mir ein Denkmal setzen, wie die Vaihinger dem Schiller und die Echterdinger dem Zeppelin."

Aber gleich dahinter kommt wieder die bittere Selbstverhöhnung:

„Damit niemand achtlos daran vorübergeht, werden sie mein Denkmal aufs Kirchendach setzen und wie vor alten Zeiten an einem Seil hinaufziehen. Und es wird das eine große Gaude abgeben. Wie ich also zukunftsträumend durch den Wald schreite, kommt die Weihnachtsfreude auch über mich und ich muß sogar lachen. Ich komme mir vor wie der Eulenspiegel, der mit Schildbürgern Possen treibt."

---

[1]) Das Dorf Vaihingen a. F., das in der Nähe von Degerloch liegt, hat eine große Bierbrauerei mit der Firma Leicht. Darauf bezieht sich das Wortspiel mit „noch leichter".

Und einige Seiten später, als er seine Heimfahrt von Stuttgart nach Degerloch mit der Zahnradbahn schildert, lesen wir:

„Ist das die Zahnradbahn nach Degerloch? Wie fahret der Wagen so geschwinde dahin! Und so still, so schwebend! Die Lichter von Stuttgart verschwinden. Ach nein, sie leuchten, sie leuchten heller als je, aber sie leuchten über mir. Ich sehe nicht Haus, nicht Baum, ich sehe nur Leere, aber heller wird's und heller. Endstation! „Gefilde der Seligen!" klingt's an mein Ohr. So lieblich, so wohltuend wie I. Korinther im 13. Vor mir steht ein Christengel in seiner Christtagsgarnitur; er zupft mich leise. „Aussteigen!" sagt er. Gefilde der Seligen! „Und ich habe nur eine Karte nach Degerloch", stammle ich. Der Engel lächelt ob solcher Einfalt. Ein Zeichen gibt er und alsobald umringen mich der Himmlischen Heerscharen. Sie lobeten Gott — nein sie lobeten mich; denn sie sangen: ‚Gekämpft und gelitten hat er. Aber nun hat er alles überwunden. Sein ist der Sieg und die Kron. Gehe ein zu der ewigen Freude.' Ich schwankte vor Seligkeit."

Nach diesen Ausführungen über den Himmel wendet sich Wagner der Frage zu: ob es eine Hölle gäbe. Früher habe er einmal beweisen wollen, daß es keine Hölle gäbe.

„Auch war ich trotz meiner schlagenden Beweise damals nicht ganz frei von der Höllenfurcht. Ich wollte mir sie von der Seele schreiben. Es pfeift mancher und hat Angst. Erst zuletzt dachte ich auch an die Nebenmenschen. Damals wünschte ich ihnen noch alles Gute. Wie tief ich nun gesunken bin, erkenne ich daran, daß es mir im Blick auf die Nebenmenschen herzlich leid wäre, wenn ich mit meinen schlagenden Beweisen die Wahrheit getroffen hätte. Nein, sie sollen brennen, und wenn ich gleich mitbrennen muß. Einem solch ausgebrannten Krater, wie ich einer bin, tut das bischen Feuer nimmer weh. Es muß eine Hölle geben. Wie anders sollen die Menschen für das, was sie an mir Übles getan haben, bestraft werden? Ich kann mich nicht an allen rächen, ich kann mich nur an wenigen rächen, denn mir glückt nichts. Stunden gibt es, wo mich dieses Bewußtsein der Ohnmacht dem Wahnsinn nahebringt. Darum ist dies mein Neujahrsglückwunsch: In die Hölle mit euch."

Seite 139 beginnen bedeutungsvolle Ausführungen, in denen Wagner seine Leidensjahre rekapituliert:

„Radelstetten ist geographisch so gelegen, daß, wenn einer daselbst abends einen Rausch hat, man es andern Morgens schon in drei Oberämtern weiß. Auch andere Dinge werden schnell bekannt. Besonders die schönen Geschichten vom Schulmeister. Der Radelstetter Schulmeister hat ein Renommee, so einen gibts nimmer wieder, 1000 Meilen in die Länge, 1000 Meilen in die Breite und in 1000 Jahren nicht. Das Nest wird durch mich noch weltberühmt. Denn ich werde im Angedenken der Menschheit fortleben als der Radelstetter Schulmeister, es sei denn, daß die Degerlocher mich für sich reklamierten. Aber in Degerloch bin ich, wenn ich im Frühjahr 1913 sterbe, nur ein Jahr gewesen. In Radelstetten war ich annähernd ein Jahrzehnt. Zehn lange qualvolle Jahre. Zwei davon dachte ich daran, wie ich mich per Unglücksfall aus der Welt stehlen könnte. Wie die Familie sich mehrte, hielt ich's für eine Gemeinheit, bloß an mich selbst zu denken. Du mußt sie alle mitnehmen, sagte ich mir, so allein ist dein Werk ganz und richtig. Ich und meine Frau gingen immer schwanger, sie mit den Kindern, und ich mit Mordgedanken. Wenn die Gedanken Körper annehmen, treiben sich im Schulhaus zu Radelstetten viele Mordteufel herum. Ich will aber den jetzigen Bewohnern keine Angst einjagen, sie tun ihnen gewiß nichts zuleide. Aber Jahr um Jahr ging ins Land, ohne daß ich meinen Mordplan ausführte"... „Jedenfalls stände ich Radelstetten in freundlicherem Angedenken, wenn ich ein Jahr früher weggegangen wäre. Die Radelstetter erfuhren nämlich mein Geheimnis. Ich merkte es aus versteckten Andeutungen und aus den Frechheiten, die sich einige herausnahmen. Woher ihnen die Kunde ward, weiß ich nicht, ich hätte leicht Aufklärung schaffen können, aber ich trieb Vogel-Strauß-Politik. Ich tat, wie wenn ich nichts hörte und nichts verstünde. Das war das Klügste, was ich tun konnte, aber es war erbärmlich und ich litt sehr darunter. Was ich zu tun hatte, wußte ich schon lange: Ich hatte zu sterben, nachdem ich die Meinigen zuvor getötet hatte. Und war ich dazu fest entschlossen, so war es mir auch vergönnt, Rache zu nehmen, so furchtbar, wie es meinem Leiden angemessen war. Das kam den Radelstettern zugute: Ich blieb meinem ersten Haß treu und hatte meine Rache schon vergeben. Zwar hatte ich zuweilen eine solche Wut, als ob sich all mein Innerstes nach außen kehren wollte. Meine bessere Einsicht vermochte sie zu unterdrücken. Und ich schmeichle mir, nicht ganz ohne Selbstbeherrschung zu sein. Denn was hätte es mich genützt, wenn ich in augenblicklicher Erregung einen über den Haufen geschossen hätte? Es wäre das eine kleine alltägliche Rache gewesen und ich hätte dabei nicht einmal die Gewähr gehabt, meine Familie sicher zu versorgen. Ich hätte mir den schönsten Plan verderbt. Aber vergessen und vergeben ist kein Wort, kein Blick, kein Lächeln, zu Radelstetten und allen Orten!

Man könnte mir entgegenhalten: „Was sich die Radelstetter im Geheimen von dir erzählten, das ist ja wahr; was willst du dich über sie beklagen?" Aber sie wußten es doch nicht sicher, sie wußten es zehn Jahre nach der Tat und 100 km vom Tatort entfernt noch weniger sicher als die Mühlhäuser. Allerdings muß ich zugeben, es konnte auch einem weniger geschärften Blick nicht verborgen bleiben, daß mir etwas auf der Seele lasten müsse und daß ich ruhelos umherlief wie das böse Gewissen. Es ist doch ein Wunder, daß ich nicht übergeschnappt bin. — Ich war wehrlos. Wollte ich einen zur Rechenschaft ziehen, so mußte ich doch die ganze schmutzige Geschichte aufrollen. Das war ganz unmöglich. Ich kann nicht hinstehen und dreist lügen. Ich will mich damit nicht rühmen. In jenen furchtbaren Stunden kam mir der freche Lügner oft wie ein Held vor, und die Wahrhaftigkeit schalt ich Schwäche. Ich konnte keinen „belangen". Die Klage hätte mich unmöglich gemacht. Auch halte ich dafür, daß ein anständiger Mensch wegen Beleidigung nicht zum Kadi läuft, sondern alles selbst abmacht. Das Verklagen ist Bauernbrauch und ziemt sich nicht für einen Herrn. Es ist ein Beweis sehr gewöhnlicher Gesinnung, wenn einer sagt: „Ich verklag dich." Aber diese Privatansicht beiseite gesetzt: Ich hätte nicht klagen können, das ist klar. Ich wäre ja landbekannt geworden. Und das will ich lieber erst nach meinem Tode sein. Dann gestatte ich jedem, seinen Spott mit mir zu treiben, solange er Lust hat". . . „Nicht einmal stellen und fassen hätte ich einen können. Abgesehen davon, daß er's abgeleugnet hätte, ich hätte mich schon dadurch blamiert, daß ich mich nur gegen solchen Verdacht wehren mußte. Es ist unmöglich, daß je ein Mensch sich schon in solch entsetzlicher Lage befunden hat. Aber verdiente ich sie nicht mit Recht? Ich hatte es doch getan. O, ich verstehe das Wort von der brutalen Tatsache! Viele werden sagen. „Zu glimpflich ist man noch mit ihm verfahren. Weg mit ihm! Wie taugte er zu öffentlichem Amt, gar zum Lehramt?" Dagegen kann ich nicht ein Wort sagen, ich bin wehrlos. Das ist das Entsetzliche, ich bin wehrlos. Meinen Fall meine ich, wenn ich sage, daß die Bühnentragödien Fastnachtsmaskeraden sind gegen die Tragödien der Wirklichkeit. Ich bin ein Mensch, der von klein auf fast ängstlich darauf bedacht war, anderen Gerechtigkeit widerfahren zu lassen. Ich denke dabei besonders an die letzten Jahre. Die menschliche Schwäche — und ich bin eben leider noch besonders schwach — hat mich natürlich auch an anderen Unrecht tun lassen. Aber man bedenke sich meinen exaltierten Seelenzustand. So suchte ich auch meine Verächter vor mir selbst zu rechtfertigen. Ich sagte mir tausendmal: „Wenn du das von einem anderen wüßtest oder auch nur annähmest, wie stelltest du dich zu ihm?" Ihr seid gespannt, wie ich entscheide? Ach die Zumutung der Selbstentscheidung ist fast zu groß! Ich bin halt ich. Wahrscheinlich machte ich es nicht viel besser. Eins ist sicher: Ich hätte weniger Worte gemacht, ich hätt's nicht weiter erzählt, aber — ich muß mir selbst den Stab brechen, ich hätte, wenn ich ihn nicht sonst als ganz vorzüglichen Menschen erkannt hätte, nicht mehr mit ihm verkehrt. Oder, um mich ins Herz zu treffen: wenn ich meine Kinder zu ihm in die Schule hätte schicken müssen? Ich wäre zu ihm gegangen und hätte ihm gesagt, es wäre gut, wenn er sich schleunigst wegmeldete. Oder wenn ich ihm befreundet gewesen wäre, hätte ich ihm gesagt: „Du hast einen Revolver, wenn nicht, will ich dir meinen leihen." Das hätte ich ihm gesagt, wenn er ledig gewesen wäre. Wenn er nun verheiratet ist und vier Kinder hat? Dann, ja dann verschweige ich mein Latein. Denn ich getraute es mir doch nicht, meine Herzensmeinung zu äußern: „Die schickst du voraus." Ich riskierte ja, wegen Aufforderung zum Mord eingezogen zu werden. — Einigen Trost gewährte mir die sichere Überzeugung: Sittlichen Anstoß nehmen die Radelstetter ganz und gar nicht. Es schien mir — Bestimmtes weiß ich allerdings nicht, weil ich nicht horchen und ausforschen wollte — als ob es ihnen im Gegenteil Vergnügen machte. Vermutlich würzten sie damit häufig ihre Unterhaltung. Urkomische Situationen sind dabei denkbar. Und es ist bekannt, daß, wenn eine Gesellschaft auf Sauereien zu sprechen kommt, dann selbst der Dümmste witzig wird. Was ich überhaupt von der sittlichen Entrüstung des Volkes halte, ist im „Absalom" zu lesen, der aus diesen Tagen hellster Verzweiflung stammt. Wie „Nero", ist auch der „Absalom" als Schwanengesang gedacht. Und es ist nicht Eitelkeit, sondern aufrichtige Selbstbewunderung, wenn ich sage: Ich habe, mehr tot als lebendig, doch noch die Energie besessen, diese Tragödie der Schönheit in wenigen Wochen zu schreiben." . . . „Im Dezember 1911 erhielt ich das Dekret nach Stuttgart. Ich hatte aber erst im folgenden Frühjahr aufzuziehen. Ob es den Radelstettern recht war, daß ich ging, weiß ich nicht. Viele versicherten mich des Gegenteils. Ich habe es nicht erwogen, ob es ihnen ernst war, und ich erwäge es jetzt noch weniger. Ich werde wohl kaum mehr nach Radelstetten kommen, ich bin fertig mit ihnen. Das will ich ihnen aber noch sagen: Diejenigen, die sich über meinen Untergang freuen, die müssen bald darauf sterben. Ihr wißt es selbst, daß der Tod zu Radelstetten nicht lange fackelt. Mord und Brand prophezeite die Zigeunerin fürs Jahr 1913. Ich will ihres Orakels Vollstrecker sein. Das ist auch eine Sylvesterbetrachtung, und erst was für eine!"

Mit diesen Ausführungen schloß Wagner in der Sylvesternacht 1912/13 seine Gedanken über die von ihm vermutete Verspottung und Verhöhnung in Radelstetten ab, um dann im neuen Jahre (1913) gleich fortzufahren:

„Mir scheint im neuen Jahr, als hätte ich mich im vorigen Kapitel zu sehr in die Rolle des Gegners hineingedacht und mich von dort aus zu herb beurteilt. Eigentlich ist doch das, was ich getan habe, reines Privatvergnügen gewesen, wodurch andere keinen Nachteil haben. So geht es sie auch gar nichts an. Wer sich in die Seele des Gegners versetzt, kommt selbst zu kurz. Ich habe nicht anderer Leute Rechte zu wahren, sondern meine eigenen. So töricht wie ich, ist sonst kein Mensch mehr. Noch niemand hat sich die Mühe genommen, in meiner Seele zu lesen. Sie sehen bei mir nur Schuld und Verworfenheit und haben im gelindesten Fall nur Spott für mich. Ich verlange auch darum keine Nachsicht von euch, weil ich keine gegen euch walten lassen will. Ich will mir ein „steinern Herz" zulegen und eine „Stirne von Demant". Ungehemmter Haß soll meine Pläne schmieden und meiner Rache Wut soll jede Regung von Mitleid ersticken". . . . „Und wer setzt mir den Leichenstein? Das steht auch geschrieben in einem schönen Lied, das ich aber nicht verraten will."

Seite 155 glossiert Wagner die Mordtat eines jungen Menschen in Weidach, der, mit religiösem Wahn behaftet, seiner Mutter den Hals durchschnitten habe. Er warnt davor, diese Tat der Religion in die Schuhe zu schieben; es wäre völlig verfehlt, dafür die Stundengeherei verantwortlich zu machen; niemand wisse, von welch fürchterlichen Gedanken der arme Mensch geplagt worden sei.

„Aber ich, der weiß, was kommen wird, schweige dazu. Gerne würde ich auch den anderen sagen: Schweigt, denn ich, einer euresgleichen[1]) habe mir vorgenommen, noch Schwereres zu tun. Natürlich ist das unmöglich; wenn es aber getan ist, dann könnt ihr Frommen die Labie heimgeben und also sprechen: Was ist der Weidacher gegen den Degerlocher? Ein Lämmlein gegen eine Offenbarungsbestie, ein roter Tropfen gegen ein Blutmeer. Heilig ist die Tat des Wahns, vergeben und vergessen wird sie sein von dem, der alle Dinge weiß, aber wie will sich rechtfertigen die Orgie der Vernunft? Verflucht wird sein Tat und Täter in alle Ewigkeit." „Es gibt einen, der den Weidacher beneidet."

Auf Seite 157 erfahren wir, daß Wagner zu Anfang des Jahres 1913 versuchte, sich durch Erklären der Bilder im Kinematographen bei Kindervorstellungen eine kleine Nebeneinnahme zu verschaffen. Die Gedanken, die er an diese Tätigkeit knüpft, können hier außer Betracht bleiben. Mit Seite 165 kommt er auf ein Lieblingsthema, die Beschränkung der Kinderzahl, wobei er sich zu der Behauptung versteigt, das Zweikindersystem sei die Weltmission des französischen Volkes.

„Heil Euch, Ihr Franzosen, ich liebe Euch darum, als ob ich ein elsässischer Abbé wäre." „Ein Verbrechen ist es, Kinder zu zeugen, die aller Wahrscheinlichkeit nach zu elender Lohnsklaverei verdammt sein werden; todeswürdiges Verbrechen ist es, selbst schwach und krank, eben solchen oder noch elenderen Nachwuchs in die Welt zu setzen."

Seite 167 führt er die Dürftigkeit und Kränklichkeit vieler Kinder auf die „jugendlichen Verirrungen" auf sexuellem Gebiete zurück.

„Die ganze Jugend ohne Ausnahme ist davon angefressen. Es hat mir einmal einer gesagt, davor könne kein Mensch bewahrt werden; jeder müsse eben versuchen, sobald als möglich hindurchzukommen. Probieren dürfe man die Sache wohl, aber nicht treiben. Ihr wißt, ich könnte aus eigener Erfahrung vieles darüber schreiben, aber es ist mir zu eklig. Und ich ärgerte mich über die Maßen, wenn man mich dieser „Jugendverirrung" verdächtigte. Mein Grundfehler war, daß ich sie viel zu tragisch nahm. Es ist mir selbst sonderbar: Ich, der ich doch manche Sauerei übte, mir ist das Denken daran so peinlich, daß ich mich nie überwinden konnte, ein wenig zu analysieren. Und ich bin doch sonst keiner „Annaliese" abgeneigt. Und ich wäre auf diesen Sumpf nicht wieder zu sprechen gekommen, wenn mich nicht dieses Hunger vorschwindelnde Notgeschrei dazu gereizt hätte, die wahre Ursache vom schlechten Aussehen und Unterernährung aufzudecken."

[1]) D. h. einer der Freigeistigen, Nicht-religiösen.

Von wildem Haß gegen das offizielle Christentum sprechen die Ausführungen Seite 170 und folgende:

„Mordet, was Leben hat!" (so apostrophiert er die Türken). „Mordet Kamel und Pferd und Rind und Schaf und Christenhund! Mordet, brennet, verwüstet! verderbt den Baum und den Acker! daß nichts übrig bleibt als Stein und Schutt und stinkendes Aas! Daß Europa geprellt ist um sein Geld. Keine größere Rache könnt ihr nehmen, als wenn ihr Europa um sein Geld bringt. Denn Geld ist das Einzige, an was der Christenhund glaubt."

Seite 175 und folgende schildert Wagner, wie er einmal nachts 3 Uhr (am 8. Februar 1913) sich beim Heimweg nach Degerloch im Wald verirrte und dabei offenbar in eine sinnlose Wut mit Fluchen, Schreien und Brüllen geriet. Es geht daraus wohl hervor, daß er unter der Wirkung des Alkohols in besonders starke Zorneserregungen geriet. Auf Seite 181 erfahren wir, daß er den Geburtstag seiner Frau zu vergessen und zu ignorieren pflegte. Auch geben die Ausführungen dort ein Bild seiner unregelmäßigen Lebensweise; denn er erzählt da von sich selbst, daß er um Mittagessenszeit noch im Bett gelegen habe, nachdem er offenbar abends zuvor sich einen Rausch angetrunken hatte. Einige Seiten später berichtet er anläßlich des Königs Geburtstag, er sei früher Republikaner gewesen aus Eitelkeit:

„wie man auch Atheist aus Eitelkeit ist. Dazu war ich Sozialist und glaubte an die Volksherrlichkeit und den Menschenfrühling. Um den heraufzuführen, muß man bekanntlich alles Gottesgnadentum vorher abschaffen und alle Fürsten nach Neukamerun schicken. Dort bekommen sie die Schlafkrankheit gleich dem alten Barbarossa. Ja nach englischem und französischem Muster hatte ich noch Schlimmeres mit ihnen vor. Jetzt bin ich schon lange kein Cassius mehr, ich habe Fett angesetzt und gönne auch den Fürsten ihren Nahrungsstand. Was ich von der Religion sagte, das gilt auch von den Fürsten: Sie haben mir nichts Böses getan. Und weil ich selbst es doch nicht zum Präsidenten Deutschlands bringe, dürfen meinetwegen die Fürsten in Amt und Würden bleiben."

Seite 186 beschäftigt sich Wagner wieder mit seinem eigenen Leid:

„Und unter welchen Umständen schreibe ich? Unter der Sünde Last mit dem bängsten Herzen und quälenden Kopfschmerzen. Wenn ich mich selber lese, kommt mir die Klarheit und Leichtigkeit meiner Sätze wie ein großes Wunder vor. Wie sie lachen, und sie sind doch alle unter unsagbarem Weh geboren. Hätte ich doch nur eine Stunde am Tag, wo es Licht wäre im dumpfen Hirn und fröhlich im hoffnungslosen Herz. Wie wollte ich da minnen, Natur und Frauen und alles, was Odem hat! Da wollte ich schreiben des Lebens blühendste Apologie. Aber wie ein Dieb bergen muß das Gestohlene, so muß ich verstecken meine Bekenntnisse und die Geburten meiner Phantasie. Sehen mich meine eigenen Kinder mit dem Bleistift und einem Fetzen Papier, so zeigen sie mich an, wie man einen bösen Buben anzeigt. Sie springen zur Mama und melden: ‚Mama, der Papa dichtet.' ‚Er soll's gleich bleiben lassen', läßt diese mir dann ausrichten.'

Wagner berichtet, wie er seine Manuskripte in der Schule verstecken muß, weil sie zu Hause seiner Frau zu leicht in die Hände fallen könnten.

„So muß ich um die Kinder meiner Muse in Ängsten schweben. Schon aus diesem Grunde verdienten sie, von der Nachwelt freundlich aufgenommen zu werden. Ich bin natürlich der festen Überzeugung, daß sie für sich selber sprechen, daß sie zu dem Besten gehören, was jemals der Leserwelt geboten worden ist" . . . „Von allen Menschen, die ich kenne, bin ich mir immer noch der Wichtigste. Und als Leser habe ich es gern, wenn der Schriftsteller von sich berichtet. Biographien sind mir interessanter als Romane. Das Erlebte läßt sich auch viel konkreter darstellen, als das Erdichtete. Weiter behaupte ich, daß die kühnste und tollste Phantasie niemals auf die Einfälle kommt, die das wirkliche Leben gelangweilt aus dem Ärmel schüttelt. Denn hinter dem wirklichen Leben steht ein Autor, von dem gesagt wird, daß Einfall bei ihm gleich Tat werde. Ich halte die Ursache des Geschehens für unbegrenzt eitel, denn sie kann ihre schlechtesten Witze nicht zurückhalten, Witze, die unsereinem die Schamröte ins Gesicht treiben."

Seite 191 und 192 beschäftigt sich Wagner mit der Sozialdemokratie und ihren Bestrebungen, die Kinder für sich zu gewinnen; er kommt dabei zu dem Ergebnis, daß die Sozialdemokratie „heute kein Mensch mehr ernst nehme". Seite 183 bringt Wagners Zweifel, ob er noch die Kraft haben werde, seinen Mordplan in der Weise auszuführen, wie er ihn in Radelstetten ausgedacht hatte:

„Ungeheuerlich und verrückt kommt mir der Plan vor, den mir die Einsamkeit der Rauhen Alb in den Schädel gehämmert hat. Wohl wurde er auch droben nicht zur Tat, aber nicht einen Augenblick zweifelte ich an seiner Notwendigkeit. Aufschub konnte mir meine Schwäche abringen, aber heilig blieb mir der Vorsatz. Hier nun streckt der Versucher zum Leben seine Fühlfäden immer kecker nach mir aus. Er möchte mir vorreden, so gar trostlos sei meine Lage nicht, zum wenigsten könne ich meine Trostlosigkeit durch Zerstreuung dämpfen. Du kannst durch die Straßen gehen und die Menschen mustern, da hast du viel Augenlust an schönen Frauen; auf die Fleischeslust muß ich freilich verzichten." . . . „Allen Menschen aber, die dir nicht gefallen, sprichst du das Todesurteil. Das befriedigt zugleich deine Rachsucht."

Die pädagogischen Ausführungen der nächsten Seiten, in denen Wagners zum Teil reaktionäre Gedanken und rassenhygienische Forderungen ausgesprochen werden, mögen hier unerwähnt bleiben. Der Karfreitag 1913 drückt ihm von neuem die Feder zu Äußerungen des trübsten Pessimismus in die Hand:

„Bei mir ist das ganze Jahr Karfreitag, und wo ich wandle, ist Golgatha.

Ihr habt mit eurem Lächeln mich gequälet.
Ich litt des Spottes Dornenkron,
Die Geißelhiebe eures Hohns.
An spitzen Zungennägeln hat es nicht gefehlet,

Die mich geschlagen an den Pfahl der Schande.
Wer hat sich nicht gefreuet meiner Pein?
Daß Schmach mein Leben und mein Tod soll sein?
Es fließt mein Leiden über an des Kelches Rande.

Mehr als jeder andere habe ich am Karfreitag das Recht, meines eigenen Leidens zu gedenken" . . . . „Wie ich schon einmal sagte, den Gekreuzigten finde ich beneidenswert und es sind schon viele Menschen gekreuzigt worden, wo der Hahn weniger als dreimal und gar nicht gekräht hat. Laßt den in der Mitte und wendet euch zu seiner Rechten und zu seiner Linken. Litten die „Schächer" nicht ebenso wie das „Lamm Gottes unschuldig?" Litten sie nicht noch mehr? Litten sie nicht noch Gewissenspein? Litten sie nicht ohne Hoffnung, vielleicht noch in Furcht, daß Schlimmeres folge? Nicht klein machen will ich den Nazarener, aber das ist gewißlich wahr: Von diesem Kreuz nahm der kolossalste Schwindel der Geschichte seinen Ausgang und die vollendetste Heuchelei. Christentum heißt er und sie. Die Bibelschreiber erzählen vom Gekreuzigten, daß er seinen Feinden vergeben, ja sogar Worte der Fürsprache an die himmlische Adresse gerichtet habe. Solche Selbstüberwindung ist in der Tat aller Bewunderung wert. Ich bring's nicht fertig. Aber es ist nicht zu übersehen, daß dieselben Bibelschreiber berichten, dem „Sohne" sei die Zukunft nicht verborgen gewesen. Er wußte, daß sein Vater ihn räche an seinen Feinden und deren Kindern. Ich darf solche Zuversicht nicht hegen und muß mich mit meiner Rache selbst an den Laden legen. Es stellt sich also bei genauer Betrachtung nur heraus, daß es der Nazarener auch mit der Rache bequemer hatte als ich. Daß überhaupt jemand vergebe und gar vergesse, was ihm Böses zugefügt worden ist, das glaube, wer will. Hier eben hat die Heuchelei den weitesten Spielraum. Darin wenigstens ist der Mensch zur Gerechtigkeit angelegt, daß er Böses mit Bösem vergelten möchte. Unterläßt er es, so geschieht es aus Einsicht seines Unvermögens; das Vergeben ist ein Geständnis der Schwäche. Aber gleichviel, ob Stärke oder Schwäche: ich will meine Rache haben."

Eine Reise nach Eglosheim am Ostersamstag zur Taufe im Haus seines Bruders K. veranlaßt Wagner zu neuen Betrachtungen über das Unglück des Kinderreichtums. Er nahm dabei seine beiden Knaben mit und schreibt Seite 202:

„Meine Erzählungen könnten den Kindern vielleicht schaden, fürchtet meine Frau. Ich teile diese Befürchtung nicht; überdies bringe ich sie ja um. Das schreibe ich wieder so roh hin, und doch packt mich das Grausen dabei."

Beim Anblick von Eglosheim kommen ihm bittere Gedanken, daß das Besitztum seiner Eltern hatte verkauft werden müssen.

„Die Eglosheimer haben ihren Profit an uns gehabt. Ich gönne ihnen denselben nicht, ich mag sie nicht. Und ich möchte darum gebeten haben: Wenn ich auf der Eglosheimer Markung falle, so werft mich lieber in den Monrepos-See den Fischen zum Fraß, als daß ihr mich auf eurem Kirchhof begrabt. Ist es nicht eine sonderbare Erscheinung, daß überall, wo ich leben muß, die ausgesuchteste Lumpenbagage und das geriebenste Spitzbubenvolk zur Stelle ist? Und ich bin doch von Herzen sanftmütig und trübe kein Wässerlein. Wenn ich jetzt Drachengift verspritze, so ist zu bedenken, daß dieses einst fromme Milch gewesen ist."

Der Anblick des Kaufhauses, das einst seiner Mutter gehörte, erweckt in ihm bittere Gefühle:

„Meiner Mutter Kaufhaus, an dem ich vorbeikam, siecht auch elendiglich dahin. Wenn ich's nicht bald anzünde, sinkt es vor Schwäche in sich zusammen. Mein Geburtshaus haben sie neu geweißnet und meines Vaters Haus ist um schweres Geld verkauft worden. Es ist sicher: Hätte meine Familie den kostbarsten Edelstein besessen, kein Mensch hätte auch nur einen halbwegs anständigen Preis dafür bezahlt. Hätten wir ihn dann aus Not verschleudert, ich wette, im selben Augenblick wäre er in seinem Wert erkannt worden und ein ganzes Dutzend Räuber hätten sich hintereinander damit bereichert. Aber was ist dagegen zu sagen? Wir sind schwach, und was schwach ist, soll untergehen. Das ist ganz in der Ordnung."

Wagners Neigung zu Phantasiespielen im Sinne der Größe bringen uns die Seiten 205 und folgende, aber auch hier wieder kehrt er am Schluß zu seinem Grundthema zurück, indem er sagt:

„Hoffentlich ist es das zweitletzte Mal gewesen, daß ich meine Heimat besucht habe."

Das folgende Kapitel über den Krieg, über Patriotismus und ähnlichem kann hier außer Erwähnung bleiben. Ebenso die anderen Betrachtungen über Tagesereignisse, die hier eingeflochten sind. Mit Seite 225 wendet sich Wagner zu seiner Familie und sagt:

„Ich will lieb sein zu den Meinigen, ehe ihre Lebenszeit verstrichen ist. Ich will mich nicht durch Selbstanklagen schwächen, wenn sie tot vor mir liegen. Meine Kinder nehme ich mit ins Café, wo sie die guten Sachen essen dürfen. Die Buben dürfen Ponny reiten auf der Doggenburg und den Mädchen kaufe ich die gewünschten gelben Schuhe. Und wenn sie alle vier Prügel verdienen, so will ich sie ihnen erlassen und ihnen dazu noch schöne Geschichten erzählen, daß sie lachen müssen. Denn ich denke, man müsse eins ins andere rechnen, und fürs Totgeschlagenwerden kann man schon einiges hingehen lassen. Auch meiner Frau wollte ich kein unschönes Wörtlein geben, wenn sie mich nicht dazu reizte. Sie weiß freilich nicht, daß mir alle ihre kleinen und großen Sorgen ganz gleichgültig sind. „Du kümmerst dich auch um gar nichts", ist ihr Refrain. „O, du hast eine Ahnung!" antworte ich lachend. Ich will sie nicht aus dem Glauben reißen, daß ich bodenlos leichtsinnig bin."

Wagner berichtet dann, daß sich seine Frau sehr jung erhalten habe, so daß sie bisweilen für seine Tochter gehalten wurde. Aus den Schilderungen dieser Seiten geht hervor, daß er sie mit ihren weiblichen Sorgen und Eitelkeiten offenbar häufig sehr ironisch behandelt und ihr dabei durch seine derbe Art manche bittere Pille zu schlucken gegeben hat. Beim Anblick von Eßlingen fällt ihm das Dorf Mühlhausen ein und er sagt:

„Mir selbst kommt dabei wieder der störende Gedanke, daß ich den Mühlhäusern einen großen Gefallen erweise, wenn ich ihre Knallhütten anzünde. Sie lachen mich noch aus dafür. Gott gebe, daß niemand unter ihnen sei, der nicht Trauer trage um Vater oder Sohn oder Bruder."

Beim Anblick des Seminars knüpfen sich ihm ebenfalls sofort Beziehungen zu seinem persönlichen Unglück und er schreibt:

„Das Seminargebäude schien mir lange nicht mehr so imposant, wie zu der Zeit, da es mich beherbergte. Es ist in Eglosheim so, es ist in Ludwigsburg so, es ist in Eßlingen so, aller Orten ist es so. „Die Stätten, die ich, ein guter Mensch, betrat", zerfallen. Mein Gram ist über sie gekommen und hat ihre Schöne hinweggenommen. Den Leuten, die das unglaublich finden, ist zu sagen, daß die Steine barmherziger sind als die Menschen."

Mit Seite 235 kehren Wagners Gedanken abermals zu seinem Mordplan zurück und er schreibt:

„Ich bin jetzt ein Jahr in Degerloch. Ich lebe noch, und meine Frau lebt auch noch samt den 4 Kinderlein. Der Blitz hat sie nicht getötet, während ich in der Schule war oder drunten in Stuttgart saß. Wie ein Gatte und Vater solches wünschen kann? Offenbart das nicht eine Seele, dem tiefsten Abgrund der Hölle entsprungen. Aber wären sie nicht mehr, so atmete auch ich nicht mehr."

„Tag um Tag vergeht, und ich kann die Stunde nicht finden, da es geschehen soll. Dumpf ist mein Hirn und niedergedrückt meine Seele. Angst, Entsetzen und unnennbares Weh überfällt mich des Abends, wenn es dunkel wird. Denn jetzt müßte es sein. Ich zittere, und der Schweiß Golgathas schwächt mich bis zum Umsinken. Ich verstehe die Meuchelmörder, die nicht selbst Hand anlegen, sondern des Mordes Ausführung in Auftrag geben. Sie wissen wohl, daß es Torheit ist und daß es offenbar werden muß. Aber sie können es nicht selber tun. Die Tat selbst ist ihnen unmöglich, wenn sie auch gleich alle Verantwortung und alle

Folgen auf sich nehmen wollen. Soll ich mich betäuben und es im Rausch vollziehen? Aber ich machte mich dann untüchtig zum Werk der Rache. Wenn ich auf diese verzichten wollte, dann könnte ich einfach die Türen schließen und losschießen, bis sie alle am Boden lägen. Damit sie gewiß tot wären, setzte ich ihnen noch den Revolver auf die Stirne. Ich setzte mir zuletzt alle zwei Revolver auf die Schläfe und drückte gleichzeitig ab. Dann wäre das Liedlein ausgepfiffen. Aber ich will nicht auf Rache verzichten, und wenn mich gleich vor Beil und Messer Graus und Ekel packt. Soll ich es im Zorn tun? Ich kann ja in Raserei geraten durch bloßes Nachdenken über meine Lage. Ich kann auch in Zorn geraten über Vorwürfe von meiner Frau, über die Unarten der Kinder. Dann ist es mir augenblicklich, als ob ich es tun könnte mit dem Beil und dem Messer. Aber soll ich mich so von der Stimmung übereilen lassen? Soll ich all das, was ich in langen Jahren bis ins Einzelste ausgedacht habe, gefährden in plötzlicher Aufwallung? Es ist ja wohl möglich, daß ein Fehlschlagen einer einzigen dieser Einzelheiten mir den ganzen schönen Plan verderben kann. Aber dann soll es ein Ungefähr, ein Unglück, ein Schicksal und nicht meine „Schuld" sein. Zu dem, was ich ausführen will, bedarf es vor allem der Ruhe und Kaltblütigkeit, Eigenschaften, die ich nie besessen habe. Ich bin dazu nicht gesund genug. Wenn mich andere für träg und dickhäutig halten, so mag das daher kommen, daß die meisten Dinge, die sie selber interessieren und aufregen, mich gar nicht anfechten. Immer habe ich mir vorgenommen, mich auf diese Kaltblütigkeit hin zu trainieren, aber es ist nichts draus geworden. Es ist eben aussichtslos, gegen die Natur anzukämpfen. So wird es auch dieses Frühjahr nichts werden. Ruder- und steuerlos werde ich weiterschaukeln auf den Wogen, die mir mein elendes Lebensschifflein zu zerschmettern drohen. Hoffnung und Anker wird mir — ich kenne das bis zum Überdruß — der Vorsatz sein, daß ich es aber im Herbst gewiß tue."

Mit Seite 258 wendet sich Wagner, teilweise mit recht gutem Urteil, pädagogischen Fragen zu, die ihm der Besuch einer Lehrerversammlung ausgelöst hat. Seite 265 kommt er im Anschluß an die Besichtigung des Kinostückes „Quo vadis" auf Nero und seine Zeit zu sprechen. Er sagt von ihm:

„Nero war mir immer interessant. Er ist es allen Menschen. Sie sehen in ihm den Narren, über den sie lachen, und die Bestie, vor der ihnen gruselt. Nero hat der Menschheit den Sauhund gemacht, darum wird er immer unvergessen bleiben. Mir fehlt es nicht an gutem Willen, es ihm gleich zu tun; aber bedenkt doch meine schwache Kraft! Ihm standen die Henkersknechte tausendweise zu Gebot, ich habe bloß meine zwei eigenen Hände. Ich bitte daher, um neben Nero bestehen zu können, um relative Abschätzung. Bei rein menschlicher Betrachtungsweise gewinnt der Radelstetter Schulmeister gegenüber dem Cäsaren. So verzweifelt und so erbärmlich habe ich mich in langen Jahren nicht benommen, wie der flüchtige Nero in Stunden. Und er hatte doch weiter nichts zu tun, als sich allein umzubringen. Und er hatte doch zuvor alle Lust der Erde ausgekostet, er hatte blutige Rache nehmen dürfen für den kleinsten Schimpf. Ich darf nicht entfernt daran denken, den kreuzigen zu lassen, der meine Dichtungen nicht lobt; ich kann keinen von denen, die meines Lebens spotten, den Löwen vorwerfen lassen". . . .

Nachdem er Neros dichterische Fähigkeiten und seinen Sang über das brennende Rom besprochen, fährt Wagner fort:

„Mir ist es nicht vergönnt, meine Augen lange zu weiden an dem Schauspiel der Flamme. Komme ich schweißtriefend auf die Mühlhäuser Höhe, so darf ich nur so lange verweilen, bis ich ausgeschnauft habe, und dann muß ich wieder schleunigst fort „an 'nen anderen Ort". Ums Versemachen wird es mir auch nicht mehr zu tun sein. Vielleicht denke ich daran, wenn die saure Arbeit getan ist und ich mir im Ludwigsburger Schloß die Todesfackel anzünde. Wenn ich dann noch bei Stimme und Kraft und Humor bin, sollt Ihr was Schönes zu hören bekommen. Und ich will dann mit viel Anstand und Würde sterben, noch viel schöner als der Römer, der sich auf dem Lotterbett die Ader öffnen läßt und sein Blut mit dem der Geliebten vermischt".

Diesen Ausführungen folgen wilde Phantasien über das Leben, das er geführt hätte, wenn er zu Neros Zeiten auf der Erde gewesen wäre. Größenvorstellungen wechseln mit ätzender Selbstverhöhnung ab. Seite 207 schreibt Wagner:

„Mein Cäsarenwahnsinn ist wieder etwas gedämpft worden. Ich bin krank gewesen und hatte natürlich auch gleich wieder die Angst, es sei mit mir Matthäi am letzten. Ihr braucht mich aber darum nicht auszulachen, es ist mit meiner Gesundheit tatsächlich traurig bestellt; ich wage es ja gar nicht, zum Arzt zu gehen. So viel ist sicher, er würde mir dringend raten, auszuspannen, aber ich will das nicht. Ich schäme mich, wenn ich, wie es geschah, nur ein paar Tage von der Schule wegbleiben muß. So jung noch und schon hin! Meine Frau meint, es meldeten sich jetzt meine Sünden, meine Räusche und Nachtwachen an. Denn sie steht noch auf dem überlebten Standpunkt von Schuld und Strafe. Ich lasse ihr den Glauben vom Alkohol, vom Nikotin, von Regen, Schnee und Erkältungen; denn ich kann ihr doch nicht sagen, was mich wirklich geliefert hat. Bei Tag schüttelt mich frostiges Fieber und bei Nacht schwimme ich im Schweiße. Fürchterliche Träume verscheuchen den Schlaf, und wenn ich wache, leide ich Folter. Warum gehe ich nicht hinauf in die Kammer und hole die Pistole? Aber ich will mich doch rächen. Darum muß ich gesund werden, nur einigermaßen gesund werden, damit ich eine einzige Nacht aushalte. Ich habe dann keinen Rückschlag der Anspannung und Aufregung mehr zu befürchten, ich werde dann ganz heil sein. Aber jetzt ist es Juni und meine Freundin, die Nacht, ist schier hin. Die Flamme fände nicht Nahrung, und mein Arm kann nicht heben die Waffe des Mordes. Wo ist ein Elend, das meinem gliche?"

Seite 271 schreibt Wagner:

„Wenn ich's machen könnte, meine Sünde müßte andere treffen, und ich wollte frei ausgehen. Da ich mich für besser halte, als alle anderen, wäre das ganz in der Ordnung. Da habe ich zum Beispiel einen ganz wahnwitzigen Wunsch: Wenn die Menschen nur auch Schamgefühl hätten! Und Schamgefühl in dem Maße, daß sie sich durch mich in ihrem Menschentum geschändet fühlten. Daß sie nicht weniger litten als ich. Nur des Leidens wegen wünschte ich sie so. Aber daran ist nicht zu denken. Es herrscht Freude unter ihnen, die größer ist als die Freude über Europens Frieden. Und weil ich der Einzige bin, der um die Sache des Menschentums leidet, so will ich die anderen alle anspucken. Was hiemit geschehen ist."

Der Jubiläumstag des Kaisers gibt Wagner Seite 272 f. Anlaß zu Betrachtungen über die Person des Kaisers, über Vorteile und Nachteile der Monarchie. Wagner kann sich mit einer deutschen Republik nicht befreunden und schreibt:

„Welchen Mann wolltet ihr auch wünschen als Präsidenten der deutschen Republik? Ich selbst habe früher an mich gedacht. Nun ich aber ausgeschieden bin, wer bleibt da noch übrig?" . . . „Heute steht es sicher so, daß des Kaisers Persönlichkeit im Ausland besser verstanden und gewertet wird, als beim deutschen Volk, dem es am wohlsten ist, wenn es nörgeln kann. Aber ich prophezeie, daß es auch bei uns darin besser wird und daß das 50jährige Regierungsjubiläum des Kaisers sich noch weit schöner gestalten wird. Und ich setze hinzu: Ich bin ein großer Prophet und kein kleiner."

Die Ausführungen über das Freilichttheater am Bopser und über Schillers Räuber Seite 276 ff., über Lesen und Hören großer Dramen, münden in eine leidenschaftliche Selbstverherrlichung aus:

„Das deutsche Drama der letzten Jahrzehnte ist so seicht, daß es kaum zu sagen ist, und ich weiß nicht, wie Theaterkritiker und sogar Literaturgeschichtsschreiber dazu kommen können, von einer neuen Ära des deutschen Dramas zu schreiben. Denn mich kennen sie ja gar nicht. Aha, werden die Leser denken, wir wissen jetzt schon, wie der Hase läuft. Er macht wieder für sich selbst Reklame. Ja, das tue ich, und ich will es euch laut in die Ohren schreien, daß ich der größte Dramatiker der Gegenwart bin. Jeder Satz, den ich schreibe, legt Zeugnis davon ab" . . . .

Es folgt eine geringschätzige Kritik über Gerhard Hauptmann, dann fährt Wagner fort:

„Ihr, die ihr Geist habt, fürchtet nicht, daß ich euch langweile; ihr Moralischen fürchtet nicht, ihr könntet dadurch verderbt werden; denn bin ich auch selbst siech, so sind doch meine Schriften von kernigster Frische und Gesundheit."

Seite 284 bespricht Wagner das Erdbeben vom Juli 1913, dessen er halb mit Angst, halb mit grimmiger Genugtuung gedenkt. Schließlich steigert sich sein leidenschaftliches Pathos zu folgendem wilden Erguß:

„Ich wünschte ein Riese zu sein mit Größe und Stärke der Weltallmasse. Einen glühenden Pfahl wollte ich dann nehmen und ihn der Erde in den Leib bohren. Von Pol zu Pol, von der Erde Scheitel bis zur Sohle wollte ich ihn durchtreiben. Den Äquatorwanst wollte ich anzapfen; ausquetschen wollte ich den angebohrten Erdenleib, zu allen Löchern sollte die Lava herausspritzen, und sollte ich mir gleich die Hand dabei verbrennen. Hörst du mich nicht, alter Jehovah? Habe ich dich umsonst verherrlicht? Hörst du nicht, wie mich die Philisterbrut höhnt? So laß doch die Haare meiner Kraft wachsen gleich dem längsten Kometenschweif, daß ich fassen kann die zwo Säulen, auf denen der Erde Bau gegründet ist, daß ich sterbend meinen Spaß haben kann bei der Erde letztem Hosenlupf!"

Mit Seite 288 nähern wir uns den letzten Wochen vor Ausführung der Mordtaten Wagners. Er berichtet von einem Besuch in Mühlhausen, wohin er seine zwei Mädchen zum Ferienaufenthalt zur Großmutter gebracht hat. Er schreibt dabei:

„Käme es auf mich an, sie dürften keinen Schritt in das Nest tun, das mich zugrunde gerichtet hat. Aber ich kann ihren Wünschen keinen stichhaltigen Grund entgegensetzen. Es ist furchtbar, wie ich mich in allem fügen muß, wie ich mich ängstlich vor Selbstverrat hüten muß. So rede ich mir auch selbst vor, es sei nötig, daß ich mich in Mühlhausen zeige, mein Erscheinen soll den Mühlhäusern mein gutes Gewissen beweisen. Die Mühlhäuser sind mir ins Gesicht höflich und freundlich, aber s' ist alles Falschheit. Ich weiß das gewiß, es ist überhaupt alles falsch gegen mich; nur wenige Menschen kenne ich, denen ich Aufrichtigkeit zutraue. Das sage ich nicht, um mich zu beklagen. Ich habe kein Recht dazu, weil mein eigenes Leiden auf Verheimlichung und Lüge steht. Aber bei mir bedeutet das Bekenntnis der Wahrheit den Tod. Und es fällt mir doch recht schwer zu sterben. Ich sterbe keineswegs gern, wie ich euch im Nazarener vorgeredet habe. Zuweilen überfällt mich ein wahrer Lebenshunger. Doch fürchtet nichts! Ich erfülle das Gesetz meines Lebens."

„Wie schön doch der Ort meiner Todsünde daliegt! Wärs doch ein wüster Sumpf, das würde stimmen. Ich will die Berge lösen und den Fluß damit stauen, daß sie alle ersaufen, Mensch und Schnaken. Es ist alles Ein Ungeziefer."

Wagner erwähnt dann, daß er ein Auto in Mühlhausen gesehen habe und knüpft daran Erwägungen, inwieweit dieses Auto seinen Mordplan zu stören vermöchte; es könnte ihm dadurch unmöglich gemacht werden, Mühlacker zu erreichen. Er schreibt:

„Ich habe mir darum folgenden Plan zurechtgelegt: Ich wende mich gleich dem Walde der Seeeiche zu und erwarte dort den Schnellzug. Den Bahnwärter schlage ich in seinem Häuslein tot und schleppe ihn auf die

Schienen. Damit der Führer das Hindernis merken muß, lege ich noch Steine aufs Geleise, rufe „Halt" und gebe Lichtsignale. Wenn der Zug hält, habe ich gewonnen. Ich erschieße den Führer und den Heizer und führe den Zug selbst, wenn ich kann. Eigentlich brauche ich bloß zu wissen, wie die Maschine in Bewegung zu setzen und anzuhalten ist. Ich will zu diesem Zweck auf die Bahnhöfe gehen und zusehen. An meines Vaters Thalacker halte ich dann. O, wie freute ich mich, wenn es gelänge; es wäre ein rechtes Teufelsstücklein."

„Stünde doch eine bulgarische Mörderbande zu meiner Verfügung! Ich wollte ja gern alle Verantwortung und Strafe für ihre Taten auf mich nehmen. Aber selbst der Schlächter sein, das kostet mich große Überwindung. Wäre ich ein negativer Mensch, das heißt, ein Weib, so wäre ich ganz gewiß keine Krankenschwester geworden, auch Kinder hätte ich nicht gebären wollen, denn alles ist mir zu blutig, eitrig, übelriechend und unschön. Ich habe solch furchtbare Angst, ob ich nicht mit dem Knüppel in der Hand in Ohnmacht falle. Jetzt da mich nur noch wenige Wochen von meiner Tat trennen, ist es mit meinem Schlaf, der ohnehin immer unruhig und traumgequält war, vollends ganz dahin. Ich bin müder als der Absalom. Und ich habe Lust, mir den Kopf zu zerschellen. In Augenblicken höchster Aufregung möchte ich auf die Bühne stürmen, die Pistolen holen und mit abgewendeten Blicken auf die Meinen losknallen. Ich kann nicht sehen ihr Entsetzen und ihr Todeszucken. Alle meine Rachepläne, die ich mir in langen Jahren ins Hirn gehämmert, schwinden dahin wie Eitelkeiten. Wenn es nur aus ist mit mir selbst! Was ist alles andere? Wie konnte mich das Schicksal vor solch eine schwere Aufgabe stellen, mich, den Ungeeignetsten, den Schwächsten? Ich brech' ja vorher zusammen. Es ist mir physisch unmöglich. Dürfte ich doch bloß auf einen elektrischen Knopf drücken.

Ich überschlage noch einmal mein Leben. Es ist das etwas Unnützes und doch, wie oft habe ich es schon getan! Jahr für Jahr gehe ich durch, und ich weiß zum voraus, daß ich beim 39. sage: Es ist alles richtig, so und nicht anders mußte es sein. Kein einziges Gedankenwerk ist so folgerichtig wie das wirkliche Geschehen. Es ist dies ein armseliger Trost, aber es ist immerhin noch Öl auf die Selbstanklage. Was habe ich davon, wenn ich Haß und Verachtung gegen mich selbst kehre. Nein, ich will wettern und fluchen und sollte meine Torheit gegen eine Schafherde wüten" . . . „Alle Unglücklichen haben ein Recht sich zu empören. Ihre Unzufriedenheit soll ein Gestank sein für die Macht, die uns zum Leben zwingt. Sollen wir nicht die Gemeinheit des Weltwillens übertrumpfen, wenn wir grausamen Mord zu unserem Gottesdienst machen?"

Mit diesen Ausführungen schließen die „Stuttgarter Spaziergänge", in denen wir wohl den tiefsten Einblick in Wagners Seelenleben in den Zeiten vor seinen grauenvollen Mordtaten erhalten. Ich hielt es deshalb auch für geboten, auf ihren Inhalt ausführlich einzugehen.

Noch ein anderes Manuskript entstand (bzw. wurde vollendet) in der Degerlocher Zeit: das Drama „*Der Nazarener*". Der Titel ist irreführend, insofern es sich keineswegs um eine dramatische Bearbeitung des geschichtlichen Jesus handelt. Wagner hat dies in der Vorrede zu dem Drama, die vom 21. Mai 1913 datiert ist, dargelegt:

„Ich habe natürlich keinen geschichtlichen Jesus schreiben wollen. Der Nazarener trägt nur den Pessimismus des Ernst Wagner vor. Ich bitte, darin keine Entwürdigung des Mannes am Kreuz zu sehen, den ich selbst jederzeit hoch eingeschätzt habe. Das richtige Bild von Jesus von Nazareth werden zu allen Zeiten die Evangelien geben. Die Wunder bringe ich selbstverständlich in Abzug. Der wirkliche Jesus war kein Pessimist. Er hat nicht einmal, wie gerne betont wird, die Wertlosigkeit aller irdischen Güter gepredigt, sondern er hat nur vor deren Überschätzung gewarnt. Pessimist konnte er schon deshalb nicht sein, weil er gesund war. Ich behaupte nämlich, daß ein Gesunder und gar kräftiger Mensch nicht Pessimist sein kann. Dazu fehlte ihm noch das quälende Schuldbewußtsein. Ich halte ihn natürlich nicht für sündlos, denn ich halte ihn für einen Menschen. Aber er war doch ein reiner Mensch mit freiem Gewissen. Ein solcher Mensch wird auch unter den widrigsten Verhältnissen den Kopf hoch behalten, und wenn ihn schon der böse Geist der Schwermut bedrängt, so wird er ihn doch nicht bei sich einnisten lassen. Die Sonne seiner frohen Grundstimmung wird auch das düsterste Gewölk durchbrechen."

„So gut bin ich nicht daran. *Ich bin gewiß schon im Mutterleib Pessimist gewesen und ich bin mit schwachen Nerven zur Welt gekommen. Ich war schon gedrückten Gemütes, als ich noch klein und rein war. Mir ward weh, ohne daß ich von Schuld wußte. Und nun, da die Schuld da, habe ich das Weh in seiner höchstmöglichen Steigerung. Ich* bin Pessimist. Ich habe im Nazarener *mein* Denken und teilweise auch mein Leben dargestellt. *In allen meinen Schriften habe ich eigentlich nur von mir geschrieben.* Wer sich ein wenig auskennt unter den Menschen, wird mir beipflichten, wenn ich sage, daß *der Pessimist immer eitel, anmaßend und hochgradig selbstsüchtig ist.* Es leugnet das jeder von ihnen ab, aber zuweilen glaube ich es sogar von mir selber."

„Ich sehe, ich schreibe da in meiner Vorrede die reine Widerlegung des Nazareners; das tut aber nichts. Ich habe gar nicht die Absicht, jemand für meinen Pessimismus zu gewinnen. Es ist ja das auch gar nicht möglich. Wenn einer das schönste Gedankengebäude aufführen wollte und uns mit zwingender Logik eine Erkenntnis aufnötigte, so hat das gar keinen Wert, wenn wir nun eben einmal anders fühlen. Ich sehe nun viele Menschen, die sich in ihrem Dasein recht glücklich fühlen, und denen möchte ich ihre Zufriedenheit und Lebensbejahung nicht rauben. Den Leidensgenossen aber, den wirklichen Pessimisten soll mein Tod ein aufmunterndes Exempel sein: Gehet hin und tuet desgleichen. Degerloch den 21. Mai 1913. Der Radelstetter Schulmeister."

Auf die Einzelheiten des Dramas soll hier nur wenig eingegangen werden. In der Tat ist es von düsterem Pessimismus durchzogen. Die Sprache ist der der Bibel nachgebildet, manchmal nicht ohne Wucht und Schönheit. Jesus flucht dem Leben und seiner Entstehung und predigt die Erlösung vom Leben, die Vernichtung. Er nennt die Familie:

„Bande und Ketten, Kerker und Sklaverei." „Alles, was kleinlich und töricht und verlogen ist, alles, was die Erlösung vom Dasein hindert, das nimmt von der Familie Ausgang und Nahrung, und darum habe ich gebrochen mit den Meinen. Darum sind sie mir nicht mehr und nicht weniger als die andern alle: arme leidende Menschen. Ist die Familie nicht mehr, dann ist der Weg frei zur Erlösung."

An anderer Stelle:

„Wie elend ist doch des Menschen Geist! Er leidet selbst in seinem letzten Zufluchtsort, er leidet noch in der Verrücktheit" . . . „Das was die Menschen heute herunterbringt, das ist die Sünde des sechsten Gebots, die Sünde am Weibe, die Sünde Onans, die Sünde Sodoms, der ganze Pfuhl schweinischer Lust. Das ist es, was die Nerven schwächt, das Blut verdirbt und den ganzen Leib untüchtig macht. Und weil sie sich ihrer hohlen Augen, ihrer müden Knochen und ihrer ganzen Hinfälligkeit doch schämen, so muß das die Arbeit verschuldet haben und der Kampf ums Dasein."

An anderer Stelle:

„Wenn der Mensch seiner selbst Herr wäre, würde er sich vielleicht in Gefahr begeben? In Schande stürzen? In alles wird er hineingestoßen, und die Augen sind ihm gegeben, daß er hinterher sehe, und der Verstand, daß er hinterher erkenne, welche Torheit er begangen und wie abscheulich er gehandelt. Daß ihm die Haare zu Berg stehen, daß er sie ausraufen möchte und den ganzen Kopf dazu. O, es gibt Erlebnisse, die uns zwingen, in dem unbekannten Weltwillen einen Teufel zu sehen, der lacht, wenn wir uns krümmen vor Schmerz". . . . „Dem Menschen Selbstanklage, Reue und Furcht nehmen, heißt das nicht, ihn glücklicher machen? Mit sich selbst zerfallen zu sein, das ist schlimmer als Krankheit und alle andern Nöte des Lebens. Wie willst du dir selbst entfliehen? Der Selbstpeinigung entgehen? Ist es nicht Erlösung für den an seiner Vergangenheit leidenden Menschen, wenn ich ihm zu dem Glauben verhelfe, daß er immer Notwendiges getan hat? Und wenn dieses Notwendige nun bös ist oder Sünde ist? Nun seine ist's nicht. Dazu die Furcht vor dem Kommenden, daß die „Sünde" soll gerächt werden an ihm, an seinen Nachkommen bis ins dritte und vierte Glied, wobei der himmlische Richter sich noch als gnädigen Herrn aufspielt. Und die Fabeln von den Orten der ewigen Pein, damit sie den Menschen Blei in die Adern gießen und sie ganz untüchtig, sklavisch und tierisch machen". . . . „Darum gebe ich dies Gesetz und Evangelium: Vernichtet das Leben! Tötet! Tötet die, die ihr haßt; denn ihr erweiset ihnen Gutes damit. Tötet noch mehr die,

die ihr liebt, damit sich die Wahrheit eurer Liebe erweise. Und hernach töte dich selbst!"

Die Zwiesprache zwischen Jesus und Johannes zeigt, daß Wagner auch die Gegengründe gegen seinen finsteren Pessimismus sehr wohl kennt und zu formulieren weiß; so läßt er den Johannes zu Jesus sagen:

„In dem, was du sagst, fehlt eben die Liebe. Dein Mensch schaut wie ein scheues, mißtrauisches und furchtsames Tier aus seiner Höhle, mit gespannten Sinnen, weil er ringsum nur Feinde auf der Lauer wähnt."

Wagner läßt den Johannes zum Vertreter des Evangeliums der Liebe werden, während Jesus mit erbarmungsloser Skepsis auch die Liebe nur auf Selbstsucht zurückführt. Das Drama schließt mit einer großen Rede Jesus an das Volk im Vorhof des Tempels zu Jerusalem. Hier gibt Wagner nur noch sich selber und sieht von dem historischen Jesus völlig ab. Dies zeigt schon gleich der Beginn:

„39 Jahre bin ich unter euch gewandelt, viele kennen mich und wenige gibt es, die nicht von mir gehört hätten" . . . „Ich habe es in meiner Jugend erfahren müssen, daß Mensch sein, gemein sein heißt. Ich lehre, daß man das Schwache zertreten soll, daß es nicht länger leide, sie aber haben mich getreten, weil es ihnen Freude machte und weil sie es ungestraft tun konnten. Ich habe gehört, daß sich zu Ophir die Witwen verbrennen. Himmlischer Sittenzwang! Mitleidige Flamme, die im kurzen Augenblick alles Leiden verzehrt, das wir langsam am Docht glimmen lassen. Ich habe gehört, daß sie in dem Lande hinter Ophir die Kinder aussetzen, den Tieren zum Raube. Die zu Nazareth tun solches nicht, denn wer tot ist, kann keine herzlosen Worte mehr vernehmen. Ich bekam sie so reichlich zugedacht, wie das tägliche Brot."

Nun folgen in der Rede lange Ausführungen im Sinne des Determinismus. Jesus leugnet jede Willensfreiheit; ein jeder handelt nur so wie er muß.

„Wie einer ist, dafür kann er nichts und darum kann er noch weniger für das, was er tut."

Mit dieser Lehre rechtfertigt er jede Handlung, selbst den Mord:

„Und wenn des Menschen Hände blutrot wären von Mord, so darf er sie in aller Unschuld waschen, wie er tut, wenn er von seiner Tageshantierung hinweg zum Essen geht."

Abgrundtiefe Verachtung der Menschen spricht aus der weiteren Rede und immer wieder klingt dabei Wagners Meinung hindurch, daß er von den Menschen hinter seinem Rücken verachtet, verspottet und verhöhnt werde. So zum Beispiel:

„Ich weiß, wenn ihr unter euch redet über mich, so geschieht es in der Art, wie man von Hanswursten und Narren redet. Aber es ist eitel Heuchelei“ . . . „Es hat eine Zeit gegeben, wo ich euch haßte. Erst den Einzelnen, von dem ich sah, daß er mir Übles tat, und von dem ich spürte, daß er mir noch Übleres wünschte. Ich gedachte mich seiner zu erwehren und wollte wiedervergelten, wie es auch erlaubt ist nach dem Gesetz, aber ich merkte bald, wie sehr ich dahinten bleiben mußte. Weil ich nicht so gemein war, wie die andern, und so versteckt und listig, und weil ich nicht härter treffen wollte, als sie mich getroffen hatten. Denn ich wollte nur wiedervergelten und meine Wiedervergeltung sollte nur Abwehr sein. Die Gemeinheit aber betätigt sich gern da, wo sie auf wenig Widerstand stößt; sie sucht am liebsten den auf, der ihr ausweichen will. Die Gemeinheit fürchtet nur eine andere Gemeinheit, die ihr überlegen ist. Es ist in der Welt so gemein eingerichtet, daß das Gemeinste immer das Stärkste ist. Ich will es euch gestehen, ich hatte Stunden, wo ich wünschte, gemein zu sein. Denn mein Stolz bäumte sich dagegen auf, daß andere über mich triumphieren und meiner Schwäche spotten sollten. Daß es nicht einzelne, sondern viele waren, die mich quälten.“

Es kommen nun bittere Worte über die Verachtung. Er habe geglaubt, seine Feinde verachten zu können, er habe sich darin aber getäuscht:

„Wie ich mir das klar zurecht gelegt hatte, wußte ich, daß ich die anderen nicht verachtete. So wenig als sie mich verachteten. Wären sie mir sonst aller Orten nachgelaufen? Hätten sie meinen Namen im Munde geführt in der Schule, in der Werkstatt, auf dem Markt, in der Schenke? Es ist doch so weit gekommen, daß, wo auch nur zwei von euch versammelt sind, ich die dritte besprochene Person bin. Wahrlich, die Luft muß von meinem Namen so dick sein, daß man sie in Säcke fassen kann. Ich habe euch gehaßt, ich wähnte euch zu verachten, zum dritten habe ich euch bemitleidet“ . . .

Nach weiteren Ausführungen über das Wesen des Mitleids fährt Jesus-Wagner fort:

„Das, ihr werdet es zugestehen, ist Mitleid ohne Selbstsucht, das echte Mitleid. Es ist geboren aus der Erkenntnis, daß wir alle in gleicher Verdammnis sind. Ich und ihr, alles, was Mensch heißt, ja ich will auch diese Schranke überspringen, alles, was Odem hat, alles was lebt, lebt in der Verdammnis“ . . . „Wir leben alle in der gewissen gegenwärtigen Verdammnis, heute, gestern und morgen, von Mutterleib an bis zum Grab. Das ist der gemeinsame Boden, auf dem ich mich mit euch zusammengefunden habe, nachdem ich euch gehaßt und nachdem ich geglaubt hatte, daß ich euch verachtete.“

Nun folgt eine leidenschaftliche Verherrlichung des Selbstmords mit Ausführungen, wie:

„Begebet euch aber des Wahns, als ob ihr aushalten müßtet in der regungslosen Angst, kehrt den Blick ab, hebt die Flügel und macht euch hinweg. Das ist mein Evangelium für die leidende Menschheit: Ihr könnt euch hinwegmachen. Das ist der tröstende Stern, der hereinleuchtet in die Nacht unseres Elends" . . . „Wer zahlt besseren Kaufpreis als der Tod?"

Mit bitterem Hohn wendet sich Wagner dann zur Unvollkommenheit der menschlichen Natur:

„Schwäche, Ungestalt und Krankheit sind des Lebens Hauptübel" . . . „Was soll Krankes, wie soll Schwaches Starkes gebären?" . . . „Wo sind denn die Gesunden? Ich bin noch mit keinem Menschen zusammengewesen, der mir nicht schon nach Tagen geklagt hätte, daß es ihm da oder dort fehle. Jedes Glied am Körper hat eine lange Krankheitsliste und jeder Tag kann ihm eine neue Lieferung bringen. Wo sind die Gesunden unter euch? So tretet doch vor und strafet mich Lügen! Wo Menschen sind, ist Bethesda. Es ist ein elend jämmerlich Ding um des Menschen Leib. Und daß uns nicht selbst der Ekel packt vor den natürlichen Verrichtungen des Leibes" . . . „Wenn wir nur natürlich dabei wären! Wenn wir wenigstens noch so natürlich wären, wie es das Tier ist! Das Tier hält sich doch zu seinesgleichen, aber der Mensch! O, es gehen Dinge im Schwange, nicht vereinzelt, sondern im Schwange gehen sie: Selbstschändung, Knabenschändung, Tierschändung, Schändlichkeiten, auf die nur menschlicher Aberwitz kommen kann! Da laden sie noch ihre Götter ein, daß sie Wohnung nehmen sollen in dem Schrein ihres Herzens, und das beste Zimmer, das sie ihnen anweisen können, ist schmutziger als ein Saustall. (Betäubender Lärm, sie drängen stürmisch auf Jesus ein.) Aber es gibt keinen Gott, den die Sünden Sodoms empörten und wenn, so hätte er nicht Schwefel genug, alle Hurenstädte und Lasterstätten auszuräuchern. (Geschrei.) Was drängt ihr so? Warum rückt ihr mir so nahe? Ich weiß es, ich soll euch noch stärker kitzeln? (Rufe: Nein, nein.) So will ich denn schweigen und diesen Ort verlassen. (Es wird ganz still.) Mir macht das, was ich da sagte, keine Freude. Ich gehöre nicht zu euresgleichen, aber es ist notwendig, daß es einmal offen und ungeschminkt gesagt wird: Die geschlechtliche Unnatur ist die Hauptursache der Krankheit, sie wirkt verheerender als alle Seuchen und ist schlimmer als der Aussatz. Ihr werdet denken, daß ich jetzt rede, wie die Sittenprediger reden, daß ich euch mit meiner Rede bessern wolle. O nein, ich habe den lebhaften Wunsch und die wohlbegründete Hoffnung, daß euch das Geschlechtslaster zugrunde richtet. Ich will ja nichts anderes, als daß die Menschheit aussterbe (Gelächter).

„Sie sagen von Johannes, er sei in der Wüste gewesen um nachzusinnen über die Bußpredigt, womit er die Herzen Israels habe erschüttern wollen. Daß er habe in der Wüste nachsinnen wollen über die Heilspredigt vom kommenden Messias. Ich bin der Messias (Großes Gelächter). Ich zeige den Weg zur Erlösung. Ich zeige ihn dem Einzelnen, dem Volk, der Menschheit. Es sind alle Betrüger, die da sagen, es gebe eine Erlösung im Leben. Wir müssen uns erlösen vom Leben. Wer nicht lebt, ist erlöst. Sie betrügen sich selbst, die sagen, es gebe hier ein Glück und es gebe ein seliges Dort. Denn wo Seligkeit empfunden wird, ist Leben, und jedwedes Leben ist Leiden. Also ist Seligkeit auch Leiden. (Lachen und Zurufe.)

„Wenn ihr meint, daß das ein innerer Widerspruch sei, so geht an den Ort, wo die, die wirren Geistes sind, hausen. Vernehmen wir nicht schon in der Ferne ihre überlaute Fröhlichkeit? Sie springen und wälzen sich vor Entzücken. Ich habe daselbst Narren getroffen, denen so pudelwohl war, daß sie Lust hatten, unter die Säue zu fahren. (Gelächter.) Das Haus der Seligkeit wäre also nichts anderes, als das Narrenhaus des Lebens.

„Darum halte ich mich für den Messias, weil ich weiß, daß einzig meine Lehre vom Sterbenwollen erlösen kann. Wofür ihr mich sonst haltet (Gelächter), das erachte ich in der Stunde meiner Erlösung für so gering wie die Meinung, die sich ein Spatzenhirn über mich gebildet hat.

„Ich bin auch in der Wüste gewesen. Zehn Jahre lang habe ich nachgesonnen über meine Erlösung im Leben. Nicht daß ich so lange zu meiner Erkenntnis gebraucht hätte. Aber ich wehrte mich gegen diese Erkenntnis mit den Waffen des kühlsten Denkens und der feurigsten Einbildungskraft. Daß der Tod meine Erlösung sein sollte, dagegen habe ich mich aufgebäumt, wie sich noch kein Mensch dagegen aufgebäumt hat. Und ich habe gebrüllt in Schmerz, Wut und Verzweiflung, ich habe die Erde gestampft und den Himmel gelästert. Da war es gut, daß es in der Wüste war. Denn wer mich gesehen hätte, der hätte mich für unsinnig gehalten. Was hat mich alles Widerstreben genützt? Ich mußte die Waffen strecken vor meiner Erkenntnis: Willst du erlöst sein, so stirb. Ihr werdet fragen, warum ich nicht meiner Erkenntnis gemäß gehandelt habe. Warum ich nicht in der Wüste tot geblieben sei? Warum ich noch umhergewandert sei, warum ich heute in Jerusalem zu euch rede? Das kommt daher, daß ich nicht bloß an mich, sondern auch an die andern dachte. Es wird keinem unter euch fremd sein, daß der Haß wehtun will, daß er töten will, daß er grausam töten will. Und da die Menschen nie müßig gewesen sind in Erfindung von Martern, brauchte ich nur noch die schon bekannten passend zu verteilen. Ich habe in Gedanken schon Hunderte auf die kräftigste Weise umgebracht. (Großer Lärm, Ruf: Ans Kreuz mit ihm.) Es ist nicht einer unter euch, der nicht einen ebenso kräftigen Gedankenmord auf dem Gewissen hätte.

„Es wird euch überraschen zu hören, daß ich auch die, so ich liebte, zu töten beschloß. Es wird genügen, wenn ich sage, daß ich mit Mutter und Geschwistern den Anfang machen wollte (Pause. Erst Stille, dann tosender Lärm, viele Rufe: Ans Kreuz mit ihm). Ich sagte doch, daß ich sie aus Liebe habe töten wollen; denn wenn ich mich selber erlösen wollte, mußte ich doch sterben. Und mein Tod mußte sie betrüben. Schon deshalb, weil es so viel einfältige Leute gibt, und Leute, die gemein, so bodenlos gemein sind, wie die, die ich jetzt um mich versammelt sehe" . . . „Darum regt euch nicht darüber auf, wenn ich sage, daß ich in der Wüste darüber nachgedacht habe, wie ich sicher und restlos die ganze Menschheit umbringen könnte. Ausnahmslos und gleichgestellt alle Menschen. Denn wenn auch nur ein Pärlein übrig blieb, bekämen wir eine zweite Auflage der Adam- und

Evageschichte, es wäre der Bandwurm ohne Kopf abgetrieben. Ich war mir bewußt, daß es hierzu großer Mittel bedürfe, Mittel, größer und umfassender als da sind Krieg, Hunger, Pest. Ihr wißt, ein Gott hat es einmal mit Wasser versucht (Lachen und Entrüstung). Es ist ihm mißlungen. Und ich war nicht lange Zeit so vermessen, mir einzubilden, ich könne alle Wasser vergiften, die Luft verpesten, die Erde sprengen, alles durch Feuer verzehren lassen, so lange bis das Feuer sich auch noch selber verzehrt hat. Ich sah ein, daß es nur einen Weg gebe, die Menschheit zu erlösen, nämlich den: die Menschen zu überzeugen von der Nichtigkeit aller Dinge dieser Erde, ihnen das Leiden, das das Leben notwendig mit sich bringen muß, deutlich vor Augen zu rücken.

„Ich habe geredet von den körperlichen Leiden, denen der Mensch unterworfen ist. Noch mehr unterworfen ist als das Tier, weil er unnatürlicher ist als dieses. Ich will hier nicht davon reden, ob der Mensch ins Tierreich zu rechnen sei; aber mir scheint, alle seine Vorzüge der Seele und des Geistes hat er nur, daß ihm das Leiden fühlbarer werde. Je geistreicher ein Mensch ist, desto unglücklicher ist er, je zartsinniger, desto leidender. Es haben etliche gesagt, es sei der Mensch, es sei die lange Reihe der Menschengeschlechter dazu da, daß sie die Natur, ihr Größtes und ihr Kleinstes erforsche und kenne. Das kommt mir vor, wie wenn man kleinen Kindern ein Spiel in die Hand gibt, damit sie ihre Zeit ausfüllen. Sind die Menschen davon, daß sie dies und jenes erkannt haben, glücklicher geworden? Es wäre vermessen, dies zu behaupten. Es haben andere gesagt, die Tugend finde in sich selbst Genüge, der Tugendhafte müsse, wie auch seine Verhältnisse sonst gestaltet seien, glücklich sein. Ich muß sagen, dann gibt es keine Tugend in der Welt, wo sind die Glücklichen? Es sagen Dritte, wir seien die Kinder in der Hand eines Gottes, der uns jetzt die Rute gibt, aber in diesem oder jenem Leben den Apfel für uns bereit halte. Das heißt doch den Apfel zu teuer bezahlen. Und wer weiß, ob uns dieser Apfel nicht noch zu schlimmerem Übel gereicht, als der Sündenapfel."

„Die Vierten endlich, die den Stier an den Hörnern fassen wollen, erklären das Leiden geradezu als die Lust des Lebens. Sie können das nur sagen in Stunden, wo sie die Lust gerade weniger verspüren, oder sie sagen es, was mir wahrscheinlicher ist, aus Galgenhumor."

„Wo einer auch das Leben anpacken mag, denkt er richtig zu Ende, er kommt auf dessen Elend und Verneinung hinaus. Aber er braucht sich ja nicht einmal mit dem Denken abzugeben, unmittelbar fühlt er doch des Lebens Qual. Ich will sie nicht länger tragen. Ich gehe. Ich habe euch oft zur Abreise eingeladen. Es geschieht jetzt zum letzten Mal. Aber Worte will ich keine mehr verlieren, ich weiß, ihr seid auch heute nicht zur Nachfolge entschlossen. Es fesselt euch die Gewohnheit. Es fesselt euch die Furcht vor dem Unbekannten, es fesselt euch eben die ganze Erbärmlichkeit eures Seins. Habe ich schon keinen anderen erlöst, so will ich mich doch selbst erlösen. Macht Bahn, daß ich mich herabstürze von der Zinne des Tempels! Glaubet ihr mir schon nicht, so sollt ihr doch an meinen Tod glauben."

Als im Hause Wagners am 13. September 1913 Haussuchung gehalten wurde, fanden sich außer einigen Konferenzaufsätzen aus der Radelstetter Zeit einige Entwürfe zu literarischen Arbeiten und einige Blätter mit Gedichten von pessimistischer Stimmung und endlich ein Bücherverzeichnis der Volksbibliothek zu Stuttgart, in dem Wagner die von ihm gelesenen Bücher unterstrichen hatte. Daraus ist zu entnehmen, daß sowohl unterhaltende Schriften, als auch Philosophisches, Historisches, Biographisches von ihm in großer Menge gelesen wurde. Im allgemeinen verrät die Auswahl einen guten Geschmack. Die Klassiker des Altertums, wie z. B. Homer, Herodot, Sophokles, Äschylos und Euripides, Marc-Aurels Selbstbetrachtungen, die deutschen Dichter, z. B. Gellert, Wieland, Herder, Goethe, Schubart, Grillparzer, Hebbel, Raabe, Rosegger, Uhland, Friedrich Theodor Vischer, die Philosophen Fichte, Schopenhauer, Nietzsche, David Strauß, Webers Demokritos, Schleiermacher finden wir angestrichen. Auch Thomas von Kempis Nachfolge Christi, Reins Pädagogik, Häckels Lebenswunder, Hoppes Tatsachen über den Alkohol, Humboldts Briefe, Dichtungen von Gorki, Ibsen, Tolstoi, württembergische historische Schriften, der Kunstwart sind angestrichen. Ein Exemplar der Bibel, das den Akten beigelegt ist, zeigt viele Unterstreichungen und gelegentliche Notizen, namentlich im alten Testament.

Die letzten Tage vor den Mordtaten und die Abschiedsbriefe.

Wie aus dem bisher Geschilderten unzweideutig hervorgeht, stand Wagners Mord- und Brandstiftungsplan seit Jahren bis in alle Einzelheiten genau ausgearbeitet fest. Der Termin seiner Ausführung wurde oftmals vertagt; die Ferien im Sommer 1913 waren zum großen Teil bereits vorüber, als die Verwandten seiner Frau, Frau B. mit ihren zwei Kindern, Degerloch nach 3wöchigem Aufenthalt verließen. Erst am 1. September kehrte Wagners Tochter Klara aus Mühlhausen nach Degerloch zurück. Er war über das lange Fortbleiben des Kindes sehr ärgerlich gewesen. Nunmehr war er mit seiner ganzen Familie wieder allein. Aber schon vor dieser Rückkehr der Tochter war, wie es scheint, der Termin endgültig festgelegt. Denn mit dem 26. August beginnen die Tage, an denen Wagner die schon früher erwähnten Abschiedsbriefe geschrieben und die Pakete mit seinen Manuskripten fertig gestellt hat. Diese Abschiedsbriefe sind für den Seelenzustand des Angeschuldigten in den Tagen vor der Tat so kennzeichnend, daß sie in ihrem wichtigsten Inhalt hier wiedergegeben werden müssen.

An seinen alten Freund, den Hauptlehrer Ho. in Sch. schrieb er am 26. August einen Brief, den er dann am 4. September in Großsachsenheim der Post übergab und den Ho. erst nach Vollendung der Mühlhausener Schreckenstage erhalten sollte und auch tatsächlich erst erhalten hat. In diesem Briefe steht:

„Du wirst nicht wenig erschrocken sein. Aber was geschehen ist, hätte schon vor Jahren in Radelstetten geschehen sollen. Es gab keinen anderen Ausweg. Jetzt erst wirst Du ermessen können, was ich droben gelitten habe, und niemand wird es mir verübeln, daß ich zuweilen mißlaunig war. All mein Gleichmut und all meine zur Schau getragene Ruhe waren erkünstelt, meine Lustigkeit erzwungen. Ich trank, um in Stimmung zu kommen, und spielte, um wenigstens für Stunden zu vergessen. Sagen konnte ich das natürlich weder Dir noch anderen. Ich war auch in Radelstetten bis vor 2½ Jahren des Glaubens, als wisse niemand um das Unaussprechliche[1]). Ich glaubte, wenn je in Mühlhausen der Verdacht aufgekommen wäre, so wäre er, da er nur auf schwachen Füßen stehen konnte, bald erstickt und jedenfalls nicht über die Ortsgrenze hinausgekommen. Ich rechnete nicht mit der Gemeinheit der Menschen. Hätte ich gewußt, was ich jetzt weiß, so hätte ich natürlich nicht geheiratet und das Allerschwerste wäre mir erspart geblieben."

„Aber wenn auch kein Mensch eine Ahnung davon gehabt hätte, so wäre ich wohl kaum froh und zufrieden gewesen, ich kann mich über nichts wegsetzen, und mein Lebenskarren war auch so wie so verfahren. Ich will mich nicht bemühen, das was ich nun getan habe, vor Dir zu rechtfertigen, es wäre doch umsonst. Ich bin den Weg gegangen, den ich, so, wie ich nun eben einmal bin, gehen mußte. Wenn ich Dir diesen Brief schreibe, so geschieht dies einzig darum, daß ich nicht gehen will, ohne Dir und den Deinen meinen letzten Dank und meinen letzten herzlichen Gruß zu sagen.

Dein Wagner."

Am gleichen Tage, am 26. August 1913, schrieb er an den Förster S. einen Abschiedsbrief:

„Lieber Herr S.! Nunmehr wird Ihnen alles klar sein: mein frühzeitiges Altern, mein Benehmen und meine Schriften. Weil Sie für letztere seiner

---

[1]) Diese Zeitangaben stimmen nicht mit Wagners sonstigen Angaben; vgl. die bereits 1909 abgefaßte Biographie I. Gemeint ist wohl: bis etwa 2½ Jahre vor meinem Weggang von dort (also bis etwa 1909).

Zeit reges Interesse gezeigt haben, macht es Ihnen wohl Freude, meine Lebensbeschreibung, die ich vor 4 Jahren doppelt ausgefertigt habe, von mir zu erhalten" . . . „Lieber Herr S.! Der Gedanke, daß Sie nun durch mich eine Enttäuschung erleben, ficht mich nicht wenig an. Und es ist mir in diesen Tagen ein wahrer Trost, daß ich so wenig wirkliche Freunde habe. Doch hege ich von Ihnen die Hoffnung, daß Sie meine Tat verstehen werden, wenn Sie sie auch nicht billigen. Denn es ist Ihnen nicht unbekannt, wie hundsgemein das Leben mit manchen Menschen umgeht. Vielleicht wird Herr X., dem ich Ihren und Herrn Ho.s Namen — als den der besten Wagnerkenner genannt habe — Sie um Auskunft über mich angehen. Glauben Sie dann nicht, daß Sie um der Freundschaft willen verpflichtet seien, meine Mängel zu verdecken oder in irgend einem Stück beschönigen zu müssen. Geben Sie mich genau so, wie ich war, zu verlieren habe ich gar nichts mehr. Ich hätte Ihnen gerne öfters geschrieben; aber ich dachte, es sei gut, wenn Sie sich daran gewöhnten, wenig an mich zu denken. Leben Sie wohl. Ihr Wagner."

Auch dieser Brief wurde von Wagner am 4. September in Großsachsenheim zur Post gegeben.

Einen Abschiedsbrief an seinen Rektor M. in D. (ohne Datum) sandte Wagner ebenfalls in Großsachsenheim ab. Darin heißt es:

„Lieber Herr Rektor! Gestatten Sie mir zum Abschied noch diese Anrede, obgleich Ihre Gefühle für mich nicht mehr lieb sein werden. Sie werden vielleicht viel mehr denken: Hätte doch dieser schreckliche Mensch die Degerlocher Schule nie gesehen! Mit diesem Wunsch begegnen Sie meinem eigenen. Mir hängt das Schulhalten schon seit Jahren zum Halse heraus. Wenn ich in Degerloch überhaupt aufgezogen bin, so ist das nur die Folge meiner Schwäche, die immer davor zurückschreckte, Schluß zu machen. Sie werden in meiner Schule alles in guter Ordnung finden; denn, arbeitete ich auch nicht mit Lust und Liebe, so tat ich es doch aus Pflichtgefühl. Ich danke Ihnen und den Kollegen allen für die erwiesene Freundlichkeit und grüße Sie und sie herzlich. Ernst Wagner."

Der kurze, an eine Schwester in B. gerichtete Brief („Nimm Gift! Ernst.") trägt kein Datum, ist aber wohl zweifellos auch in diesen Tagen geschrieben und wurde ebenfalls am 4. September in Großsachsenheim der Post übergeben.

Ein ausführlicher Brief ist ferner an Professor X. in E. gerichtet. Er hat folgenden Wortlaut:

„Geehrter Herr X.! Ich heiße Ernst Wagner. Ihre Verwunderung wird jetzt so groß sein wie Ihr Schrecken. Ist doch zur Stunde mit diesem Namen die tiefste Verworfenheit verknüpft. Ich sehe, wie Sie sich anstrengen müssen, gefaßt zu bleiben.

Lesen Sie weiter, Sie müssen weiter lesen; denn Sie sollen mein Verteidiger vor der Welt sein.

Ihr Erstaunen darüber wird nicht gering sein. Ich kenne doch diesen Menschen gar nicht. Gott sei Dank, daß ich ihn nicht kenne, also werden Sie sagen. Und Sie werden mich abschütteln wollen, aber ich lasse mich nicht so leicht abschütteln, ich hänge mich fest an meinen Mann, wie es der verlorene Sohn getan hat[1]. . . . .

,,Sie dürfen es nicht als eine Anmaßung von mir nehmen, wenn ich mich mit jenen Männern des Leidens[2]) in Parallele stelle; denn die waren ja nachweisbar unschuldig und zum mindesten sehr anständig, während meine Schuld so schmutzig ist, daß man sich schämen muß, davon auch nur zu reden. Ich wenigstens schäme mich. Und da Ihnen wahrscheinlich das Motiv meiner Tat bekannt sein wird, ehe Sie diesen Brief lesen, so gestatten Sie mir wohl, daß ich darüber schweige.

Will jemand bestimmt von mir wissen, wie ich dazu kommen könnte, so Abscheuliches zu begehen, so bin ich überfragt. Ich wollte immer etwas Besonderes sein und Ungewöhnliches tun, nun ist es ja glücklich so weit. Aber ob es Fürwitz war, ob Wahnsinn, ob Abnormität oder Gemeinheit sans phrase, es steht in Ihrem und jedermanns Belieben, zu wählen. Ich will mich in diesem Stück gar nicht verteidigen und entschuldigen.

Ich habe in meinen Schriften die Schuld des Menschen negiert. Natürlich, so sagt alle Welt, er wußte, warum; er möchte sich gerne rein waschen. Wenn aber auch Sie Ihren früheren Standpunkt vom ,,Gelebtwerden" noch einnehmen, müssen Sie mit mir ein größeres Mitleid haben als mit dem Juden und dem Griechen, zumal es sich bei mir um einen wirklichen Menschen handelt und nicht um einen erdichteten. Ich selbst natürlich habe größeres Mitleid mit mir selbst als mit den 2 genannten Leidensgenossen.

Sie werden sagen: Was ich auch geschrieben und behauptet haben mag, so liegt doch darin keine Nötigung, daß ich mich mit einem so tiefgefallenen, verbrecherischen Menschen einlasse und in seinen Sumpf steige. Aber gebe ich Ihnen nicht die allerbeste Gelegenheit, Ihre Lehrmeinung durch ein praktisches Beispiel zu erhärten?

Verzeihen Sie, wenn ich Ihnen so gleichsam die Pistole auf die Brust setze. Ich bin mir wohlbewußt, daß ich keinerlei Zwang auf Sie ausüben, daß ich Sie nur bitten kann. Diese Bitte in demütige, mitleidheischende Worte zu kleiden, ist mir aber versagt.

Soll es einem Menschen, der alle seine ,,Schuld" schonungslos bloßgelegt hat, nicht gestattet sein, den Wunsch zu äußern, man möge auch die guten Seiten an ihm nicht unbeachtet lassen? Hat nicht jeder das Recht darauf, allseitig beleuchtet zu werden? Ich weiß, die Menschen wollen beim Nächsten nur die Flecken sehen. Ich weiß, daß sie auch nach meinem Tode noch ihren Spott mit mir haben möchten. Und in ihren Spott wird laut die Entrüstung dröhnen, daß ich mich zu rächen gewagt habe.

---

[1]) Hier ist einiges ausgelassen, was geeignet ist, den Empfänger des Briefes kenntlich zu machen.

[2]) Gemeint sind Hiob und Ödipus, von denen er in dem hier Weggelassenen sprach.

Der Menschen Entrüstung wird auch Sie nicht verschonen — wie zuversichtlich ich auf Sie rechne! — Die Menschen werden Ihnen zürnen, wenn Sie sich meiner annehmen werden. Aber ich kenne Ihr Leben genügsam, um zu wissen, daß Sie sich in Ihrem Tun und Lassen nicht durch die Furcht vor den Menschen beeinflussen lassen.

Ich selbst aber will ein Hanswurst und aller Menschenkenntnis bar sein, wenn nicht stimmt, was ich jetzt sage: Die Entrüstung aller derjenigen, die nicht an ihrer Person oder ihrem Besitz einen Nachteil erlitten haben, ist nur nachgeredet und erheuchelt. Wären sie ehrlich, so würden sie mir für die „Sensation" noch Dank sagen. Kein einziger von all den Entrüsteten würde meine Untat rückgängig machen, wenn es auch in seiner Macht läge. Die Entrüstung ist mit so viel Selbstwohlgefallen verbunden, und jeder Lump sonnt sich dabei in seinem eingebildeten Bessersein.

Nach all dem Vorstehenden werden Sie immer noch nicht wissen, was Sie eigentlich für mich tun sollen. Sie können doch nicht aus schwarz weiß machen und das, was ich getan habe, gutheißen.

Zunächst sollen Sie mir helfen, daß ich, der Tote, selbst zu Wort komme.

Wenn Sie sich mit dem Inhalt der Schriften, die ich Ihnen zusenden werde, bekannt gemacht haben, werden Sie leicht verstehen, daß ich sie bei Lebzeiten nicht habe veröffentlichen können. Ich denke dabei besonders an meine Lebensbeschreibung.

Sie sollen der Herausgeber meiner Schriften sein. Das hätten andere doch auch besorgen können, Verwandte oder Freunde, also werden Sie denken.

Ich selbst habe natürlich auch daran gedacht. Aber meinen Geschwistern habe ich den Rat gegeben, Selbstmord zu verüben, und wenn sie es auch nicht tun, so sind sie doch nicht geeignet zu dieser Aufgabe. Ich traue ihnen nicht das genügende Verständnis meiner Schriften zu, es fehlt ihnen am Geschick und vor allem an der nötigen Energie. Sie wüßten mit den Manuskripten nichts anzufangen, ja sie könnten dieselben gar im ersten Schmerz und Zorn vernichten. Und das, was ich geschrieben habe, soll doch gerade ihnen zu gute kommen; sie sollen, soweit dies eben möglich ist, damit entschädigt werden für das unsägliche Leid, das ich ihnen zugefügt habe. . . ." [1])

„Was meine Freunde betrifft, so ist mir fast leid, daß ich solche habe. Seit ich in Degerloch bin, habe ich es absichtlich vermieden, Freundschaften zu pflegen oder solche anzuknüpfen. Ich will nicht Enttäuschung bereiten und niemand soll meinetwegen in der Achtung der Leute sinken.

In meiner Radelstetter Zeit bin ich viel zusammengewesen mit den Herren Hauptlehrer Ho. und Revierförster S. Die dürften mich wohl am besten kennen, und an die können Sie sich wenden, wenn Sie Auskunft über mich zu haben wünschen.

Vermutlich wird von überall her, wo ich gewesen bin, alles Mögliche und nicht das beste über mich zusammengetragen werden. Ich habe dagegen nicht das geringste einzuwenden, weiß ich doch, daß ich nichts, auch rein gar nichts mehr dadurch verlieren kann. Alles und das Schlimmste habe

[1]) Hier ist einiges Nebensächliche weggelassen.

ich selbst geoffenbart. Ich habe sogar die Zuversicht, daß ich nur dabei gewinne.

Von meinen Schriften habe ich drei vor 3—6 Jahren auf eigene Kosten in Ulm drucken lassen. Jedesmal meinte ich, es wäre die letzte. Die 3 Heftchen enthalten

1. Bilder aus dem alten Rom.
2. Nero.
3. Saul (David u. Saul).

In meiner Biographie werden Sie die Erläuterung zu den 2 erstgenannten Heftchen finden. Saul ist eben genau so gemeint, wie er geschrieben ist.

Er hat seine Fortsetzung in Joab und in Absalom erfahren. Auf letzteren lege ich von allen meinen Schriften den größten Wert. Bieten Sie ihn vor den anderen Büchern an.

Den Nazarener denke ich mir als Buchdrama, doch kann er natürlich auch aufgeführt werden.

Von meiner Biographie würde am besten der dritte und letzte Teil, die Stuttgarter Spaziergänge, zuerst veröffentlicht werden, die dürften das größte Interesse erwecken

Der alte Jehovah ist am ältesten. Er wird vielleicht in einigen Wendungen Anstoß erregen. Wenn solche Stellen den Druck gefährdeten, so gestatte ich, sie auszumerzen. Im Manuskript aber sollen sie sorglich verwahrt sein. Das gilt auch bei meinen andern Werken.

Nach eigener Meinung habe ich zwar nichts Lästerliches geschrieben, ebensowenig Zotiges. Ich bin zuweilen derb, aber nie zotig. Nicht leichtfertig habe ich geschrieben, sondern mit Ernst, mit blutigem Ernst. Das soll zum voraus jeder wissen, der mich liest.

Auch der „Unteroffizier-Schulmeister" ist ernst gemeint. Ihre Zustimmung wird er wohl kaum finden.

Meine „Neue Rechtschreibung" wird wahrscheinlich dieses Jahr nicht mehr zur Einführung kommen.

Alle die vorgenannten Werke sollen Sie nacheinander und ohne Übereilung Verlegern vermitteln oder als Selbstverleger dem Buchhandel übergeben. Es ist mir natürlich ganz unmöglich, im Einzelnen Bestimmungen zu treffen, ich vertraue ganz Ihrem Geschick und Ihrer Erfahrung. Veröffentlichen Sie zu diesem Zweck am besten diesen Brief.

Was soll ich selbst über meine Schriften sagen? Ich habe natürlich die beste Meinung von ihnen. Wäre es nicht so, wie könnte ich es wagen, Ihnen die Veröffentlichung zuzumuten? Sie verdienten es, gelesen zu werden, wenn sie auch nicht im Blute schwämmen. Stilistisch dürften sie wohl genügen, und was die Hauptsache ist: ich habe doch was zu sagen, während viele unserer Schriftsteller und sogar sehr berühmte, nichts zu sagen haben.

Verzeihen Sie dieses Selbstlob der Schriftstellereitelkeit. Alle Schriftsteller sind eitel. Und meine Eitelkeit hat ja nicht Aussicht auf Lohn und Ehre, sie steht im Angesichte des Todes, der Schande und des Fluchs.

Verzeihen Sie mir noch mehr, wenn ich jetzt noch etwas vorbringe, das wie nach Geschäft riecht. Aber in Ihrem Interesse darf ich es nicht unterdrücken. Für Ihre große Mühe und die noch größere Anfechtung, die Sie zu erdulden haben werden, ist eine Entschädigung mehr als billig. Diese zu bestimmen, ist Ihnen selbst anheimgegeben.

Glauben Sie nicht, daß ich auch nur im geringsten daran denke, Sie erkaufen zu wollen. Ich bin mir wohl bewußt, wie schwer und wie ungerecht ich Sie damit beleidigte. Zu dem, um was ich Sie bitte, kann Sie keine Belohnung verlocken und kein Geschrei der Menge wird Sie davon abhalten. Aber bange ist mir, wenn ich an den Kampf denke, den Sie mit sich selbst zu bestehen haben werden. Wer will eines solchen Menschen Sache führen? Wieviel Verachtung und Ekel ist dabei zu überwinden! O ich weiß nur zu gut, was das heißt. Aber ich mußte eben überwinden, denn ich bin doch immer ich selbst, aber was sollen Sie sich mit einem Fremden beschweren! Ich will sie nicht zwingen mit „der letzten Bitte eines Sterbenden"; aber an wen soll ich mich wenden?

So will ich auf Sie bauen und jeden Zweifel niederschlagen. Ich verlange nicht, daß Sie mich rechtfertigen oder gar loben sollen. Kein anerkennend Wörtlein sollen Sie über mich und meine Schriften äußern, wenn Sie es nicht aufrichtigen Herzens tun können. Vielleicht verwenden Sie mich als geschicktes Beispiel, das zeigt, wie der arme Mensch seine Lebensrolle abspielt, so gut und so schlecht, als er eben von des Schicksals Fäden gezogen wird.

Wie lang doch dieser Brief geworden ist. Aber das kommt daher, daß ich in Gedanken viel mit Ihnen korrespondiert habe, und daß dies der dritte wirkliche Brief ist, den ich an Sie geschrieben habe. Die zwei Vorgänger habe ich im vorigen und vorvorigen Herbst verbrannt, weil mein Vorsatz nicht zur Tat wurde. Sollte auch diesmal nichts draus werden, so sollte mich wahrlich die Mühe verdrießen.

Mit der Versicherung meiner Hochachtung und meines Dankes

Degerloch 26. Aug. 1913. Ernst Wagner."

An seinen Schwager M. in N. schrieb er am 28. August 1913 einen Brief, der wie die anderen am 4. September in Großsachsenheim abgesandt wurde. Er hat folgenden Wortlaut:

„Meine Lieben! Wenn die Mutter in Eglosheim einen Brief bekam, so war ihr beim Öffnen immer bange, weil sie selten gute Nachrichten erhielt. Mein Brief gehört auch zu dieser Sorte. Wenn Ihr es noch nicht wissen solltet, so will ich es rund heraussagen: Ich habe meine Familie totgeschlagen und bin selber tot. Das letzte soll Euch ein großer Trost sein. Ich würde P. raten, ins Wasser zu springen, aber sie tuts doch nicht. Darum rate ich: Lacht in Eurem Schreck, lacht in Eurem Schmerz, fangt an, gräßlich zu lachen und lachet so lange fort, bis Euer Lachen lustig klingt. Das ist ein gutes Mittel, ich hab's erprobt

Haltet Euch nicht auf bei dem, was ich getan habe. Was geht es Euch an? Bin ich Euch Bruder, Schwager und Onkel? Ich bin Euch doch stets aus dem Weg gegangen.

Denkt nicht an das, was vorbei ist. Es kommt nichts Gutes dabei heraus. Ich bin auch ein solcher Narr gewesen, der nie über Vergangenes wegkommen konnte und dabei unversehens immer tiefer in den Sumpf geriet. Ihr seid ja so ganz anders als ich, und ich freue mich dessen. Lasst jetzt mit Euch reden!

Ich meine nicht, daß ich das, was ich Euch zugefügt habe, wieder ganz gut machen könnte. Aber was in meinem Vermögen stand, das habe ich getan.

Ich habe eine Reihe von Schriften verfaßt, die ich Euch unter dem heutigen Datum zum Geschenk mache. Es ist nicht unwahrscheinlich, daß sie einen ansehnlichen Betrag abwerfen, der Euch und den andern Geschwistern gehören soll; diese Schriften habe ich zum Zweck der Veröffentlichung an Herrn Professor X. in E. geschickt. Ich hoffe, daß er mir meine Bitte nicht abschlägt. H. soll sich mit ihm in Verbindung setzen.

Meine übrige Hinterlassenschaft ist kaum der Rede wert.

Ich will mich selbst verbrennen; aber ich kann natürlich nicht im geringsten wissen, wie es mir ergeht. Bleib' ich auf der Strecke, so will ich im Stuttgarter Krematorium verbrannt werden. Kein Mensch, auch Ihr nicht, soll sich an meiner Bestattung beteiligen — gebt die Asche den Winden preis!

Lebt wohl

Ernst."

Der Allgemeinen Rentenanstalt in Stuttgart schrieb Wagner am 31. August 1913 einen, gleichfalls in Großsachsenheim am 4. September zur Post gegebenen Brief folgenden Inhalts:

„Ich bin seit 10 Jahren mit 3000 M. in Ihrer Lebensversicherung. Als Mörder und Selbstmörder habe ich kein Anrecht mehr auf dieses Geld. Trotzdem wage ich die Bitte, meine Beiträge ganz oder wenigstens teilweise an meine Geschwister oder deren Kinder auszahlen zu wollen. Ich möchte Ihnen gerne auch noch etwas anderes hinterlassen, als meine Schande. Für Ihre Versicherung wäre der Betrag eine Kleinigkeit, und ich bin dessen gewiß, daß Sie meiner Bitte entsprechen, sei es auch nur, weil Sie sich schämten, an „so einem Menschen" etwas profitieren zu wollen. Das Geld wäre unter der Adresse: . . . . . abzusenden. Für die Gewährung meiner Bitte sage ich Ihnen im voraus Dank. Degerloch, 31. August 1913.

Hauptlehrer Wagner.

An die Redaktion des Neuen Tagblatts schrieb Wagner zwei schon früher in den Zeitungen veröffentlichte Briefe ohne Datum. Auch sie wurden am 4. September in Großsachsenheim abgesandt. Der eine trägt die Überschrift: „An die Lehrerschaft!" und lautet:

„Schon wieder einer! Und erst was für einer! Man sollte es nicht für möglich halten. Ja, meine lieben Kollegen, es ist sogar wahr. Ich bedauere aufrichtig, wenn durch mich auch nur der letzte von Euch einen Schaden erleiden sollte, und ich hoffe zuversichtlich, die Leute werden so gescheit sein, die Schuld eines Einzigen nicht den ganzen Stand entgelten zu lassen. Damit Ihr mich leichter abschütteln könnt, erkläre ich hiermit meinen Austritt aus dem Verein. Ich hätte es gerne schon früher getan, aber ich wollte alles vermeiden, was auffallen konnte. Der Oberschulrat wird mir mein Entlassungsgesuch gerne bewilligen. Größer als mein Bedauern mit der Lehrerschaft ist das Bedauern mit mir selbst. Und ich kann es nicht unterdrücken: Es hat mir manches an Euch auch nicht gepaßt. Erspart Euch, bitte, alle Entrüstung; sie ist nicht ehrlicher als die der andern Leute; zeigt vielmehr ehrliche Schadenfreude! Sollte sich aber der Eine und Andere ein Gefühl der Trauer über meinen Hingang abgewinnen können, so sei ihm dafür herzlicher Dank gesagt. Eure Tränen kann ich ablehnen wie der Heiland, denn ich bin erlöst. Ihr aber müsset fortfahren, Eure Dummköpfe, Schmutzfinken und Rüpel zu schulen. Der Tröster, den ich Euch hinterlasse, ist der Unteroffizierschulmeister." (Nun folgt ein mit Bleistift wieder durchgestrichener Satz folgenden Inhalts). „Zum Zeichen, daß ich im Angesicht des Todes auch Eurer freundlich gedacht habe, grüßt zum letztenmal Der Radelstetter Schulmeister." (Darüber ist mit Bleistift geschrieben: „Nehmt dies. Ernst Wagner.")

Der zweite Brief, den Wagner an die Redaktion des Neuen Tagblatts mit der Bitte um Veröffentlichung sandte, lautet:

„An mein Volk! Die Anrede ist eine Jahrhunderterinnerung. Ich bin aber kein König, sondern ein armer Todeskandidat. Und euch will ich nicht aufrufen zu großen Taten, sondern ich will euch nur ein wenig die Meinung sagen.

Es ist des Volks viel zu viel; die Hälfte sollte man gleich totschlagen. Sie ist das Futter nicht wert, weil sie schlechten Leibes ist. Von allen Erzeugnissen des Menschen ist ausgerechnet der Mensch das schlechteste. Hielte mich nicht das eigene Jammerbild davon ab, so würde ich euch sagen, wie sehr mich vor all diesen häßlichen, kümmerlichen, siechen Menschen ekelt.

Woher kommt das Elend? Das meine ich, kann euch niemand besser sagen als ich. Es kommt her von der geschlechtlichen Unnatur. Das heutige Geschlecht leidet am Geschlecht. Es ist ein billiger Spaß, mit dem Finger auf mich zu deuten; jeder von euch täte besser, er gedächte seiner eigenen Sauerei.

Ich habe viel leiden müssen. Ich bin verspottet und gehetzt worden von gemeinen Menschen. Ich könnte von einer abgrundtiefen Niedertracht der Menschen erzählen, wenn ich nicht glaubte, daß ich mich selber dabei nur blamierte.

Wem habe ich Übles getan? Es soll der auftreten, dem ich zu Schaden gelebt habe.

Aber ihr nehmet Anstoß an meiner Sünde? O, der Lüge! Die allergrößte Freude hat sie euch bereitet. Das war ein Fressen für euren schmutzigen Rüssel.

Anstoß habe nur ich daran genommen. Ich habe mich zum Tod verurteilt. Ich habe das Urteil nicht vollzogen, weil ich ein schwacher

Mensch war. Heute kann ich sagen, daß mir der Tod kein Grauen mehr einflößt, ich bin gesättigt mit Qual. Ich fürchte nichts mehr, wie ich nichts mehr erhoffe.

Aber es ist doch keine Kleinigkeit, Weib und Kinder umzubringen. Seit 6 Jahren ist mein steter Gedanke Mord. Er erwachte mit mir und legte sich nieder mit mir. Er störte mich bei meiner Arbeit und ängstigte mich in meinen Träumen. Wer hat so oft wie ich Beil und Dolch zu Bettgenossen gehabt? Aber ich war ein schwacher Mensch.

Daß ich meine Familie töten muß, ist klar. Wer das nicht versteht, mit dem rechte ich nicht. Die gemeinen Menschen, die mich gequält haben, möchten natürlich mit ihren zweideutigen und spitzen Reden auch noch meine Kinder quälen. Nur ihre Feigheit legte ihrer Gemeinheit Zügel an.

Und nun sollte ich ungerächt hingehen! Es ist mir ein schrecklicher Gedanke, daß ein unglücklicher Zufall mein Rachewerk verhindern könnte. In meinem ganzen Leben habe ich kein Glück gehabt.

Ich glaube an keinen Gott. Aber hätte ich diesen Glauben, auf den Knien wollte ich rutschen und diesen Gott anflehen, daß er mich morden lasse, den Teufel wollte ich anflehen, jeden Hund wollte ich anflehen, wenn ich Beistand von ihm zu erwarten hätte.

Und als der Wunder größtes wollte ich es ansehen, wenn mir in der Nacht des Mords alle diejenigen vor die Pistole gestellt würden, die zu hassen ich am meisten Grund habe. Nicht bloß töten, martern wollte ich sie, unmenschlich, tierisch — da ich nun einmal ein Tier bin — tierisch martern wollte ich sie. Und wenn dieses Wunders Bedingung auch die wäre, daß ich ganz derselben Marter unterworfen würde. Ein ganzes Hundert dieser elenden Wichte wollte ich aushalten, denn ich bin an die Marter gewöhnt.

Weil ich aber doch noch so viel Vernunft habe, um die Unmöglichkeit, meine Feinde zu martern, einzusehen, so entbiete ich ihnen wenigstens Götzens Gruß.

Nicht vergessen will ich aber auch, dankbar derer zu gedenken, die gut zu mir gewesen sind und mir Freundlichkeit erwiesen haben, selbst dann noch, als sie wußten, wie es mit mir stand.

Ich habe mich ihnen gegenüber sehr reserviert verhalten, weil ich nicht wollte, daß durch mich ein Schatten auf sie fiele.

Zum Schluß gestatte ich mir, meiner selbst freundlich zu gedenken und folgendes Urteil über mich zu fällen: Wenn ich das Geschlechtliche in meinem Leben abziehe, so bin ich von allen Menschen, die ich kenne, weitaus der beste gewesen. Ernst Wagner."

Ebenfalls von Großsachsenheim aus sandte Wagner am 4. September einen Brief (ohne Datum) an seinen Schwager B. in M., der folgenden Inhalt hat:

„An die Familie S.!

„Ich will mich nicht lange bei Vergangenem aufhalten. Es wird genügen, wenn ich sage, daß ich alle Schuld mir beimesse.

Faßt Euch und bedenkt, daß es noch viel schrecklicher gewesen wäre, wenn ich mich allein davongemacht hätte. Macht Euch nicht den naheliegenden, aber falschen Rückschluß, als ob es Anna bei mir schlecht gehabt hätte. Ich ließ mich gerne bedienen, aber sie hat es eben so gerne getan. M. weiß ja, wie es bei uns zugeht.

Die Kinder habe ich nicht gewollt, kein einziges habe ich gewollt. Wenn ich daran denke, daß es ihnen einmal nur halb so schlimm gehen könnte, wie mir, finde ich sie tot am besten versorgt und aufgehoben.

Ich will, daß die Kinder auf der Prag verbrannt werden. Auch für Anna würde ich Feuerbestattung vorschlagen, aber es gruselte ihr, wenn ich ihr schon davon redete.

Laßt Euch, ich bitte nochmals, die Sache nicht weiter anfechten. Soweit es in meinem Vermögen stand, habe ich alles zum Besten gekehrt.

Ich hinterlasse alles in guter Ordnung. Alles Geld und aller Hausrat gehört Euch als den Erben Annas mit Ausnahme der Summe, die eventuell zu meiner eigenen Bestattung nötig ist. Die paar Habseligkeiten, die mein Eigentum sind, bitte ich, meinen Geschwistern auf deren Verlangen auszuhändigen. Insbesondere gehören meinen Geschwistern oder deren Kindern alle meine Schriften und der Ertrag, den sie etwa abwerfen. Ich hinterlasse ihnen dieselben nicht, ich schenke sie ihnen, bevor ich brenne und morde. Ich will das ausdrücklich bemerkt haben, falls ich sie nicht schon vor der Mordnacht abgeschickt haben sollte.

Wir sind niemand etwas schuldig. Ich muß das feststellen, denn es gibt viel Lüge und Betrug unter den Menschen. Dagegen stehen die Zinsen der Mühlhäuser Pfandbriefe noch aus; kündigt den Lumpen! Womöglich zünde ich auch den Adler an, daß Ihr keine Beziehungen mehr zu dem Pack habt.

Das Geld steht außerdem noch bei der Mühlhäuser Darlehenskasse, bei der städtischen Sparkasse Stuttgart und bei A.

Ich fürchte nicht, daß Euch irgend ein Makel trifft; Ihr werdet vielmehr die Teilnahme der Menschen zu fühlen bekommen.

Ich selbst bedauere aufrichtig, Euch Sorge, Aufregung und Schmerz verursacht zu haben, und wünsche Euch für die Zukunft alles Gute. Vergeßt mich!

Ernst Wagner."

Die Gesamtheit dieser von Wagner in den Tagen vor seinen Gewalttaten geschriebenen und nach der Ermordung seiner Familie zur Post gegebenen Briefe läßt erkennen, mit welcher Umsicht und Besonnenheit er seine Taten vorbereitete und wie fest er selbst davon überzeugt war, er werde in der Nacht vom 4. zum 5. September sein Leben beschließen. Über seinen Seelenzustand in jenen Tagen gab er dem Herrn Untersuchungsrichter, also einige Zeit nach der Tat, an, er habe in der letzten Zeit vor der Tat an großen Aufregungszuständen gelitten.

„Ich mußte oft dreimal nachts das Hemd wechseln, so starken Nachtschweiß hatte ich. Ich dachte: Wenn ich mit der Ausführung noch länger zuwarte, trifft mich vorher der Schlag oder ich werde verrückt. Nach außen habe ich mir nichts anmerken lassen, weil meine Umgebung, insbesondere meine Familie unschuldig war an meinem Zustand. Ich wollte auch nicht, daß meine Frau wegen mir beunruhigt werde. Meine Erregung steigerte sich besonders, wenn ich etwa allein spazieren ging. Ich habe da, freilich war das mehr in früherer Zeit, auf der Radelstetter Einöde oft laut gesprochen. Ich sah mich im Kampf, in Auseinandersetzungen mit anderen wegen meiner Verfehlungen und habe dagegen gleichsam meine Verteidigung geführt; auch geflucht habe ich. Die schwersten Angstzustände hatte ich bei Nacht zwischen Wachen und Träumen" . . . „Ich sah mich vor Gericht, im Wirtshaus, in Versammlungen, im Freien, wo überhaupt Menschen sind, bloßgestellt und der Lächerlichkeit preisgegeben. Der Herr Medizinalrat hier hat mich schon befragt, ob ich auch bei völligem Wachen Stimmen gehört und Bilder gesehen habe. Darauf kann ich nur sagen, wenn ich richtig wach gewesen bin, war meine Vernunft so stark, daß dagegen nichts aufkommen konnte. Und beim Spazierengehen etwa haben eben meine Gedanken, hat meine Phantasie die Bilder selbst geschaffen, wenn ich meinen Gedanken überlassen war, mich mit meinen Verfehlungen beschäftigt habe, die mir nicht aus dem Sinn gekommen sind. Ich habe manchmal bestimmte Personen gesehen z. B. von Mühlhausen; an diesen Ort habe ich eben gedacht, weil meine Verfehlungen an Mühlhausen geknüpft sind. Namen könnte ich nicht nennen, oder Personen in bestimmten Umrissen. Einmal sah ich mich auch auf dem Metzgerswagen liegen, zerstückelt und zerfleischt; dieser Traum fällt aber schon in meine Radelstetter Zeit. Dieser Fall ist nicht der einzige gewesen, bei dem ich im Traum körperlich mißhandelt worden bin, ich hebe ihn nur als den eklatantesten heraus."

Über die Gründe befragt, weshalb er gerade am 4. und 5. September seine Taten ausgeführt habe, gab er vor dem Richter an:

„Zur Ausführung der Tat gerade am 4. und 5. September hatte ich keinen besonderen Grund. Ich sagte mir zwar, daß in diesen Tagen Neumond sei; allein ausschlaggebend war dies nicht für mich. Wenn ich freilich gewußt hätte, daß es in der Nacht vom 4. zum 5. September regnen würde, wie es in Mühlhausen tatsächlich der Fall war, so hätte ich eine andere Zeit gewählt. Denn was sind neun Tote gegen meinen großen Haß und meine großen Vorbereitungen; das Frauenzimmer und das Mädchen wollte ich dazu gar nicht" . . . „Ich ging nach Mühlhausen und sagte mir, Frauen und Kinder schießt du nicht" . . . „Wegen solch wenigen Toten wäre ich nach Mühlhausen gar nicht hinunter. 80 wären mir nicht zu viel gewesen. Jetzt stehe ich der Sache apathischer gegenüber, weil mein Haß verraucht ist. Ich sage das nicht, um mildernde Umstände zu erhalten; ich spreche nur, wie mir eben ist. Was in Mühlhausen passiert ist, interessiert mich jetzt gar nicht mehr; das ist mir gleichgültig. Ich sage nur, wegen dieses Erfolgs hätte ich keine 500 Patronen angeschafft. An der Größe des Unglücks in

Mühlhausen wollte ich gleichsam erkenntlich machen, wie groß mein eigenes Leiden gewesen ist" . . . „Nachdem ich meinen Plan alle die Jahre hindurch mit mir herumgetragen hatte, war die Erregung abgeschwächt, der Weg lag gleichsam eben vor mir."

Über die Mordnacht in Degerloch gab er dann bei seiner Vernehmung am 17. Oktober eine eingehende Schilderung, wovon nur einiges hier angeführt werden soll:

„In der Nacht vom 3. zum 4. September ds. Js. habe ich natürlich keinen Augenblick geschlafen, wie schon die Nächte zuvor auch nicht. Ich hatte überhaupt die letzten Jahre einen miserablen Schlaf. In der Nacht vom 3. zum 4. und ebenso mindestens die drei Nächte vorher habe ich, wenn ich die Uhr schlagen hörte, mir immer vorgestellt, wo ich jetzt wäre, wenn die Ermordung meiner Familie bereits hinter mir läge; ich habe gedacht, jetzt würdest du den Draht durchfeilen, jetzt wärest du unten in Mühlhausen und würdest zünden, jetzt stiegest du die Steige hinauf, jetzt wärest du bei deinem Bruder in Egolsheim usw."

In eingehender Weise schilderte Wagner sodann dem Richter die Ausführung der Tat in Degerloch, die Fahrt auf dem Rad nach Ludwigsburg und Bietigheim und Mühlhausen, wobei er gelegentlich auf eine Frage des Richters angab:

„Ich war nie fest in den Nerven, ich litt eben an Neurasthenie. Zur Zeit bin ich natürlich auch sehr nervös; das ist eine Folge der Anstrengungen des Mords und der Operation."

Sodann ist wichtig seine Angabe vom 23. Oktober:

„Ich habe mir in den letzten Tagen vor Ausführung der Tat hin und her überlegt, ob ich in Mühlhausen unterscheiden soll zwischen Personen, von denen ich bestimmt weiß, daß sie mir keine üble Nachrede bereitet haben, und anderen Personen oder nicht. Ich erwähne in ersterer Richtung z. B. den Gemeindepfleger S., den Mühlenbesitzer Z., den Briefboten H., der mich am Morgen nach der Tat auf dem Rathaus — ich war bis heute der Meinung, dorthin verbracht worden zu sein — aufgesucht und mir eine Standrede gehalten, mich auch beschimpft hat, dem ich dies aber nicht weiter nachgetragen habe, und den Friedrich G., einen Nachbarn des Schulhauses, den ich dann erschossen, hiebei freilich nicht erkannt habe. Ich überlegte mir so: wenn ich hinterher jemanden erschieße, zu dem ich vorher freundlich gewesen bin, so stände ich als Heuchler da. Ich habe mich jedoch schließlich dahin entschlossen, alles in Bausch und Bogen zu nehmen. Einmal war eine Unterscheidung im Augenblick der Ausführung nicht gut möglich; dann aber hätte ein Zögern in mein ganzes Vorgehen eine Unsicherheit und eine Unentschiedenheit gebracht. Dabei ist auch zu bedenken, daß vielleicht gerade die Leute, die ich geschont hätte, mich niedergeschlagen hätten. Es ist vielleicht lächerlich: ich habe mir eben gedacht, wenn du je eine der genannten Personen erschießt, so schlägst du sie eben auf die andere Seite herüber; du hast ja auch deine eigene Familie umgebracht, und hättest diejenige deines Bruders getötet. Insoweit habe ich ja eigentlich mehr aus Mitleid gehandelt. Die übliche Wertung eines Menschenlebens war mir überhaupt ganz abhanden gekommen. Ich sah in der Ermordung gar nichts Grausiges mehr. Ob ich, wenn ich z. B. den Friedrich G. erkannt hätte, ihn trotzdem niedergeschossen hätte, das vermag ich heute nicht zu sagen. Ich wäre da der Eingebung des Augenblicks gefolgt."

Aus dem umfangreichen Vernehmungsprotokoll, das eine klare Schilderung der einzelnen Taten und der Stellungnahme Wagners zu diesen Taten nach ihrer Ausführung bringt, sollen endlich hier noch diejenigen Ausführungen wiedergegeben werden, die sich mit den Motiven der Tat befassen:

„Der Beweggrund für meine Verbrechen ist, wie ich bereits angegeben habe und wie ich wiederhole, die mir und damit auch meiner Familie von meinen Mitmenschen bereitete üble Nachrede wegen meiner sittlichen Verfehlungen in Mühlhausen während der ersten Zeit meiner Anstellung dort. Ich habe mich darüber, mit welcher Art von Tieren ich Unzucht getrieben habe, sowie über alles Nähere bis jetzt nicht ausgesprochen, und werde mich darüber auch nicht aussprechen. Ebensowenig werde ich jemals Angaben darüber machen, welche einzelnen Anhaltspunkte ich dafür habe, daß die Leute von meinem unsittlichen Treiben Kenntnis erhalten haben. Ich habe eben vermutet, daß es Leute gibt, die davon wissen. Ob auch bestimmte Leute, darüber sage ich nichts. Ich glaube, ganz bestimmte Andeutungen darüber vernommen zu haben, daß, wenn man auch nichts Genaues wisse, man doch Vermutungen über mein Treiben habe; ich meine eben: Nachweisen könne man mir zwar nichts, es ist ja keiner dabei gestanden, und dann ist schlecht ein Nachweis zu führen; aber Verdacht haben die Leute und den verbreiten sie weiter. Wenn Sie mir sagen, daß nach Ihren Erhebungen in Mühlhausen niemand einen Verdacht gegen mich gehabt hat und daß noch weniger jemand über mich in dieser Richtung gesprochen haben will, so kann ich mir nur an den Kopf greifen."

In ähnlicher Weise gab Wagner dem Herrn Untersuchungsrichter gegenüber seinem Erstaunen darüber Ausdruck, daß weder in Mühlhausen, noch in Radelstetten irgend jemand etwas von seinen sittlichen Verfehlungen gewußt haben wolle.

„Sie meinen, man könnte bei dieser Sachlage auf die Vermutung kommen, ich habe mir meine Verfehlungen nur eingebildet, wenn ich mehr als 10 Jahre darunter gelitten habe. Da müßte ich verrückt gewesen sein. Aber daran ist gar nicht zu denken" . . . „Wenn niemand von meinen sittlichen Verfehlungen etwas ahnte, meine Selbstachtung hatte ich zwar trotzdem verloren gehabt, aber zum Mord wäre ich nicht gekommen. Den Vorfall mit Lehrer Wi. habe ich mir zwar zu Herzen genommen, weil ich den Vorwurf der Onanie gegen mich erhoben glaubte, während ich doch von dieser Leidenschaft längst frei war; nachträglich glaube ich auch, daß der schlechte Zustand meiner Nerven im allgemeinen nicht auf die von mir früher betriebene Onanie, sondern auf angeborene Schwäche der Nerven zurückzuführen ist. Aber mit diesem Vorfall hat meine Vermutung, daß die Einwohner von Radelstetten und Scharenstetten genau so wie diejenigen von Mühlhausen um meine Sodomie wissen, lediglich nichts zu tun. Auch die Leute droben auf der Alb haben ebensolche Wendungen und Redensarten gebraucht, daß ich notwendig zu meiner Auffassung kommen mußte. Der Schultheiß und die Gemeinderäte in Radelstetten, in Scharenstetten vor allem meine Freunde Ho. und S., sowie der Adlerwirt, müssen von dem Gerede gewußt haben. Ich habe nur angenommen, daß sie mich schonen wollen, wenn sie nichts davon zu mir sagten. Wenn ich in dem Briefe an Ho. davon schreibe, daß ich bis vor $2\frac{1}{2}$ Jahren des Glaubens gewesen sei, so wisse niemand droben um das Unaussprechliche, so drängte sich mir eben damals der Gedanke besonders auf, daß die Leute von der Sache wissen. Einen Verdacht in dieser Richtung hatte ich schon vorher. Ich fand, daß die Leute mir oft so komisch begegneten und meinte, sie über mich lachen zu hören. Das war aber nicht das Einzige. Ich habe auch Worte gehört, sage sie aber nicht. Ich lasse mich überhaupt auf weitere Fragen nicht ein, ich würde mich bloß lächerlich machen. Wenn ich an Ho. weiter schreibe: „Ich glaubte, wenn je in Mühlhausen der Verdacht aufgekommen", so ist dies vielleicht eine ungeschickte Ausdrucksweise; allein ich hatte nie Zweifel, daß die Sache in Mühlhausen tatsächlich aufgekommen war, und ich wollte nur zum Ausdruck bringen, daß mir die in Mühlhausen zugefügte üble Nachrede durch meine Erlebnisse auf der Alb, wohin das Gerede nur von Mühlhausen gedrungen sein konnte, besonders offenkundig geworden sei; wäre es mir von Anfang an in gleicher Weise offenkundig gewesen, so hätte ich gar nicht geheiratet und das Allerschwerste, die Ermordung meiner Familie wäre mir erspart geblieben. Meine Tat habe ich lediglich deshalb ausgeführt, damit das Gerede verstumme. Zu denken, daß kein solches im Gange war, und daß ich mich selbst bloßgestellt hätte, das ist grauenhaft, das ist scheußlich" . . . „Gewiß habe ich an bestimmte Personen gedacht, wenn ich z. B. in dem Brief „An mein Volk!" von einer abgrundtiefen Niedertracht der Menschen spreche, ferner davon, ich möchte in der Mordnacht alle diejenigen vor die Pistole bekommen, die ich zu hassen am meisten Grund habe, endlich davon, daß mir einige Menschen selbst dann noch Freundlichkeit erwiesen haben, als sie gewußt haben, wie es mit mir stehe, wobei ich insbesondere an meine Freunde Ho. und S. dachte". . . . „Daß jetzt niemand von der Sache wissen will, das ist mir ein großes Rätsel, das mich aus dem Geleise werfen könnte."

„Wie dieser Gedanke an meine Taten und mein ganzer Plan allmählich in mir entstanden ist, kann ich eigentlich selbst nicht sagen; mehr als ich darüber geschrieben habe, weiß ich selbst nicht anzugeben. Das erste war, daß ich mir selbst das Leben nehmen wollte, weil ich über meine Verfehlungen

Gewissensbisse empfand, mich schämte und auch eine Verhaftung wegen derselben befürchtete. Das war schon in Mühlhausen so, aber auch in den ersten Jahren in Radelstetten. Übrigens gehen die Selbstmordgedanken schon weit in meine Kindheit zurück, in der ich oftmals furchtbar deprimiert war, ohne eigentlich einen Grund zu wissen. Verhaften hätte ich mich nicht lassen; ich habe aber oft geradezu gewünscht, es möchte soweit kommen, damit ich gezwungen wäre, meinem Leben ein Ende zu bereiten. Mit den Selbstmordgedanken habe ich frühzeitig den Gedanken verbunden, mein Kind Klara und später meine Kinder mit in den Tod zu nehmen, um sie nicht der Verachtung der Menschen wegen der Verfehlungen ihres Vaters preiszugeben. Daran, auch meine Frau zu töten, habe ich erst viel später gedacht, weil meine Kinder mir viel näher standen, als meine Frau. Auf Mühlhausen habe ich meine Mordgedanken ausgedehnt, weil dort die Verfehlungen passiert sind. Es ist ja einfältig, das sage ich mir immer wieder, den Häusern und Einwohnern von Mühlhausen eine Schuld an meinen Verfehlungen beizumessen, die mir doch allein zur Last fallen. Aber so ist eben der Mensch; er ärgert sich ja schon über die Stätten, wo er gefehlt hat. Auf diese Weise sind meine Haß- und Rachegedanken gegen Mühlhausen entstanden. Ich habe vieles erwogen: ob ich im Recht sei, ob denn die Leute etwas verbrochen hätten. Aber ich bin eben ein schwacher Mensch, ich kann nichts anderes sagen. Freilich, wenn ich nicht an die üble Nachrede und deren Umfang fest geglaubt hätte, so wäre es zum Mord weder gegen meine Familie noch in Mühlhausen gekommen. In Mühlhausen haben mich lediglich Haß- und Rachegedanken geleitet. Wenn ich gelegentlich davon gesprochen habe, ich habe auch dort aus Mitleid getötet, so habe ich mir dies wohl mehr zu meiner Selbstberuhigung und Selbstbetäubung zurechtgelegt". . . . „Es sind mir überhaupt wohl keinerlei Erwägungen und Gefühle ferngeblieben in den langen Jahren, in denen ich meinen Plan mit mir herumgetragen habe. In meinen Dramen sollte jeder Recht haben. Denn die Menschen handeln verschieden. Aber jeder handelt so, wie er handeln muß. Das ist meine Weltanschauung. Das Handeln des Menschen fließt aus seinem Sein; so wenig er für sein Sein kann, kann er für sein Handeln." „Ich habe ja auch in meinen Briefen und Schriften an vielen Stellen ausgesprochen, daß der Mensch gelebt werde, daß jeder von seinen Schicksalsfäden gezogen werde, daß alles vorbestimmt sei und daß ich daher jede Schuld negiere. Mit dieser Anschauung will ich mich aber dem Gerichte gegenüber nicht etwa der Verantwortung entziehen. Glauben Sie indessen ja nicht, daß ich mich heute weniger dünke als vor der Tat. Der, der Nadelstiche versetzt durch seine Reden, ist vor meinen Augen ein viel größerer Mörder als ich. Das sagen auch andere, z. B. Christus in Matthäi 5. Jedoch noch einmal: So klar bin ich immer, daß ich weiß, daß das Gericht sich darauf nicht einlassen kann; ich will nichts beschönigen; meines Kopfes wegen rede ich kein Wort. Nur vor mir selber lastet der Mord meiner Familie nicht auf mir. Faßt mich auch das Grauen, wenn ich an die Ausführung zurückdenke, so fasse ich dann alle meine Vernunft zusammen und sage mir, daß diese Tat mich nicht belasten kann". . . . „Aber all das, was jetzt gegen meine Taten vorgebracht wird, sind Bagatelleinwände, wenn ich an das große Leiden denke, das ich jahrelang getragen habe."

Auf die Äußerungen in seinen Schriften hingewiesen, in denen er von seinen krankhaften Seelenzuständen und von seiner Angst, seinem Zittern, seinen furchtbaren Träumen usw. spricht, von dem ungeheuerlichen und verrückten Plan, den ihm die Einsamkeit der Rauhen Alb in den Schädel gehämmert habe, meinte Wagner dem Untersuchungsrichter gegenüber, daß in solche Zustände wohl jeder geraten würde, der solche Taten vor sich hätte, wie er sie ausgeführt habe.

„Und ich erkläre, daß ich die volle Verantwortung im Sinne des Strafgesetzbuches auf mich nehme und mich auch als voll verantwortlich fühle."

Eingehend wehrte sich Wagner gegen die Annahme einer Geisteskrankheit bei ihm, betonte aber den schlechten Zustand seiner Nerven.

„Ich bin überzeugt, daß wenn ich bessere Nerven hätte und früher gehabt hätte, ich nicht zu meinen sittlichen Verfehlungen gekommen wäre, weil ich solche Begierden dann überwunden hätte, und daß meine Taten alsdann nicht passiert wären. Ich habe schlechte Nerven schon mit auf die Welt gebracht, schon als Kind an Träumen gelitten, daß es mir einmal schlecht gehe."

Wagner gab weiterhin zu verstehen, daß er den Gedanken, eine Sanierung der Menschheit sei notwendig, wohl gehabt, aber nie ernsthaft gemeint habe, man hätte ihn zum Exekutor bestellen sollen:

„Ich hätte mich schönstens bedankt, wenn ich der Exekutor hätte sein sollen; keine Fliege könnte ich umbringen. Ich habe einen körperlichen Widerwillen gegen das Töten. Diesen habe ich auch schon früher gehabt. Ich mußte ihn eben überwinden, um meine Taten ausführen zu können."

Wagner wiederholte, daß er immer damit gerechnet habe, er würde schließlich Zeit und Gelegenheit haben, sich selbst das Leben zu nehmen:

„Nur selten habe ich daran gedacht, daß ich lebend gefaßt werden könnte und dann mit meinem Kopfe für meine Taten büßen müßte. Meiner Veranlagung nach ist mir dies heute freilich ein kitzlicher Gedanke. Allein ich kann ruhig sagen: mein eigenes Leben hat bei mir nie eine Rolle gespielt. Daß ich es verliere, hielt ich für so selbstverständlich, daß ich es nicht für der Mühe wert gehalten habe, darüber zu schreiben; ich glaube, ich habe wenig darüber geschrieben. Es hätte mich der Gedanke, meinen Kopf zu verlieren, von der Begehung meiner Taten nicht abhalten können. Daß meine Taten etwas Gräßliches und Todwürdiges sind, habe ich mir selbst vor Augen gehalten; hätte ich sie nicht für gräßlich angesehen, so hätte es nicht Jahre bis zu ihrer Ausführung angestanden. Heute könnte ich niemand mehr erstechen, nicht weil mir die Kraft dazu fehlt, sondern weil ich einen Ekel vor Blut und derartigem habe. An Mühlhausen kann ich nur gerade deshalb so ruhig denken, weil ich dort bei Ausführung meiner Taten gar nichts gesehen habe, kein Blut; nur bei einigen wenigen Menschen, daß sie stürzten."

Sehr wichtig ist Wagners Bekenntnis über das Ideal von sich selbst, wie er hätte wirklich sein mögen:

„Ich hätte rein und gütig sein mögen und ein Leben in kleinen, aber unabhängigen Verhältnissen hätte mir genügt; ich habe nicht immer im Größenwahn gelebt. Ich habe z. B. einen hohen Respekt vor allen, die sich geschlechtlich enthalten können, nicht sowohl wegen der sittlichen Seite, als weil ich den Charakter und die Selbstbeherrschung solcher Menschen schätze. Dazu gehört aber vor allem Gesundheit."

Die weiteren Ausführungen Wagners gegenüber dem Untersuchungsrichter bedürfen hier keiner Anführung im einzelnen; er gibt gelegentliche Alkoholexzesse zu, stellt jeden außerehelichen Verkehr nach seiner Verheiratung in Abrede, gesteht aber Verkehr mit Mädchen und Prostituierten vor seiner Verheiratung ein. Die Onanie habe er im Eßlinger Seminar im Jahr 1892 angefangen, damals für etwas Besonderes, eine neue Entdeckung gehalten und nichts davon gewußt, daß sie auch sonst getrieben werde, was doch ein Zeichen dafür sei, daß er an sich unverdorben gewesen sei. Anfänglich habe er seine allgemeine Nervenschwäche darauf zurückgeführt, heute denke er ruhiger darüber. Mit seiner Frau habe er nicht in schlechter Ehe gelebt, wenn er sie auch nur unter dem Zwang der Verhältnisse geheiratet habe. Seine Kinder habe er nicht gewollt, aber nachdem sie dagewesen seien, doch geliebt. Gegen die Familie S. habe er keinerlei Haß gehabt. An seiner Auffassung, daß seine ganze Familie entartet sei und darum von der Welt weggehöre, hielt Wagner auch in Heilbronn fest. Daß er von seiner Behörde ungerecht behandelt worden sei und sich zurückgesetzt gefühlt habe, gab er nicht zu, wenn er auch die seinerzeitige Außerdienststellung in Mühlhausen und die Versetzung nach Radelstetten für den Ausfluß veralteter unmoderner Bestimmungen erkläre. Die hohe Meinung von seinen Schriften bewahrte er auch in Heilbronn. Zwar stellte er sich nicht über Goethe und Shakespeare (das seien nicht ernst gemeinte Renommistereien in der Angetrunkenheit im Wirtshaus in Scharenstetten gewesen), hielt sich aber doch für einen besseren Dichter als die heutigen modernen (z. B. Hauptmann und Sudermann). Auch sonst beharrte er in Heilbronn auf seiner Meinung, daß er nicht richtig eingeschätzt worden sei. Dagegen lehnte er mit aller Bestimmtheit als Motiv seiner Verbrechen die Sensation ab. Gelegentliche Äußerungen in seinen Schriften, als ob er durch seine Tat habe berühmt werden wollen, dürfe man nicht wörtlich nehmen. Wohl aber beharre er bei seiner Meinung, die er in dem Briefe „An mein Volk!" am Schluß geäußert habe, daß er sich weitaus für den besten von allen Menschen, die er kenne, halte, wenn er das Geschlechtliche in seinem Leben abziehe.

„So glaube ich das heute noch nach Verübung meiner Taten, die ich nicht einmal, was meine Familie betrifft, bereue. Ich habe mir die Sache ja so gründlich überlegt und habe mir von Anfang an gesagt, daß ich keinerlei Gewissensbisse zu empfinden brauche. Dementsprechend bleibe ich nach wie vor aufrecht. Und meine Tat in Mühlhausen vollends, ist mir wie ein Traum, wie ein Märchen aus alten Zeiten! Ich halte mich auch für den größten Dramatiker der Gegenwart (Stuttgarter Spaziergänge S. 280), für einen ganz Großen, (Biographie I, S. 71), für einen, der neben Schiller bestehen kann (Spaziergänge S. 68), alles andere, was außer meinen Sachen in der Neuzeit geschrieben wurde, für Schund (Stuttgarter Spaziergänge S. 31). Ich bin nach wie vor der Überzeugung, daß meine Schriften zu den Besten gehören, was jemals der Leserwelt geboten worden ist, und daß meine Werke, wenn sie aufgeführt würden, einen großen Bühnenerfolg hätten. (Stuttgarter Spaziergänge S. 186)" . . . „Sachlich halte ich aus meinen Schriften alles aufrecht, auch was ich über meine Rednergabe (Stuttgarter Spaziergänge S. 65), über meine politische Urteilskraft (Stuttgarter Spaziergänge S. 246 und 283) geschrieben habe; aber alles ist natürlich etwas zugestutzt auf den Leser, und nicht für das Gericht bestimmt". . . . „Wenn ich in meinen Schriften davon spreche, daß mir ein Denkmal gesetzt werden möchte und gesetzt werde, so habe ich dies nur als Spaß gemeint."

Ich habe die für den Arzt wichtigen Äußerungen Wagners gegenüber dem Untersuchungsrichter absichtlich eingehend wiedergegeben, obwohl sie mit dem, was Wagner hier in der Klinik über sich, seine Taten und deren Motivierung darlegte, in allem Wesentlichen fast wörtlich übereinstimmen. Aber ich lege Wert darauf, zu betonen, daß es sich hier um Äußerungen handelt, die vor dem Richter, nicht vor dem Arzt, also nicht etwa durch ärztliche Suggestivfragen erstmals gemacht wurden.

Untersuchung und Beobachtung des Wagner in der Klinik vom 11. November bis 24. Dezember 1913.

Wagner wurde am Vormittag des 11. November 1913 in die Klinik aufgenommen. Er wurde sofort in das Untersuchungszimmer der Männerabteilung geführt und dort von mir in Gegenwart der Ärzte meiner Klinik erstmals untersucht. Er betritt in aufrechter und würdevoller Haltung das Zimmer; der Gesichtsausdruck ist sehr ernst, etwas vergrämt. Auf Aufforderung nimmt er auf einem Stuhl Platz. Er ist gut und sauber gekleidet, völlig orientiert, klar und besonnen, spricht in gewähltem Hochdeutsch, aber ohne jede Affektiertheit. Auf meine Frage, ob er bereit sei, mir Auskunft zu geben und sich in seinen Aufenthalt hier in der Klinik zu fügen, bejaht er dies; er werde hier so wenig Schwierigkeiten machen, als er dies in Heilbronn getan habe. Er wisse, daß er hier sei, um auf seinen Geisteszustand untersucht zu werden, halte sich selbst für normal und sei überzeugt, daß keiner der anwesenden Herren von ihm den Eindruck eines Geisteskranken erhalten werde. Daß man an seinem Geisteszustand Zweifel habe, dies zu bemerken habe er bisher eigentlich nie Gelegenheit gehabt. Nur einmal habe ein Notar sich geweigert, etwas notariell zu beglaubigen.

„Da habe ich gemerkt, daß etwas nicht richtig war."

Auf die Frage, ob er gern hierher gekommen sei, sagte er, er habe nichts dagegen einzuwenden gehabt. Er betrachte seinen Aufenthalt hier in der Klinik als eine Abwechslung für ihn. Es wäre ihm allerdings lieber gewesen, wenn er noch in der Schwurgerichtsperiode des Herbstes vor Gericht gestellt worden wäre. Er wisse, daß ihm die Todesstrafe bevorstehe und wolle diese. Aus Haß und Rachsucht gegen die Einwohner von Mühlhausen habe er seine Mordtaten begangen. Frauen und Kinder habe er schonen wollen, doch habe er in der Nacht nicht gewußt, wen er treffe. Der Tod der weiblichen Personen sei ihm leid; er hätte gewünscht, daß es später nicht von ihm heißen könne, er habe sich an Frauen und Kindern vergriffen. Seine eigene Familie habe sterben müssen, um vor Schande und Elend bewahrt zu bleiben. Seinen Mord- und Brandstiftungsplan gegen Mühlhausen habe er sich schon seit Jahren ausgedacht gehabt; er sei von ihm lange überlegt und mit vollem, klarem Bewußtsein ausgeführt worden. Er wisse nicht, wen er getötet habe. Er sei mit der Absicht nach Mühlhausen gegangen, unterschiedslos möglichst viele zu töten. Gern hätte er einzelne geschont, aber er habe sich schließlich entschlossen: „Machst keinen Unterschied."

Zum Schluß habe er sich selber töten wollen. Dies sei ihm unmöglich gemacht worden, weil man ihn niedergeschlagen und ihm die Waffe genommen habe. Nun werde er geköpft werden. Ins Zuchthaus oder in die Irrenanstalt wolle er nicht. Gegen seine Frau habe er keinerlei Haß gehabt, sonst hätte er sie dagelassen. Aber er hätte seine vier Kinder nicht töten können, wenn er die Frau nicht vorher getötet hätte. Sein Motiv in Mühlhausen sei nur Haß und Rachsucht gewesen. Auf meinen Einwand, daß Haß und Rachsucht doch kein genügendes Motiv für Massenmord und Brandstiftung seien, wenn ein Mensch sonst auf dem Boden des Gesetzes stehe, erwidert er, er habe eine ganz andere Wertung des menschlichen Lebens gehabt. Seit langen Jahren habe er sich selbst zum Tode verdammt und immer sei er mit Selbstmord umgegangen, „weil sie mich verfolgten". Auf mein Ersuchen, sich hierüber genauer auszusprechen, gibt er dasselbe an, was er dem Herrn Untersuchungsrichter früher angegeben hat: Wie er sich vor 12 Jahren in Mühlhausen durch Sodomie sittlich vergangen habe, wie er nun seit vielen Jahren bemerke, daß man darüber spreche und spotte, daß man ihn mit Andeutungen darüber verfolge. Ins Gesicht sage man es ihm nicht hinein, das würde keiner riskiert haben, aber er höre es aus Redensarten und Anspielungen heraus und habe es aus dem eigentümlichen Lächeln mancher Personen herausgefühlt. Seine Familie habe von diesen Dingen nichts gewußt und er habe von ihr nie etwas Derartiges gehört. In Mühlhausen habe man davon gesprochen und gelacht, im Wirtshaus darüber Witze gemacht; später sei das dann auch nach Radelstetten weitergetragen worden und auch in Degerloch habe er zuletzt den Eindruck gewonnen, daß manche Menschen davon wissen.

„Deshalb blieb mir kein Ausweg mehr, als das Hetzen und Verfolgen kein Ende nahm, wo ich auch war, als zu gehen. Die Familie mußte ich aber vorausschicken. Es wäre mir aber nicht darauf angekommen, in Mühlhausen Hunderte zu töten."

Auf meinen Einwand, ob denn die Verfolgungen auch absolut feststehen, erwidert Wagner, er würde sich sein Leben nicht so verhunzt haben, und er würde sich kein Recht zu töten herausgenommen haben, wenn er es nicht unbedingt geglaubt hätte. Auf meine weitere Frage, worin denn seine Gewißheit bestanden habe, erwidert er:

„Ich habe es gehört, ich habe nie daran gezweifelt, ich bin gar nicht mehr davon losgekommen. Seit 12 Jahren habe ich es gehört, Sticheleien und anderes."

Dann fährt er mit lauter, vor innerer Erregung zitternder Stimme fort:

„Fragen Sie mich nicht weiter! Ich habe in Heilbronn nichts darüber gesagt und ich werde auch hier nichts darüber sagen. Es ist mir das alles viel zu schmutzig. Ich werde niemals über meine sittlichen Verfehlungen mehr sagen, als ich in Vaihingen und Heilbronn gesagt habe, und ich kann mich nicht entschließen, zu sagen, was ich an höhnischen und spöttischen Reden in Mühlhausen und Radelstetten gehört habe."

Auf meine Frage, ob es die Leute ihm jemals eindeutig unter Nennung seines Namens vorgeworfen hätten, verneint er dies: So sei es nie gewesen, sondern immer unbestimmter, aber doch so, daß ein Zweifel, wer damit gemeint sei, nicht habe aufkommen können. Meinem Einwand, ehe man zu solch wilder Selbsthilfe schreite, habe man doch die Pflicht, sich Gewißheit zu verschaffen, daß man wirklich verfolgt werde, begegnet er schlagfertig mit dem Hinweis darauf, daß es ihm ja unmöglich gewesen sei, einen solchen Aufklärungsversuch zu unternehmen. Er würde sich ja damit der Behörde oder dem Gericht selbst ans Messer geliefert haben. Das sei ja gerade das Entsetzliche gewesen, daß er völlig hilflos gegen die Verfolgungen gewesen sei. Befragt, ob er denn ein Recht gehabt habe, sich an Menschen zu rächen, die doch nach seiner Darstellung nur über wirkliche Vorkommnisse gesprochen und gehöhnt haben würden, gibt er zur Antwort:

„Sie wußten es doch nicht bestimmt, es war niemand dabei, als ich mich verging. Also mußten sie mich auch in Ruhe lassen."

Auf die weitere Frage, woher sie denn dann überhaupt etwas wissen konnten, wenn niemand dabei war, meint Wagner, man habe es ihm wohl angesehen und seinem Wesen angemerkt, daß er mit schwerer Schuld beladen sei. So seien es zunächst nur Vermutungen gewesen. Auf meine Frage, ob er sich nicht verhört haben könnte, da er ja doch ohrenleidend gewesen sei, und ob deshalb kein Irrtum unterlaufen könne, gibt er zur Antwort:

„Ein ganzes Jahrzehnt werde ich doch nicht in dem Wahn herumlaufen, das gesehen und gehört zu haben. Ich habe nie daran gezweifelt, daß ich es aus dem Lächeln und den Blicken der Menschen herausfühlen mußte und daß ich es tatsächlich gehört habe. Wohl bin ich ohrenleidend und vor vier Jahren hatte ich eine rechtsseitige Mittelohrentzündung; aber damals vor 12 Jahren in Mühlhausen habe ich in meinen Ohren nichts Krankhaftes verspürt und so halte ich es für ausgeschlossen, daß ich mich getäuscht habe. Es kann nicht wahr sein, daß die Leute von meinen Verfehlungen nichts gewußt haben. Die meisten Menschen sind verlogen. Nur ich bin einer der wenigen, die die Wahrheit sagen."

Auf meinen Vorhalt, daß vom Untersuchungsrichter in Heilbronn zahllose Zeugen aus Mühlhausen, Radelstetten und Scharenstetten vernommen worden seien und daß keiner von allen etwas gewußt habe, antwortet Wagner zunächst in finsterer Weise:

„Man kann niemand kontrollieren, und ich halte alle für Lügner, Sie wollen mich nur noch mehr belasten und sich weiteren Scherereien entziehen."

Auf meinen Einwand, daß es sich hier um Zeugenaussagen handle, die unter dem Eide beschworen werden müssen, und daß die Menschen doch heute keinen Anlaß haben, mit der Wahrheit über ihn, den wehrlosen, gefangenen Mann zurückzuhalten, schweigt Wagner zunächst. Dann fährt er mit unsicherer Stimme fort:

„Wenn es anders sein sollte, dann würde ich aus dem Geleise geworfen; es wäre ja furchtbar, wenn ich mich da getäuscht hätte. Dann würde ich ja viele Jahre in einem Wahn gelebt haben. Ich würde dann glauben, daß ich Unrecht getan habe. Aber ich kann nicht glauben, daß ich mich habe verhören können."

Und abermals nach einer kurzen Pause fügte er mit leiserer Stimme hinzu:

„Es ist mir allerdings aufgefallen, daß damals, als ich am 5. September im Rathaus in Mühlhausen auf der Matraze lag, unter all den vielen Schimpfworten und Verfluchungen der Leute von Mühlhausen kein Wort über meine sittlichen Verfehlungen war."

Auf meine Bestätigung, daß die Mühlhauser Bürger ihm damals doch gewiß diese sittlichen Vergehen zuerst ins Gesicht geschleudert haben würden, wenn sie davon gewußt hätten, schaut Wagner mich mit erregter Miene an und sagt:

„Und ich habe geglaubt, es sei alles so öffentlich, daß, wenn die Nachrichten von meinen Taten in die Presse kämen, das „Neue Tagblatt" sofort das Motiv werde hinzufügen können."

Ich weise ihn darauf hin, daß wenn alle Welt davon gewußt hätte, es doch auch seiner Familie hätte zu Ohren kommen müssen; ob denn seine Frau niemals irgendwelche Andeutungen gemacht habe. Er verneint diese Frage. Weder seine Frau, noch deren Familie in Mühlhausen habe ihm jemals zu erkennen gegeben, daß sie von seinen Verfehlungen Kenntnis hätten.

Meinen Einwand, ob es nicht richtiger gewesen wäre, statt zu morden und zu brennen, sich den Verfolgungen dadurch zu entziehen, daß er sich dem Gericht gestellt hätte, beantwortet er:

„Daran hätte ich niemals gedacht. Auch hätte ich mich niemals verhaften lassen. Deshalb trug ich immer einen Revolver bei mir.“

Am Schlusse der Unterhaltung kam ich noch auf seinen Beruf als Lehrer zu sprechen. Offen und unbefangen gibt Wagner an, er sei bald gern, bald ungern Lehrer gewesen. Man habe ihm manchmal und wohl nicht mit Unrecht vorgehalten, er gebe den Unterricht in der Schule zu hoch. Er habe auch sehr einfach lehren können. Aber er habe eben gedacht, man müsse die besten Schüler fördern und nicht bloß den großen Haufen unterrichten (macht dabei eine geringschätzige Bewegung). Den Religionsunterricht habe er nicht ungern gegeben. Er habe darin das Dogmatische zurückgedrängt. Ganz fern habe es ihm gelegen, die Kinder der Religion zu entfremden; sie sollten sich später ihre eigene Meinung bilden. An sich wäre er lieber Bauer geworden wie sein Vater, doch habe das nötige Geld gefehlt. Als Lehrer habe er seine Pflicht getan und, hätte er nicht den jahrelang gehegten Racheplan ausgeführt, so wäre er heute noch im Amt. Ehe er auf sein Zimmer verbracht wird, verspricht er in stolzer Haltung und selbstbewußtem, aber keineswegs hochmütigem Tone, sich hier in der Klinik in alle Anordnungen zu fügen; er werde weder entweichen, noch sich umbringen, sondern er warte auf die Gerichtsverhandlung Ende Januar. Als ich ihm seine Bitte, ihm in der Klinik Hosenträger zu geben, ablehne, mit der Begründung, ich sei verpflichtet, dafür Sorge zu tragen, daß er sich hier nicht töte, fügt er sich in aller Ruhe darein und sagt nur:

„Sie brauchen nicht zu fürchten, daß ich mich damit aufhänge. Das Hängen ist ein Bauerntod.“

Ehe er auf die Abteilung geführt wird, sagt er noch, die anwesenden Ärzte mit einem Blicke streifend:

„Ich nehme an, daß die Herren sämtlich den Eindruck gewonnen haben, daß ich nicht geisteskrank bin.“

Wagner wurde in ein Einzelzimmer, in dem nur Bett, Tisch und Stuhl standen, verbracht, und blieb dort während der ganzen Zeit seines Tübinger Aufenthalts. Bei gutem Wetter ging er unter Begleitung eines Pflegers in dem umzäunten Garten der unruhigen Abteilung allein spazieren. Ohne Murren fügte er sich in die Hausordnung. Niemals klagte er über die Kost oder deren Verabreichung ohne Messer und Gabel. Gegen die Ärzte und Pfleger war er stets höflich, rücksichtsvoll, in Haltung und Benehmen ein ernster, gebildeter Mann. Als ich ihn eine halbe Stunde nach der Verbringung auf sein Zimmer dort besuchte, drückte er seine Verwunderung darüber aus, daß man mit ihm rücksichtsvoll umgehe, wie dies auch in Heilbronn jederzeit geschehen sei. Er habe sich darüber in den letzten Wochen oft wundern müssen und seit seiner Tat eine bessere Meinung von den Menschen bekommen. Dabei wird seine Stimme weich und der gramvolle Ausdruck seines Gesichtes verstärkt sich.

Als ich an seinem linken Arm den Ärmel hinaufstreifte, um den Amputationsstumpf zu sehen, sagte er, er sehe da nicht gerne hin; würde er länger als bis Januar 1914 zu leben haben, so wäre ihm der Verlust der linken Hand schrecklich; so aber sei es ihm gleichgültig. Auf die Frage, ob er etwas zu lesen wünsche, bejahte er dies, bat aber, ihm nicht bloß christliche Blätter zu geben. Gerne würde er an sich etwas Ernstes zur Weiterbildung lesen, doch habe dies bei ihm keinen Zweck mehr; so bitte er um einen guten Roman. Ganz seichte Sachen wünsche er nicht. Als ihn der Abteilungsarzt kurze Zeit darauf körperlich untersuchte, erkundigte er sich eingehend nach der Beschaffenheit seiner einzelnen Organe und erzählte, das Radfahren sei ihm nie gut bekommen, er habe gleich den Atem verloren und Herzklopfen verspürt. Er habe deshalb lange Zeit das Fahren aufgegeben, nur ein paar Tage vor der Tat wieder einmal eine Probefahrt gemacht. Nach der Tat habe er zwischen Brust und Bauch ein unangenehmes Gefühl von Druck und Schmerz verspürt. Da er in seinem Ohr manchmal Surren und Sausen empfinde und bald gut, bald weniger gut höre, so wäre ihm eine genaue Untersuchung seiner Ohren erwünscht. Wenn er auch nur noch ein Vierteljahr zu leben habe, so würde er doch in dieser Zeit seine Beschwerden gerne los sein. Über die im Vergleich zum Untersuchungsgefängnis bessere Kost hier sprach er sich erfreut und dankbar aus. Einige Zeit später berichtete er von seinen Studien in der Bibel, die ihm weniger aus religiösen Gründen, als wegen der Schönheit der Sprache gut gefallen habe. Die Bibel habe wohl auf seinen Stil den meisten Einfluß gehabt. In seinen Dichtungen haben auch biblische Namen eine Rolle gespielt. Den Stoff habe er in sehr freier Weise benützt und im ganzen mehr seine eigenen Gedanken zum Ausdruck gebracht. Im Laufe der Unterhaltung frägt er den Abteilungsarzt:

„Herr Doktor, ist es eigentlich sehr keck, wenn ich frage, wie die Herren über meinen Geisteszustand denken?"

Auf eine ausweichende Antwort des Arztes äußert er:

„Die neueren Philosophen betonen ja immer, daß es keine Willensfreiheit gebe." Auch nach seiner Meinung handle jeder Mensch unter einem Zwang. Damit sei aber nicht gesagt, daß er die Bluttat nicht ganz allein verantworten wolle. Seine grauen Haare seien die Folge der letzten 10 Jahre mit all ihrer Angst und Not; er habe in dieser Zeit die größten Qualen ausgestanden.

Wagner hat auch hier in der Klinik seine Verbrechen und deren Vorbereitung in allen Einzelheiten offen und rückhaltlos geschildert. Er bewies dabei ein zuverlässiges Gedächtnis. Als ich ihn zuerst über die Ausführung seiner Taten berichten ließ, waren die Vernehmungsprotokolle des Herrn Untersuchungsrichters noch nicht in meinen Händen; ich erhielt und las sie erst einige Tage später und war frappiert, darin eine Erzählung seiner Taten zu finden, die fast genau wörtlich mit derjenigen übereinstimmt, die er mir hier gegeben hat. Auch über seinen früheren Lebensgang, über das Verhältnis zu seiner Frau und seinen Kindern, zu seinen Freunden und Kollegen, zu seiner vorgesetzten Behörde machte er in ruhiger und sachlicher Weise genau dieselben Angaben, wie er sie früher gemacht hat. Nur in bezug auf die Einschätzung seiner literarischen Leistungen erschien er mir etwas zurückhaltender als früher. Er lehnte es durchaus ab, daß er mit Goethe und Schiller in eine Reihe zu stellen sei, hielt aber daran fest, daß seine Dichtungen künstlerisch wertvoll und, weil innerlich erlebt, psychologisch wahr seien. Er betonte wiederholt, daß man nicht alles, was in seiner Biographie stehe, wörtlich nehmen dürfe; das sei zu verschiedenen Zeiten und in ganz verschiedener Stimmung geschrieben worden; manchmal sei es ihm bitter ernst gewesen, manchmal habe er nur Spott und Hohn mit sich selber getrieben. Niemals habe er daran gedacht, seine rassenhygienischen Anschauungen durch blutige Taten in die Wirklichkeit umzusetzen. Seine Mordtaten in Mühlhausen und die Vernichtung seiner Famielie haben mit diesen wissenschaftlichen Anschauungen nichts zu tun, außer etwa das, daß die qualvollen 12 letzten Jahre seines Lebens seinen Pessimismus verstärkt und ihn immer mehr zu der Überzeugung gebracht haben, daß Nervenschwäche und Entartung sein Leben zerstört haben und daß sie es sind, deren Beseitigung durch Ausmerzung der Schwachen und Kranken eine Wohltat für die Menschheit wäre.

Da ich schon aus den Akten den Eindruck gewonnen hatte, daß Wagner in der Beurteilung des Sexuellen eine ungewöhnliche Stellung einnimmt, so habe ich ihn hierüber genauer befragt. Er gab zu, von jeher einen starken Geschlechtstrieb gehabt zu haben, der allerdings seit den Mordtaten von Mühlhausen ganz zur Ruhe gekommen sei. (Mit Stolz: „Dazu habe ich es gebracht, daß ich jetzt ganz rein bin, ganz rein.") Liebe zu Mädchen habe er schon als Knabe gefühlt, doch sei es dabei nicht zu sexuellen Handlungen gekommen. Sobald er mit 18 Jahren geschlechtsreif geworden sei, was er an dem Auftreten der Pollutionen gemerkt habe, sei er der Onanie — ohne Verführung durch Kameraden — verfallen. Homosexuelles sei ihm völlig fremd, dazu habe er nie Neigung gespürt. Die Onanie habe er bei sich als ein großes Unglück angesehen. Trotz aller Willensanstrengungen sei er aber bis in die Mühlhausener Zeit nie frei von ihr gewesen, obwohl er damals schon gelegentlich Geschlechtsverkehr gehabt hatte, teils in Form von Liebesverhältnissen mit Mädchen (darüber sage er jedoch nichts, er wolle nicht auch noch andere Menschen ins Gerede bringen), teils durch Verkehr mit Dirnen in Stuttgart. Die Unzucht mit Tieren in Mühlhausen, zu der er beim Heimweg vom Wirtshaus nach Alkoholgenuß gekommen sei, habe er in unbegreiflicher und fluchwürdiger Schwäche begangen, allerdings lange bevor er sich seiner späteren Frau genähert habe. Mit dieser habe er geschlechtlichen Verkehr begonnen, ohne mehr als eben den Geschlechtsgenuß zu wollen. Niemals habe er sich mit ihr oder mit anderen Mädchen in abnormer Weise sexuell betätigt. Seine Sodomie habe er von Anfang an als etwas Verächtliches und Abscheuliches betrachtet und sich darüber nachher unendlich gegrämt. Diese Verabscheuung habe aber allmählich noch zugenommen, und heute sei ihm der Sodomit verächtlicher als der Mörder; er sei viel ehrloser als dieser, weil er mit seinem Tun die ganze Menschheit schände. Der übliche Einwand dagegen, daß der Sodomit doch keinem anderen Menschen etwas zuleide tue, während der Mörder einen anderen vernichte, sei nicht stichhaltig. Nicht bloß auf die Tat komme es an, sondern auf die Gesinnung, und das Unnatürliche sei das größte Verbrechen.

Nachdem der Tatbestand der dem Angeschuldigten zur Last gelegten Verbrechen durch sein offenes Geständnis und durch die umfangreichen Aktenerhebungen völlig klar gelegt ist und in den richterlichen Vernehmungsprotokollen in lückenloser Vollständigkeit zur Darstellung kam, und nachdem die reichhaltige Selbstbiographie Wagners einen tiefen Einblick in seine ganze persönliche Entwicklung, in sein Denken und Fühlen bis in die letzte Zeit vor der Tat ermöglichte, lag mir als Sachverständigem natürlich in erster Linie die Aufgabe ob, die Motivierung der Tat genauer zu analysieren und dabei festzustellen, inwieweit krankhafte Motive ihre Ausführung bestimmten. Ich richtete meine Bemühungen in erster Linie darauf, Wagner zur Mitteilung der Art seiner sittlichen Delikte in Mühlhausen im Jahre 1901 zu bestimmen. Allein der Erfolg dieser Bemühungen war gering. Auf die Frage, wie oft bei ihm Sodomie vorgekommen sei, lehnte er deren Beantwortung ab. Doch gab er später im Verlaufe einer längeren Unterhaltung einmal wenigstens soviel preis, daß solche Dinge „immer nur nach Alkoholgenuß abends auf dem Rückweg vom Wirtshaus, niemals aber in nüchternem Zustande vorgekommen seien". Mit welchen Tieren er sich vergangen hat, sagte er niemals. Wir versuchten, auf Umwegen darüber Klarheit zu gewinnen, indem wir „experimentell-psychologische Versuche" mit Wagner anstellten, deren Sinn war: festzustellen, ob bestimmte, von außen angeregte Vorstellungen bestimmte Reaktionen erzeugten, in denen eine starke gemütliche Erregung zum Ausdruck kommt. Es wurden Wagner zahlreiche Worte zugerufen; er hatte die Aufgabe, auf sie mit dem, was ihm zunächst einfalle, sprachlich zu reagieren. Die Reaktionsworte wurden schriftlich fixiert und die Reaktionszeiten gemessen. Auch wurden Versuche mit dem Galvanometer angestellt, einem Apparat, dessen Einzelheiten hier nicht erörtert werden können, dessen Wesen aber darin besteht, daß er auch solche gemütlichen Erregungen zum optisch-sichtbaren Ausdruck bringen kann, die sich der einfachen Beobachtung sonst entziehen. Die Versuche verliefen in bezug auf die hier zu lösende Aufgabe (Unzucht mit welchem Tier?) negativ, ergaben aber im übrigen einen nicht uninteressanten Einblick in seine geistige Struktur: Seine gute Auffassungsfähigkeit, seine Neigung zu logischen, hochwertigen Assoziationen, seine Vorliebe für literarische Dinge, seine egozentrische Reaktionsweise, die bei ihm alles auf seine Person Bezügliche abnorm stark betont erscheinen läßt, das starke Im-Vordergrund-Stehen seiner sittlichen Verfehlung, das tiefe Gefühl seines Leids, sein Erfülltsein von Mord- und Rachevorstellungen kamen bei diesen Experimenten zum Ausdruck. Der Versuchsleiter, Herr Privatdozent Dr. Busch faßt seine Auffassung am Schlusse der mir übergebenen Mitteilung über seine Untersuchungen in die Worte zusammen: „Wagner besitzt außerordentlich stark — zweifellos in pathologischem Grade — gefühlsbetonte Vorstellungskomplexe. Insonderheit ist er von dem Tatkomplex in einer Weise besessen, wie es auch nicht annähernd bisher bei einer anderen Versuchsperson — auch nicht bei Sittlichkeits- und anderen Verbrechern — festzustellen war."

Wichtiger noch als die Feststellung der Art der sittlichen Delikte aus dem Jahre 1901 mußte es erscheinen, einen tieferen Einblick in die seelischen Vorgänge zu gewinnen, auf denen sich Wagners felsenfeste Überzeugung aufbaute, daß er seit jenen Verfehlungen von den Menschen in Mühlhausen, später auch in Radelstetten, Scharenstetten und endlich auch in Degerloch verhöhnt, verspottet, verfolgt werde. Meine eingehendsten Unterredungen mit ihm drehten sich um diesen Gegenstand, und manches Neue ist dabei zutage getreten. Bei der Untersuchung am 13. November habe ich ihm die Frage vorgelegt, wie er es sich erkläre, daß der Ortsschulrat in Radelstetten sich über ihn in jeder Beziehung sehr lobend ausgesprochen habe. Er antwortete:

„Ich habe mir das so zurecht gelegt: Es liegt außer den sittlichen Verfehlungen eigentlich nichts gegen mich vor." „Übrigens, das möchte ich doch sagen, es hat einmal einer gesagt, nicht zu mir, sondern zu meiner Frau, man behalte uns nur aus Gnade und Barmherzigkeit. Ich habe das so aufgefaßt, da müssen die Leute aus meiner Vergangenheit etwas wissen. . . . Aber nicht bloß aus dem, ich habe darüber ganz Bestimmtes gehört, was mit den sittlichen Verfehlungen zusammenhängt. Und zwar in Radelstetten gehört. Ich muß sagen, daß das Verhältnis dort zum Schluß, als sie erfahren haben, daß ich fortgehe, etwas besser geworden ist; aber eine Zeitlang ist es, ohne daß ich einen Grund dafür wüßte, anders gewesen."

Auf meinen Einwand, in seinem Zeugnis aus Radelstetten habe über seinen persönlichen Lebenswandel nichts Ungünstiges gestanden, sagte Wagner:

„In Radelstetten habe ich wohl keinen Anlaß dazu gegeben, daß mich die Leute als persönlich schlecht hinstellen konnten, und sie haben sich eben auf Radelstetten beschränkt."

Als ich ihm vorhalte, daß er in Radelstetten beliebt gewesen sei und man dort bei seinem Weggange ihn feierlich verabschiedet habe, sagt Wagner:

„Das wäre ein ganz anderer Abschied geworden, wenn das nicht vorangegangen wäre. Mein Abschied war bloß eine Versammlung vom Kriegerverein; ich habe gar keinen Abschied gewollt. Der Schultheiß hat gemeint, es mache sich nicht gut für Radelstetten, wenn man mich ohne Abschied ziehen lasse."

In Radelstetten Brand zu legen und zu töten, habe er nie die Absicht gehabt. Wohl aber sei der Plan, seine Familie umzubringen und in Mühlhausen zu morden, schon damals vorhanden gewesen.

In den Akten findet sich die Angabe, daß Wagner nach seiner Überwältigung in Mühlhausen, als er im Armenhaus gefesselt lag, um seine Gesundheit bekümmert gewesen sei und gebeten habe, man möge ihn nicht lange in seinen nassen Kleidern liegen lassen, er könnte sonst eine Verschlimmerung seines Ohrleidens oder eine Lungenentzündung bekommen; ich frug ihn hierüber, indem ich mit meinem Erstaunen über seine Ängstlichkeit um sein Wohlbefinden angesichts seiner Mordtaten nicht zurückhielt. Er zeigte sich selbst sehr erstaunt, ja empört, daß er sich solle so verhalten haben.

„Wem habe ich denn das gesagt? Das kommt mir jetzt selbst naiv und sonderbar vor, da ich doch wissen mußte, ich habe Menschen getötet; wem habe ich denn das gesagt? Mir kommt diese Begründung selbst so unmöglich vor, daß ich das soll gesagt haben."

Ein Teil der Unterredung vom 15. November soll hier wörtlich folgen:

Ich: Wann und wo haben Sie zum erstenmal gemerkt, daß über Sie gesprochen wird?

Wagner: Schon während ich in Mühlhausen angestellt war.

Ich: Wann also?

Wagner: Das war in der ersten Zeit meines Mühlhausener Aufenthalts, also im Jahre 1901.

Ich: Haben Sie Ihre Frau damals schon gekannt?

Wagner: Ja, ich habe sie schon gekannt.

Ich: Wann bemerkten Sie, daß über Sie und Ihre Vergehen geschwätzt wurde?

Wagner: Unmittelbar, nachdem ich es getan habe, tags darauf.

Ich: Warum haben Sie sich nicht fortgemeldet?

Wagner: Ich habe mein Examen machen wollen, dann habe ich gedacht, ich werde von selbst wegkommen. Es ist mir dann wieder oft so gewesen, daß ich wieder irre geworden bin, so daß ich mir gesagt habe, es müßte mir erst deutlicher gemacht werden. Den Gedanken habe ich immer gehabt, daß die Leute es nicht ganz bestimmt wüßten: so gewiß, daß du es wirklich getan hast, kann Dir's keiner beweisen.

Ich: Woran haben Sie zuerst gemerkt, daß über Sie geredet wurde?

Wagner: Diese Frage geht mir schon wieder zu tief . . . Die Reden habe ich auf der Straße und im Wirtshaus gehört. Mein Name ist natürlich nicht genannt worden.

Ich: So war es also ein unbestimmtes Gerede?

Wagner: Ich habe es natürlich nie anders ausgelegt. . . . Es kam in Mühlhausen kaum mehr als ein halb dutzendmal vor, daß ich es gehört habe.

Ich: Und wann haben Sie in Radelstetten Derartiges gehört?

Wagner: Jetzt vor etwa 4 Jahren habe ich es in Radelstetten wieder gehört. Vorher nicht. (Auf weitere Fragen bestätigt mir Wagner, er werde in Radelstetten etwa 7 Jahre lang nichts wahrgenommen haben.)

Wagner: Ich bin etliche Male drunten in Mühlhausen gewesen zu Besuch und da meine ich wieder, daß ich die Dinge gehört habe. . . . Ich habe mir dann oft wieder gesagt, du solltest oft nach Mühlhausen hinuntergehen, sonst denken die Leute, der hat ein schlechtes Gewissen.

Ich: Wie oft kamen Sie von Radelstetten nach Mühlhausen?

Wagner: Das kann ich nicht einmal genau sagen, vielleicht drei- oder viermal.

Ich: Und dabei haben Sie solche Wahrnehmungen gemacht?

Wagner: Ja. Ich glaubte oft bei den Menschen, wenn ich ihnen den Rücken kehrte, ein Deuten zu merken oder ein Lächeln und Hohnlächeln im Gesicht.

Ich: Ja wußten denn die etwas Bestimmtes?

Wagner: Wenn sie es auch nicht gewiß wissen, so vermuten sie es.

Ich: Waren es nur bestimmte Personen, die davon wußten?

Wagner: Ich nahm an, daß jeder Erwachsene, jeder Mann es wisse.

Ich: Auch die Frauen?

Wagner: Ja, ich nahm auch von ihnen an, daß sie es wissen.

Ich: Haben Sie auch bei Frauen solche Andeutungen wahrgenommen?

Wagner: Nein bei Frauen nicht.

Ich: Wußten es in Radelstetten auch bestimmte Personen?

Wagner: Ich habe dort angenommen, daß es jeder weiß; was der eine weiß, weiß der ganze Flecken.

Ich: Warum bezogen Sie in Scharenstetten die Geschichte mit den Ringen um die Augen bei den chinesischen Kindern auf sich?

Wagner: Das hat ja gar nicht die sexuellen Verfehlungen betroffen, sondern die Onanie.

Ich: Es wurde Ihnen aber doch nachher gezeigt, daß die Geschichte so in dem Buch stand?

Wagner: Wenn man einen hänseln will, so kann man vieles vorbringen.

Ich: Waren Sie darüber verletzt?

Wagner: Ja sehr. Ich bin dadurch mit einem anderen Kollegen in Streit geraten, ich habe einfach gedacht, der will jetzt auf dich sticheln.

Ich: Aber Sie wurden doch nachher davon überzeugt, daß man Sie nicht beleidigen wollte?

Wagner: Ach, wenn einer so etwas liest, kann er denken, das ist so etwas, womit ich einen beleidigen könnte. . . . Ich bin eben gerade damals — es hat da auch noch anderes hineingespielt — etwas nervös gewesen.

Ich: Haben Sie auch in Degerloch Beobachtungen unangenehmer Art gemacht?

Wagner: Es hätte mir in Degerloch ganz gut gefallen, wenn mich meine Vergangenheit nicht geplagt hätte. . . . Und ich habe auch dort gedacht, es sei auch dort publik geworden. Ich habe es aus Redewendungen entnommen, die ich im Wirtshaus gehört habe. Ich meinte immer, die Leute lachen auch dort über mich und sprechen von mir.

Ich: Kann es nicht sein, daß die Leute über Ihre Schriften lachten und sprachen?

Wagner: Ach, das sind nicht die Fälle, an die ich denke, meine Schriften kannten im allgemeinen nur wenige meiner Kollegen. (Mit erhobener Stimme:) Glauben Sie nicht, daß die Meinung, die Leute redeten über mich, so schlecht begründet sei. So schlecht begründet ist sie nicht. Daß ich's bald nach der Tat gemerkt habe, geht daraus hervor, daß ich eine Verhaftung gefürchtet habe, daß ich, als ich mein Examen machte, einen Revolver in der Tasche hatte. . . . Was hätte es mich genützt, wenn ich wegen Mangel an Beweisen freigesprochen worden wäre? . . . Aber ich wäre nicht freigesprochen worden, denn es wäre mir nicht eingefallen, zu lügen . . . „Ich denke über sexuelle Verfehlungen wie über einen Mord, es ist ganz gleich, ob dies einmal geschieht oder hundertmal."

Ich: Wie denken Sie heute über Ihre sittlichen Vergehen?

Wagner: Ich habe sie immer als eine Gemeinheit angesehen.

Ich: Waren es nicht bloß jugendliche Verirrungen Ihres Geschlechtstriebes?

Wagner: Ja, so sagen die Ärzte immer. Ich habe es anders angesehen.

Ich: Sie sollen als verheirateter Mann noch mit Dirnen verkehrt haben?

Wagner: Ach woher! Solange ich verheiratet war, habe ich mit keinem andern Weib verkehrt als mit meiner Frau. Vorher, ja, solang ich ledig war! Damals als ich in Stuttgart durch die Klostergasse ging, bin ich nicht hinaufgegangen mit der Hure. Hätt' ich's getan, würd' ich's sagen; ich finde da nichts dabei. Die Polygamie halte ich für angebracht. . . . In meiner Biographie hab' ich manches in angeheitertem Zustand geschrieben. . . . Ich hab' meine Frau geheiratet, weil ich sie nicht in der Schande sitzen lassen wollte. Ich sah, daß das Mädchen sehr an mir hängt und daß ihr das weh getan hätte.

Ich: Sie haben Ihre Frau etwas von oben herunter angesehen?

Wagner: Es mag etwas Wahres dran sein.

Ich: War das, was Sie behaupten, über sich gehört zu haben, vielleicht nicht bloß Ihr schlechtes Gewissen?

Wagner: Nein, das glaube ich sicher nicht. Ich habe ganz Bestimmtes gehört; auf dem fußt doch alles.

Ich: Sie waren aber ohrenleidend und da könnten Sie sich ja vielleicht verhört haben?

Wagner: Nein, ich bin erst seit 4 Jahren ohrenleidend, seit ich erstmals operiert wurde.

Ich: Und Sie wollen nicht sagen, was Sie gehört haben?

Wagner: Nein, ich habe mir vorgenommen, nichts zu sagen. Es ist mir dann gleich, was die Menschen über den Fall denken.

Ich: Aber Sie haben doch gehört, daß niemand etwas davon gewußt haben will.

Wagner: Das ist mir eine ganz unfaßliche Eröffnung gewesen.

Ich: Wo liegt nun also der Irrtum? Haben Sie sich nicht doch getäuscht? Oder haben Sie richtig gehört?

Wagner: Ja, ich habe es gehört.

Ich: Aber alle Zeugen haben ja ausgesagt, daß sie nichts davon wissen.

Wagner: Da wollen wir einmal abwarten, wenn die Verhandlung vorbei ist, ob die Leute nicht in den Wirtshausern herausrücken.

Ich: Warum sollten denn die Leute sich der Strafe des Meineides aussetzen?

Wagner: Das werden eben dann die nicht tun, die geschworen haben. Was die einen beschworen haben, das brauchen diese nicht zu sagen. Ich weiß doch, daß diese alles gewußt haben.

Ich: Wenn nun aber alle Bürger schwören, daß sie nichts wußten?

Wagner (unsicher): Ja, das könnte mich allerdings . . . Ich weiß gar nicht, was ich darüber sagen soll. Das machte mich ganz bestürzt. Wenn ich jemals den Gedanken angezweifelt hätte, dann hätte ich es doch nicht getan.

Ich: Aber man kann sich doch verhören.

Wagner: Ja, gehört habe ich wohl schon, daß man sich verhören kann, aber (mit energischer Stimme): ich habe mich nicht verhört.

Ich: Man kann doch auch ein Lächeln leicht mißdeuten?

Wagner: Ja, das Lächeln ist es nicht allein gewesen, es war das Lächeln und die Bemerkung miteinander.

Ich: Welche Bemerkung?

Wagner: Ja, da müßte ich jetzt schon die Worte sagen, was alles gesagt worden ist, und das drum und dran (schweigt).

Ich: Ich wiederhole Ihnen, die Leute wissen von nichts.

Wagner: Einerseits ist mir das ganz recht, daß sie nichts wissen; dann sollen sie aber auch ihr Maul halten.

Ich: Kann es sein, daß das alles nur ein Wahn von Ihnen ist?

Wagner (erregt): Und um einen Wahn sollte ich mein Leben so zugebracht haben?

Ich: Und wenn es nun ein Wahn wäre, wäre es dann nicht schrecklich, und denken Sie dabei nur an sich? Wenn Sie ein unschuldiges Dorf überfallen hätten?

Wagner: Ich habe in der Hauptsache nur an mich gedacht, weil ich mir vorkam, wie ein gehetztes Wild.

Ich: Es muß Ihnen doch daran liegen, daß man die Gründe Ihrer Taten kenne und verstehe, damit Sie nicht noch schlechter beurteilt werden, als Sie es verdienen.

Wagner: Es kommt in dieser Sache bloß darauf an, wie ich darüber denke, ob ich mich schuldig spreche oder nicht. Ich versuche mich doch gar nicht zu retten.

Ich: Sie sind aber nicht der Richter über sich selbst; es muß verlangt werden, daß Gerechtigkeit geübt werde, und deshalb muß man doch wissen, welche Gründe Sie für Ihre Taten hatten.

Wagner: Ich unterwerfe mich doch dem Gesetz.

Ich: Aber es kann doch verlangt werden, daß Sie beweisen, auf welchen Grundlagen Sie Ihre Anschuldigungen gegen die Mühlhausener erheben.

Wagner: Also ich habe diese Sauereien getan; aber daß man von mir noch verlangt, daß ich darüber sprechen soll . . . Ja, in diesem Fall ist es mir einerlei, wie das Gericht darüber denkt, wenn das Gericht auf diese nebensächlichen Dinge eingeht.

Ich: Aber Sie sind dazu doch moralisch, wenn auch nicht juristisch verpflichtet, die Gründe und Beweise anzugeben.

Wagner: Ich denke, das liegt bei mir, ob ich es sagen will oder nicht.

Ich: Es kann Ihnen doch nicht gleichgültig sein, wie die Nachwelt über Sie und Ihre Taten urteilt.

Wagner (langsam): Ja, das Andenken über mich mag ja wenig günstig sein. (Wagner beharrt weiterhin bei längerem Hin- und Herreden dabei, daß man sich damit begnügen müsse, wenn er seine Gründe nur im allgemeinen angebe. Man müsse ihm glauben, daß es so sei, wie er sage.)

Ich: Aber ob man Ihnen in allem glauben darf?

Wagner: Ja, die Leute, die mich kennen, die sagen, wenn der Wagner das gesagt hat, dann glauben wir es ihm.

Ich: Dann wollen Sie also Ihre Gründe mit ins Grab nehmen?

Wagner: Jawohl, das tue ich. Ich werde mich doch nicht selbst blamieren. (Mein Hinweis, daß hier in ihm ein Widerspruch bestehe, insofern er hier auf die Meinung der Leute Wert lege, während er durch eine vollständige Angabe der Gründe für seine Überzeugung des jahrelangen Verfolgt- und Gequältwerdens in den Augen der Personen, an deren Urteil ihm gelegen sein müsse, sehr gewinnen könnte, macht ihn in seinem schweigenden Verhalten nicht wankend. Auf meine nochmalige Frage, welcher Art die Äußerungen der Leute über ihn gewesen seien, antwortet er: es sind einfach Zoten und Sauereien.

Ich: Und diese Sauereien bezogen sich wirklich auf Sie?

Wagner: Ich weiß, daß sie eben mich gemeint haben, wenn sie solche Worte gesprochen haben.

In dieser und ähnlicher Weise fielen zahlreiche Unterhaltungen aus, die den Zweck hatten, den Angeschuldigten zu einer genaueren Angabe der von ihm gehörten höhnischen und spöttischen Bemerkungen, des beobachteten Deutens und Lächelns zu bewegen. Immer blieb er bei der Meinung, daß dann von ihm „nichts übrig bleibe, als die Zote".

Aus einer Unterredung am 17. November 1913 ist bemerkenswert:

Ich: Warum sollten die Leute, die vernommen wurden und von Ihren Verfehlungen gar nichts zu wissen angaben, lügen?

Wagner: Weil sie sich selbst jetzt ein Gewissen daraus machen, weil sie sich sagen: soweit haben wir ihn jetzt gebracht.

Ich: Und Sie ziehen nicht den Schluß, daß Sie in einem Wahn befangen waren?

Wagner: Was soll ich sagen über etwas, was einem unbegreiflich ist; mit dem Gewissen bin ich einig, bloß muß ich sagen, ich hätte dann kein Recht gehabt, es zu tun.

Ich. Hätten Sie dann aber auch kein Bedauern über Ihre Mühlhauser Tat?

Wagner: Bedauern habe ich schon gehabt.

Die Frage, ob er seine Wahrnehmungen des Verspottet- und Verhöhntwerdens nur im Wirtshaus nach Alkoholgenuß gemacht habe, wurde von ihm mit aller Bestimmtheit verneint.

Nachdem ich festgestellt hatte, daß er von seinen Freunden Ho. und S. u. a. nicht annimmt, daß auch sie ihn verspotten, ging ich darauf aus, herauszubringen, worauf sich dann seine Meinung gründe, daß auch sie von seinen sittlichen Verfehlungen Kenntnis haben. Und da verstand er sich schließlich dazu, von mehreren Vorkommnissen, auf die sich angeblich seine Meinung gegründet habe, eines genauer zu erzählen: auf dem Heimweg vom Wirtshaus habe er einmal im Gespräch mit Ho., der ihn wegen seiner Verstimmung nach dem Streit mit Wi. habe beruhigen wollen, zu Ho. gesagt, er habe viel Schwereres auf dem Herzen, das er nicht sagen könne. Darauf habe Ho. erwidert, das wisse er wohl. Daraus habe er doch den Schluß ziehen müssen, daß Ho. von seinen Mühlhauser Verfehlungen Kenntnis habe und nur aus Rücksicht und Güte nie davon mit ihm spreche. Ich las ihm darauf das Protokoll der Vernehmung des Ho. durch den Untersuchungsrichter vor, aus dem er erfuhr, daß Ho. von diesen Verfehlungen keinerlei Kenntnis hatte und deshalb auch die Andeutungen dieser Verfehlungen („das Unaussprechliche") in seinem Abschiedsbrief gar nicht verstand. Diese Mitteilung erschütterte ihn sichtlich sehr und ließ ihn den Wunsch äußern, mit Ho. einmal über diese Fragen sprechen zu dürfen. Nachdem er mir versichert hatte, daß er seine Fragen an Ho. gerne in meiner Anwesenheit richten wolle, ersuchte ich den Herrn Untersuchungsrichter um Herbestellung des alten Lehrers in die Klinik. Dem Ersuchen wurde entsprochen und am 4. Dezember 1913 fand die Konfrontation Wagners mit Ho. in Gegenwart des Untersuchungsrichters und in meinem Beisein statt. Wagner war beim Anblick Ho.s, den er sichtlich sehr gerne hat, sehr bewegt. Mit weicher Stimme frug er ihn, ob es ihm wohl sehr schwer geworden sei, herzukommen.

Ho. erwiderte: Einesteils kam ich gerne, andernteils war es mir peinlich.

Wagner: Es ist mir eben deshalb so arg, wenn ich jemanden sehe, mit dem ich früher gut gewesen bin.

Ho.: Wir alle können Deine Tat nicht verstehen, weder in Radelstetten noch in Scharenstetten.

Wagner: Siehst, Ho., ich habe oft gedacht, Ihr wüßtet drum und habet gedacht: wie kann der Mensch noch leben?

Ho. bestreitet mit offener Bestimmtheit, daß er oder die anderen auch nur die geringste Ahnung gehabt hätten und auch in dem Falle Wi. habe bestimmt keine Anspielung auf Wagner vorgelegen. Und genau so, wie er (Ho.) spreche, so reden auch alle die andern.

Wagner: Ich weiß gar nicht, da komme ich gar nicht mehr draus. Ich wollte Dich fragen: es war gerade an dem Abend mit der Wi.-Sache; du weißt, daß ich sehr aufgeregt gewesen bin. Ich wäre nicht so aufgeregt gewesen, wenn das andere nicht im Hintergrund gewesen wäre. Ich habe nicht anders gedacht, als er habe die Sache gesagt, um mich zu quälen, und dann habe ich zu Dir gesagt, es wäre ja nicht das, warum ich mich so aufrege, es wäre etwas ganz anderes. Darauf sagtest Du dann: „O, Wagner, das wußten wir schon lange".

Ho.: Kann ich mich nicht mehr erinnern!

Wagner: Ich dachte, du wüßtest es von den Radelstettern und von Deinem O.[1]); ich habe sicher angenommen, Du, der S. und der A., alle Welt wisse darum? Ich bin darum sehr dankbar gewesen, daß Ihr alle so . . .

---

[1]) Dem Sohne Ho.s, einem inzwischen verstorbenen Lehrer.

(Wagner bricht mit lautem Schluchzen auf dem Tisch zusammen und kann nicht mehr weiter sprechen.)

Ho. (zu mir gewandt): *Da ist er voll und ganz im Wahn gewesen. Wir wissen droben nicht das mindeste.* Auch mein O., der unter dem Boden liegt, hat nicht ein einziges Wort mir gegenüber geäußert, daß Du in sexueller Beziehung Dich vergangen hättest.

Wagner: Ja, hast du denn nie gedacht: hinter dem Wagner muß etwas sein, irgend etwas muß bei ihm vorliegen.

Ho.: Ich habe mir eben gedacht, Du habest Dich noch nicht so recht eingelebt in Dein Eheleben.

Wagner: Ich habe später nichts gegen meine Frau gehabt.

Ho. stimmt dem auch zu; Wagner habe seine Frau im allgemeinen gut behandelt, er habe ihr nur einmal einen Backenstreich gegeben; sonst habe er sie nie geschlagen.

Wagner: Da habe ich mir immer gesagt, du hättest eigentlich nicht heiraten sollen, und vollends nicht ein Mühlhäuser Mädchen, wo das passiert ist . . . Ich weiß doch, es ist auf einmal ganz anders geworden zwischen mir und der Radelstetter Bevölkerung . . . Ich glaube es reicht bis ins Jahr 1909 zurück.

Ho.: Ich glaube, daß es Deiner Person gegenüber nicht so gewesen ist, ich will zugeben, daß mit Deiner Frau einmal ein kleiner Streitfall in Radelstetten vorkam.

Wagner: Ich meine aber ganz besonders Sachen drunten im Wirtshaus gehört zu haben.

Ho.: Mir ist nichts bekannt, nicht eine Äußerung.

Untersuchungsrichter (zu Wagner gewandt): Wie stimmt das überein? Ho. hat nie etwas gehört und Sie haben es im Wirtshaus gehört?

Wagner: Ich sag' darüber gar nichts; meinen Sie, ich will mich noch mehr bloßstellen, mir ist es allmählich ein Ekel. Ich habe einen wirklichen Ekel, meine Herrn, ich gehe gerne.

Ho.: *Ich bin der Ansicht, Du hast voll und ganz im Wahn gehandelt.*

Wagner gibt nunmehr zu, daß er nun nicht mehr daran zweifle, daß Ho. und seine Freunde von seinen sittlichen Verfehlungen nichts gewußt haben.

Wagner: Ich zweifle also ganz und gar nicht mehr daran; was werde ich Dir nicht glauben? (nach einer Pause): Was habt Ihr denn gedacht, warum ich es getan habe?

Ho.: Die Tat?

Wagner: Ja.

Ho.: *Das begreifen wir heute noch nicht.*

Wagner: Denk Dir mal, da bin ich viele Jahre neben Dir gesessen und habe nichts anderes gedacht als Mord . . . (bricht, Tränen in den Augen, ab).

Ich: Im Tagebuch haben Sie es schon lange niedergeschrieben gehabt, was Sie tun wollen.

Wagner: Ja, das habe ich schon droben tun wollen. (Zu Ho.): Ich habe bloß die Frage, was Du darunter verstanden hast: „das wissen wir ja schon lange". Ach, wenn ich doch noch eine zweite Frage getan hätte, dann wäre ich so frohgemut nach Radelstetten hinuntergepilgert . . . Ich bin der Meinung gewesen, Du, S. und die anderen Freunde würden die Radelstetter veranlassen, darüber nicht zu sprechen . . . Wie die Leute erfahren haben, daß ich fort will, habe ich gemerkt, daß es anders wurde.

Ho.: Die Radelstetter haben nie höher geschworen als auf Wagner.

Ich: Was dachten Sie bei der Lektüre des Nero?

Ho.: Den habe ich gelesen, habe mir aber nichts Besonderes dabei gedacht.

Wagner: Ich habe oft gedacht, man könnte es merken, Ihr würdet in meiner Seele lesen; aber dann dachte ich, den Gedanken, zu morden, den trauen sie dir doch nicht zu.

Ich: Hat Wagner viel Unfreundliches über Mühlhausen gesagt?

Ho.: Nein. Über den Schwiegervater eher: „Ich komme eben nicht aus mit ihm".

Ich: Über das Dorf?

Ho.: Auch nicht. Ich (zu Ho.): Hatten Sie von Wagners Haß gegen Mühlhausen eine Ahnung?

Ho.: Gar keine. Wagner hat nie etwas Besonderes gesagt.

Ich: Hat Wagner von anderen Lehrerstellen mehr erzählt als von Mühlhausen?

Ho.: Auch nicht.

Wagner (mit weicher, schmerzlicher Stimme, seinen alten Freund fast zärtlich betrachtend): Ho., es wird Dir arg peinlich sein, aussagen zu müssen, ich bedauere es.

Ich: Wurde Wagner als Dichter von anderen geschmeichelt?

Ho.: Ich habe gesagt: „Wagner das ist nichts", S. hat gesagt, es hat keinen Wert, aber er hatte es eben mehr als sein Steckenpferd angesehen; er hat ihn nicht bestärkt.

Ich: Hat der Alkohol stark auf Wagner gewirkt?

Ho.: Das ist der Fall. Wein hat er aber überhaupt nicht getrunken, sondern nur Bier.

Ich: Wagner stellte sich als Dichter neben Schiller und Goethe?

Ho.: Bloß in der Bierlaune, nüchtern hat er überhaupt kaum über seine Dichtungen gesprochen. Getrunken hat er rasch und auch viel, bis zu 13 Schoppen, war aber kein regelmäßiger Trinker; anfangs war er öfters im Wirtshaus, später weniger.

Ich (zu Wagner): Warum gingen Sie trotz der Spötterei ins Wirtshaus?

Wagner: Ich sagte mir eben, leben mußt du, so lange mußt du eben mittun, bis Schluß ist.

Ho. (auf Frage meinerseits): Er hat von seinen Sachen zu reden angefangen, wenn er 5, 6 Glas Bier getrunken hatte und dann sprach er genau das, was im „Aufruf an mein Volk" stand; das waren die 3 Punkte, die er immer bei uns breitgeschlagen hat.

Ich: Hat Wagner auch manchmal gemütlich schwäbisch gesprochen?

Ho.: Ganz so nicht, er ist immer ein bischen hochdeutsch gewesen.

Ich: Hat Wagner Züge von Grausamkeit geboten?

Wagner: Du wirst, Ho., nie an mir bemerkt haben, daß ich eine grausame Natur bin.

Ho. bestätigt dies durchaus. Wagner habe keine Taube umbringen wollen und können. Wenn man sie ihm nicht geschlachtet habe, hätte er sie lieber fliegen lassen, als sie behalten.

Ich: Erschien Ihnen Wagner als Egoist?

Ho.: Das kann ich nicht sagen; mir gegenüber in keiner Weise.

Im Lauf der weiteren Unterredung, deren Detail weniger wichtig ist, wiederholt Wagner, zu Ho. gewandt: Ich habe schon vorher angenommen, daß Ihr es wüßtet und seit jenem Tage habe ich es ganz bestimmt angenommen. Ich habe droben schreckliche Stunden erlebt, schreckliche Tage.

Ho. wiederholt: Die Radelstetter und Scharenstetter sagen, sie können es nicht begreifen.

Wagner, mit Tränen in den Augen: Ich kann's auch nicht begreifen. (Dabei macht er eine ratlose Bewegung mit den Armen und weint.) Dann, noch einmal auf die Verfolgungen zurückkommend, sagt Wagner: Ich habe gedacht, es sei hauptsächlich durch die Schäfer hinaufgetragen worden. (Dann voller Bitterkeit): Wie perfid mit mir umgegangen wird! Da muß ich jetzt selbst das Werkzeug gewesen sein, daß meine sittlichen Verfehlungen herauskommen!

Der Abschied der beiden Lehrer voneinander stimmte Wagner sehr weich; er dankte Ho., Tränen in den Augen; dann schritt er, sich aufraffend, langsam, aber in aufrechter Haltung wieder in sein Zimmer hinüber. Später wurde er sehr nachdenklich und bedrückt gefunden. Er hatte sich auf sein Bett geworfen und lange geweint. Er erwiderte mir auf meine Frage, ob er jetzt davon überzeugt sei, daß seine Freunde und überhaupt die Radelstetter von seinen Delikten keine Kenntnis hatten: Ja, jetzt sei er überzeugt; aber das Schicksal habe furchtbar mit ihm gespielt. Tags darauf gab er mir an, er habe eine schlechte Nacht gehabt. Er war erst um 3 Uhr morgens eingeschlafen. Im Verlaufe des Tages weinte er eine Zeitlang. Immer schwerer wurde es ihm die entschlossene und selbstsichere Haltung zu bewahren. Und meine Frage, ob es sich vielleicht nicht mit Mühlhausen ebenso verhalten könnte, wie mit Radelstetten, erfuhr nicht mehr die kategorische Verneinung wie früher. Als ich ihm in Erinnerung brachte, daß Ho. von seinem Wahn gesprochen habe, sagte er scheu:

„Wahn nennt man vieles. Ich nenne das Irrtum."

Und um die gleiche Zeit sagte er mir einmal sehr höflich: „Ich erblicke in Ihnen meinen gefährlichsten Feind; ich fürchte immer, Sie könnten mich für unzurechnungsfähig halten und erklären. Ich fürchte nur Sie und Ihr Gutachten. Glauben Sie nicht, daß Sie mir damit einen Gefallen täten. Ich wünsche zu sterben. Ich gehöre nicht ins Zuchthaus und Sie werden doch selbst zugeben, daß ich nicht bin wie diese da.“ (Dabei deutete er nach außen, wo im Vorraum blödsinnige Kranke umhergingen.) (Ich hatte ihn in Rücksicht auf die andern Kranken und deren Angehörige in ein Zimmer auf einer Abteilung gelegt, auf der ich während der Zeit des Wagnerschen Aufenthaltes nur Blödsinnige und Stumpfe verpflegen ließ. An diesen mußte er vorüber, wenn er zum Abort oder in den Garten ging; daher kannte er sie vom Sehen.)

Von besonderem Interesse ist eine Unterredung mit Wagner, die am 18. November stattfand.

Wagner: Ich will Ihnen geradezu sagen, was ich in den letzten Tagen gedacht habe. Ich sehe in Ihnen meinen Feind, nicht persönlich, aber daß Sie das Gefühl der Sicherheit, das ich vorher hatte, untergraben haben; ich ertappe mich hie und da auf dem Gefühl der Reue. Ich ertappe mich sogar, daß ich an die Mühlhäuser denke; die sind mir nach der Tat wochenlang ganz ausgelöscht gewesen aus dem Gedächtnis . . . Ich bin nicht so verbohrt, daß ich nicht zu belehren wäre.

Ich: Warum nennen Sie mich Ihren Feind?

Wagner: Dadurch daß Sie es so hinstellen wollen, als ob das Wahn gewesen wäre, daß ich viel von meiner Haltung verliere . . . Wenn es ein Wahn gewesen ist, so muß ich doch sagen, ich bin frei von Schuld. Die Leute sagen dann wohl, ich habe leichtsinnig gehandelt, ich hätte mich vorher vergewissern sollen, ob ich recht habe . . . Was nützt mich eine Erkenntnis, die nicht zur rechten Zeit da ist? die schafft mir bloß neues Leiden. Wenn die Tat nicht geschehen wäre, dann würde ich mir auch jetzt immer noch Tag für Tag überlegen, ob ich die Tat tun soll . . . Ich gebe zu, daß ich nahe daran bin, daß ich es im ganzen Umfang glaube, daß ich mich getäuscht habe. —

Ich: Was meinten Sie damit, daß Sie sagten, Sie haben die ganze Menschheit geschändet?

Wagner: Es ist doch etwas Widernatürliches, was ich getan habe.

Ich: Wenn man sich in seiner Jugend vergeht und dann nachher im Leben pflichttreu ist und sich nichts mehr zu Schulden kommen läßt, kann es da nicht gesühnt sein?

Wagner: Das wird nicht vergessen und wo ich hinkomme, da weiß man es. (!)

Ich: Hat man es auch in Degerloch gewußt?

Wagner: Ja, ich nehme es auch an. (Nach einer Pause): Ho. ist mir eine Hauptstütze in meinem Glauben gewesen. (Nachdenklich, in sich zusammengesunken, die Augen tränenfeucht): Wenns nun so wäre, wie bei Ho., dann heißt mans Wahn, dann heißt mans Verfolgungswahn! . . . Aber so groß wäre meine geistige Erkrankung doch nicht, daß man mich ins Irrenhaus sperren könnte. Die Geschworenen werden nicht so diffizil urteilen. Ich glaube, daß die Öffentlichkeit schon des Gaudiums halber ein großes Interesse daran hat, daß die Verhandlung öffentlich wird . . . Im übrigen habe ich gar kein Interesse daran, daß die Sache öffentlich wird . . . Ich habe vom Volk keine große Meinung . . . Für mein Gewissen liegt der Fall ganz gleich, ob ich im Wahn gehandelt habe oder nicht.

Ich: Aber auch für Ihr Gefühl jetzt?

Wagner: Das ist etwas anderes.

Aus einer Unterredung vom 19. November:

Wagner: Die Grundstimmung meines Lebens ist immer sehr pessimistisch gewesen, soweit ich zurückdenken kann . . . Ich bin ein alter Mann, bin 20 Jahre älter! . . . (In bezug auf die Redereien in Mühlhausen): Ich meine nicht, daß die Leute immer daran gedacht haben, so wie ich, aber wenn sie mich gesehen haben, dann haben sie zueinander davon gesprochen. — Ich gebe auch zu, daß, wenn in Gegenwart von mir über solche Dinge (wie Sodomie etc.) gesprochen wurde, dann kann es ja sein, daß ich etwas auf mich bezogen habe; aber das war nicht der Fall, daß ich das, was ich selbst dachte, von anderen hörte . . . Herr Professor, manches will ich aus dem Grunde nicht sagen, weil ich denke, ich mache mich lächerlich . . ., manches aber auch, weil es mir zu wüst ist. Daran ist mir allerdings gelegen, klar zu sehen. Wenn sich in den anderen Fällen, wo ich etwas über mich gehört habe, das gleiche Resultat ergeben würde, wie im Fall Ho., wären Sie dann mit Ihrem Urteil fertig? Wie würden Sie dann urteilen? Ist das strafbare Täuschung oder Verfolgungswahn? (Wagner meint dann weiterhin, ich wolle wohl um jeden Preis aus ihm einen Geisteskranken machen; das sei er aber keinesfalls.)

Am 22. November 1913:

Wagner: Wenn man mir jetzt die Wahl ließe, welches von beiden Verbrechen (Sodomie oder Mord und Brand) ich rückgängig machen wolle, ich weiß nicht, ich hätte eine schwere Wahl.

Ich: Das ist aber sehr egoistisch gedacht.

Wagner: Ja, das weiß ich, ich war immer ein Egoist.

Wagner (mit Nachdruck): Auf Grund dessen, was ich vor Gericht sagen werde, werden die Geschworenen den sicheren Eindruck gewinnen, daß ich geistig normal bin. Wovon wird später gesprochen werden, wenn der Name Wagner genannt wird? Von meinen sexuellen Verfehlungen. Das ist den Leuten viel wichtiger, als der Mordbrenner!

Am 9. Dezember 1913 bekam Wagner unerwarteterweise den Besuch eines erwachsenen Neffen aus N., des Sohnes seiner verstorbenen Schwester. Als der Neffe das Zimmer betrat, und ich Wagner mitteilte, ein Verwandter von ihm sei gekommen, ihn zu besuchen, erhob er sich, trat freundlich auf ihn zu und wollte ihm die Hand reichen. Der Neffe zog seine Hand weg und sagte, er gebe ihm nicht die Hand. Wagner war schmerzlich betroffen, sagte dann aber:

Ihr versteht mich eben alle nicht.

Der Neffe machte ihm mit erregter Stimme Vorhalt darüber, daß er durch seine furchtbaren Taten die ganze Familie in Unglück und Schande gestoßen habe, und frug ihn, ob er denn diese furchtbaren Taten nicht bereue. Wagner erwiderte:

Ich kann sie nicht bereuen, es hat alles so sein müssen. Ich habe die Meinen aus Mitleid umgebracht; ich hätte Deine Mutter (gemeint ist die Stiefmutter des Neffen, die ebenfalls eine Schwester Wagners ist) auch gerne getötet, aber das konnte ich ja nicht tun.

Als der Neffe auf diese Äußerung mit Entrüstung reagierte, sagte Wagner wiederum, mit leiser, resignierter Stimme:

Ihr versteht mich eben gar nicht.

Dann (nach einer kurzen Pause zu seinem Neffen gewandt):

Ich habe Dich lange nicht mehr gesehen. Ich habe Dich immer gerne gehabt. Was hast Du denn gedacht, als Du hörtest, daß ich hier in der Klinik sei? Du darfst daraus keine falschen Schlüsse ziehen. Ich bin völlig gesund. Und sage dies auch draußen allen, ich sei nicht geisteskrank und nehme die Verantwortung für meine Taten auf mich. Aber ich habe so handeln müssen, wie ich getan habe.

Als der Neffe sich von ihm verabschiedet und dabei sagt, daß sie sich im Leben nie mehr wiedersehen werden, bittet ihn Wagner mit weicher Stimme, ihm doch zum letzten Abschied noch einmal die Hand zu reichen. Nach einigem Zögern tut dies der Neffe, worauf Wagner ihm gerührt nachschaut. Einige Stunden später erzählt er dem Abteilungsarzt, er habe diesen Neffen immer sehr gern gehabt, er sei ein guter und tüchtiger Mann. Dann bittet er, man möge keinen Besuch mehr zu ihm lassen; es rege ihn zu sehr auf.

Am 11. Dezember hatte ich in einer langen Unterredung zunächst an seine Äußerung gegenüber seinem Neffen angeknüpft, er empfinde keine Reue. Er sagte, wenn er sich so ausgesprochen habe, so habe er eben damit gemeint, daß er immer noch im Glauben sei, verhöhnt und verfolgt worden zu sein:

Ich habe mir eben gesagt, du kannst nicht gehen, ohne daß du dich gerächt hast; die Leute müssen merken, daß ich mich nicht straflos treten lasse.

Im weiteren Verlauf des Gesprächs sah ich immer deutlicher, daß Wagner wieder von Neuem sich in den Wahn hineinlebt, daß doch auch in Radelstetten die Menschen von seinen Verfehlungen gewußt hätten. Und ich sage zu ihm:

Sie scheinen mir immer noch an die Radelstetter Redereien und Verhöhnungen zu glauben? Können Sie denn nicht einmal Ihren besten Freunden Vertrauen schenken?

Wagner antwortet: Ich weiß nicht, ob Ihnen das anders ginge, wenn Sie ein ganzes Jahrzehnt das geglaubt hätten.

Ich: Sie können sich also nicht überzeugen, daß Sie sich getäuscht haben?

Wagner: Ja wenn mich jemand fragte, so sage ich, ich bin überzeugt. Aber, wie gesagt, es kommt mir eben immer wieder der andere Gedanke.

Ich: Ist das nicht sonderbar? Die Grundlagen des Hasses sind Ihnen genommen und Ihr Haß bleibt doch?

Wagner: Ich bin diesen Haß eben gewöhnt, vielleicht ist's bloß eine Gewohnheit; ich bin eben wieder in ihn zurückgefallen.

Ich: Woran liegt das?

Wagner: Ich sage es Ihnen offen, ich kann einfach nicht recht glauben, daß ich mich getäuscht haben soll.

Ich: Also stehen Sie noch auf dem gleichen Standpunkt?

Wagner: Ich kann das gerade nicht sagen, daß ich genau auf dem gleichen Standpunkt stehe wie vorher. Ich bin ja schon nach wenigen Tagen, als es mir in Vaihingen gesagt worden ist, in meinem Standpunkt erschüttert worden. Aber aufgegeben ist er nicht.

Ich: Wie es scheint, sind Sie durch Tatsachen nicht zu überzeugen?

Wagner: Ich gebe es also jedermann zu, daß die Leute recht haben.

Ich: Ja aber nur mit Worten, nicht in Ihrer Gesinnung.

Wagner: Ich kann ja einfach so sagen: es ist noch ein Stachel davon zurückgeblieben.

Nachdem Wagner im Laufe längerer Besprechungen jeweils soweit gebracht war (für den Moment gebracht war!), daß er die Möglichkeit einer Täuschung zugab, wurde ihm alsdann die Frage gestellt, wie er sich dann mit der Tatsache abfinden könne, unschuldige Menschen getötet zu haben, ob ihn denn das ganz ruhig lasse; diese Fragen regten ihn stets sehr auf. So sprach er sich am 28. November aus:

Ja, ich kann mich dieses Gedankens auch nicht erwehren, aber ich will nichts mehr bereuen, ich will nicht mehr bereuen jetzt am Ende. (in tiefer Erregung).

Ich: Und ist das etwas anderes als Eigensinn?

Wagner: Dann mag ich eigensinnig sein. Die Reue hat eigentlich alles Unheil angerichtet . . . Jetzt den Kopf runter! Alle diese Menschen zusammen haben nicht soviel gelitten als ich (weint) . . . Ich kenne den sittlichen Standpunkt ganz gut. Aber ich weiß, daß, wenn mich das Gesetz in irgend etwas hindert, ohne das ich nicht leben könnte, daß ich dann das Gesetz nicht respektieren kann. Ich habe gelitten, wie keiner auf der Welt.

Ich: Sie vergleichen sich mit Christus in der Größe Ihres Leidens?

Wagner: Schuldlos zu leiden, wie Jesus, das muß schön sein, das muß etwas Großes sein.

Wagner legt dar, wie eben die Tatsache, daß sich bei ihm das Leiden aus den schweren inneren Selbstvorwürfen und dem Hohn der Menschen zusammensetzte, ihm sein Leiden habe als das größte auf der Welt erscheinen lassen, zumal er auch nicht wie Christus den Glauben an eine Erlösung im Jenseits besessen habe.

Ich: Was war stärker in Ihnen, das Schuldgefühl oder der Haß?

Wagner: Das Schuldgefühl. Deshalb war mir auch die Vernichtung meiner Familie wichtiger als die Zerstörung von Mühlhausen."

Auf meinen eindringlichen Vorhalt sich doch über die tieferen Gründe seines Hasses genauer auszusprechen und seine Wahrheitsliebe auch in dem Sinne zu beweisen, daß er nichts Wichtiges verschweige, sagt Wagner nach einer kurzen Pause des Vorsichhinstarrens:

Ich möchte zuerst die Sicherheit einer Verhandlung haben. Ich muß Sie hier im Ungewissen lassen. Ich glaube, daß ich meinen Zweck am besten erreiche, wenn Sie kein bestimmtes Urteil abgeben können. Ich würde erst aussagen, wenn ich weiß, daß es sicher zur Verhandlung kommt.

Auf meine Antwort, daß ich dies nicht zu beurteilen vermöge, weil dies ausschließlich vom Gericht abhänge, sagt Wagner plötzlich in raschem Ton:

Nehmen Sie an, es komme in Mühlhausen nicht mehr heraus, als durch den Herrn Ho. herausgekommen ist, würden Sie mich dann für geistig gesund erklären?

Da ich die Beantwortung der Frage ablehne und beifüge, daß ich nicht glauben könne, daß die Gründe seines Hasses gegen Mühlhausen so fadenscheinig seien, sagt Wagner:

Die letzten Gründe sage ich überhaupt nicht, weil ich mir nicht zu tief hineinsehen lassen will, weil mir das zu schmutzig ist. Glauben Sie doch nicht, daß ich in Heilbronn vor Gericht das Letzte sage; das sage ich überhaupt nie. Ich würde mir nur die Fälle heraussuchen, wo ich am wenigsten blamiert bin.

Dann mit einem lauernden Blick mich betrachtend:

Wenn Sie mir bestimmt sagen, daß Sie mich für zurechnungsfähig halten, würde ich es Ihnen sagen. Ich bin überzeugt, daß draußen kein Mensch an meiner Zurechnungsfähigkeit überhaupt zweifelt. Auch davon bin ich überzeugt, daß es meinen Kollegen allen recht wäre, wenn Sie sagen würden, ich sei unzurechnungsfähig, lediglich aus Standesrücksichten. Ich habe entschieden eine bessere Meinung von den Menschen bekommen, als vor der Tat.

Als ich ihm entgegenhalte, er sei aber immer noch Pessimist und Menschenverächter, antwortet er:

Das ist eben noch ein Nachklang. Ich glaube, wenn einer seine Rachetat hinter sich hat, dann löst sich eben in ihm die Spannung, dann liegt weniger Grund vor, von den Menschen Schlimmes zu denken.

Es wird ihm nun von mir die Erwägung nahegelegt, daß, wenn ein Mensch zu der Überzeugung komme, daß er sich am falschen Ort, an ganz unschuldigen Menschen gerächt habe, dies doch eine ganz andere Wirkung auf sein Seelenleben ausüben müßte, als ich sie bei ihm wahrnehme. Darauf sagt Wagner:

Ich treibe in vielem Vogelstraußpolitik. (Dann mit gequältem Gesichtsausdruck): Ach ich möchte lieber von der ganzen Sache gar nichts mehr wissen und möchte gar nichts mehr davon reden hören.

Ich: Aber Sie wünschen doch eine Hauptverhandlung?

Wagner: Ich muß doch zu einem Schluß kommen.

Ich: Haben Sie nicht noch andere Gründe?

Wagner: Nein, nur daß es zu einem Schluß kommt. Ich nehme gar nicht an, daß ich da noch Genaueres erfahren könnte.

Ich: Sie sagten mir aber doch, Sie wollten die Leute bei der Verhandlung stellen.

Wagner: Nun, das habe ich mir in der ersten Zeit so gedacht, wenn da bei der Verhandlung einer über dich herauslangen würde, so kannst du ihm Antwort sagen. Aber jetzt ist der einzige Grund, warum ich die Verhandlung will, der, daß ich einen Schluß haben will. Das ist doch kein Leben mehr für mich. . . Und denken Sie einmal, ich würde für unzurechnungsfähig erklärt, ich würde vielleicht noch Jahre so sitzen, als ein Krüppel, der sich nicht einmal selbst bedienen kann! . . . Wenn ich je krank gewesen sein sollte, so bin ich doch jetzt sicher gesund, was täte ich da unter den Kranken? . . . Ich habe die Tat gewiß nicht aus Ruchlosigkeit getan, aber ich würde jetzt, wie die Sache nun einmal geworden ist, nicht mehr das Geringste unternehmen, meine Tat zu begründen. Mir graut einfach davor, ins Zuchthaus oder ins Irrenhaus zu kommen; ja nicht einmal der Gedanke, frei zu werden, hätte viel Verlockendes für mich . . . Die Erschossenen könnten mich ja in meinen Träumen quälen und meine Kinder könnten mich am hellen Tag rufen.

Wagner wird bei diesen Worten weich und weint. Auf meine Frage, ob er in seinen Träumen viel Derartiges erlebe, sagt er leise:

Ja, besonders mit meiner Familie. (Dann nach einer Pause): Ich kann nicht sagen, daß ich mich besonders darauf freue, daß mir der Kopf abgeschlagen wird, aber ich halte es für die beste Lösung.

Ich: Wenn nun die Bürger von Mühlhausen genau so unschuldig wären, wie die in Radelstetten, wollten Sie dann Ihre Mordtaten wieder gut machen, wenn es in Ihrer Macht stände?

Wagner (sichtlich gequält): Ich kann nichts voraussagen, ich werde oft übermannt, ich werde weich, aber dann sage ich mir wieder oft, du willst dich nicht dazu hergeben zu bereuen! Nein, ich sage mir einfach, bei dem, was einer getan hat, bei dem soll er stehen bleiben bis zum Schluß. Du mußt hart werden! Auch denke ich, es ist den Mühlhäusern viel lieber, wenn sie tüchtig über mich schelten können.

Ich: Aber es muß Ihnen doch daran liegen, darüber klar zu werden, ob Sie mit Recht oder Unrecht gehandelt haben?

Wagner: Ich habe schon oft gesagt, ich will jetzt nicht noch zusammenrechen.

Ich: Aber Sie können doch das Gefühl der Sicherheit nicht mehr haben?

Wagner (unsicher und gequält): Nein, ich möchte nur ein Ende sehen. Ich möchte nur, daß es fertig wäre. (Nach einer Pause des Besinnens): Nehmen Sie einmal an, daß in Mühlhausen ebensowenig sich herausstellt, wie droben auf der Alb, würden Sie mich dann für unzurechnungsfähig halten? Das weiß ich heute schon, daß das, worauf ich mich wesentlich stütze, was mir die Hauptsache wäre, niemand aus mir herausbringt.

Ich: Warum sind Sie hier so hartnäckig?

Wagner: Das würde nach Jahren noch von mir erzählt werden und ich wäre ja für immer blamiert . . . Wenn ich es sagen würde, dann bliebe vom Wagner nichts übrig als die Zote.

Ich: Und Sie meinen, die Schande wäre geringer, wenn Sie wegen Ermordung von 14 Personen aufs Schaffot kommen?

Wagner: Ich weiß nur, das Sexuelle ist den Menschen viel lieber, darüber unterhalten sie sich viel lieber. Hätte ich gewußt, daß die Mühlhäuser von meinen Verfehlungen nichts wissen, daß überhaupt niemand davon weiß, dann hätte ich meine Biographie in den Ofen geworfen. — Das ist ja freilich nur so geschwätzt, denn dann wäre die Tat ja gar nicht geschehen. Aber hätte ich, nachdem die Tat geschehen war, erfahren, daß niemand von den Verfehlungen wußte, dann hätte ich nichts gesagt. Denn ich weiß nicht, wie man etwas Verächtlicheres aussagen kann, als mein Motiv, das ich angeben mußte.

Nach dieser Unterredung war Wagner während des Tages sehr heruntergestimmt und niedergeschlagen. Er ging gleich nach dem Mittagessen zu Bett, lehnte es ab, in den Garten zu gehen, stierte nachdenklich vor sich hin und las kaum, während er in ruhigeren Zeiten viel in Büchern las, die ihm aus der Bibliothek der Klinik unter ärztlicher Kontrolle gereicht wurden. Es war ganz unverkennbar, wie seine Selbstsicherheit und innere Ruhe im Laufe seines Tübinger Aufenthalts immer mehr abnahm, wie er immer nachdenklicher wurde. Er sagte mir auch einmal:

Herr Professor, Sie haben mich ganz zerbrochen. Ich habe nur einen Wunsch, daß endlich einmal Schluß wäre.

So sehr es mir oft selbst zuwider war, durch die Art meiner Untersuchung ihn seelisch quälen zu müssen und ihm das frühere Gleichgewicht seines Inneren zu rauben, so mußte ich doch bis zuletzt meine Aufgabe im Auge behalten, die Natur und Beschaffenheit seiner Beweggründe in möglichst großem Umfange kennen zu lernen. Schließlich sah ich mich veranlaßt, ihm zu sagen, es sei zu befürchten, daß das Gericht noch eine weitere Begutachtung durch einen anderen Arzt veranlassen werde, weil es mir nicht gelungen sei, von ihm all die Dinge zu erfahren, auf denen sich seine Überzeugung jahrzehntelanger Verfolgung aufbaue. Vielleicht würde ein anderer Begutachter mehr von ihm mitgeteilt erhalten. Freilich sei damit die Gefahr verbunden, daß die Gerichtsverhandlung weiter hinausgeschoben werden müsse, damit auch der neue Gutachter genügend Zeit habe, ihn kennen zu lernen und vielleicht sein Vertrauen zu gewinnen. Diese Darlegungen wirkten auf Wagner sehr beunruhigend. Er versicherte mir, er habe volles Vertrauen zu mir, er würde niemals einem Menschen mehr sagen, als er mir bereits gesagt habe; ja, er würde es für eine Unhöflichkeit und Rücksichtslosigkeit gegen mich halten, wenn er einem anderen mehr anvertraute als mir. Er bedauere überhaupt, daß er mir soviel Mühe und Arbeit mache; er habe geglaubt, sein Fall liege so klar, daß da gar keine Schwierigkeiten auftreten könnten. Er wolle den Tod, er wolle keine Begnadigung, er sei nicht geisteskrank und wolle auch nicht geisteskrank sein; das Volk verlange Rache, und er sei überzeugt, daß er hingerichtet werde, auch wenn ich ihn in meinem Gutachten etwa für geisteskrank erklären sollte. Als ich in dieser Unterhaltung gelegentlich darauf hinwies, daß kein Todesurteil ohne Zustimmung des Königs vollstreckt werden dürfe und daß der König seine Unterschrift nur nach persönlicher Prüfung der ganzen Sachlage gebe, sagt Wagner mit großer Bestimmtheit:

Ich weiß, unser König ist ein Mann von großer Güte, aber ich werde niemals um Begnadigung bitten; im Gegenteil, ich würde diese Gnade als ein Unglück für mich ansehen und ich hoffe, daß der König, gegen den ich mich niemals vergangen habe, mir dies nicht antun wird.

Ich mache ihn darauf aufmerksam, daß der König auch dann zögern könnte, das Urteil zu unterschreiben, wenn die Beweggründe der Mordtaten nicht in ihrem vollen Umfange klar lägen und es sicher zu entscheiden wäre, wieweit Gesundes, wieweit Krankes in ihnen wirksam gewesen sei. Auch hierüber war Wagner sichtlich sehr betroffen. Der Abteilungsarzt teilte mir den 15. Dezember mit, Wagner habe zu ihm gesagt, wäre ich Sonntag früh (14. Dezember) zu ihm in das Zimmer gekommen, er glaube, da hätte er mir alles anvertraut; so sehr sei er zusammengebrochen gewesen. Aber jetzt habe er sich die Sache wieder anders überlegt. Er könne und dürfe nicht weich werden, er sei hier schon viel zu weich geworden. Jetzt heiße es für ihn: *Werde hart!*

Bei einer längeren Unterredung am 3. Dezember gab mir Wagner auf meine Frage, ob er annehme, daß das Gerede der Einwohner von Mühlhausen von der Familie Y. ausgehe (diese Familie bediente ihn in der fraglichen Zeit und hatte die Kotspuren an seinen Stiefeln und Hosen und die Tierhaare an seinen Kleidern wahrgenommen) zur Antwort, daß dies nicht der Fall sei. Er habe an diese Familie *gar nicht* gedacht. Ich frug ihn ferner, wie es sich mit diesen Befunden an seiner Kleidung verhalte, er gab zur Antwort:

Ich gehe darauf nicht ein. Da sucht man eben auf Umwegen etwas aus mir herauszubringen. (Dann plötzlich lebhaft): Sehen Sie, es ist jetzt doch etwas herausgekommen; ob da nicht noch mehr herauskommt, ob sich die Leute nicht nach und nach noch an mehr erinnern werden . . . Man wird ja sehen . . .

Als ich ihn weiterhin darauf anrede, ob er denn in sich eine Art Prophetenmission gefühlt habe; manche Stellen in seinen Schriften lassen dies vermuten, sagt er:

Ich glaube kaum. Ich glaube, daß ich in allen Fällen mehr an mich gedacht habe.

Ich: Sie schreiben in Ihrer Biographie, daß Sie in 1000 Jahren wiederkommen werden.

Wagner: Die ganze Stelle ist nur Hohn.

Ich: Und bei der Tat in Mühlhausen handelten Sie nur aus Rache?

Wagner: Ja

Ich: Wirkten da Ihre Ideen, man müsse der Menschheit durch Ausmerzung der Kranken und Schwachen aufhelfen, nicht mit?

Wagner: Meine Tat ist davon ganz unabhängig. Umgebracht hätte ich wegen meiner Ideen niemand. Meine Meinung ist allerdings, man sollte einmal sanieren, ich hätte dies aber nicht getan. *Der Größenwahn, der in meinen Schriften zum Ausdruck kommt, ist die natürliche Reaktion auf meine Depression.*

Endlich ist noch zu erwähnen, daß Wagner auf meine Vermutung, daß seine Schriften als Beweismaterial bei den Akten bleiben werden und nicht publiziert werden, mit starker zorniger Erregung reagierte:

„Das wäre eine Gemeinheit, das wäre Raub; also das Gericht darf rauben."

Aus seinem weiteren Verhalten geht klar hervor, mit welcher Liebe er an diesen Schriften hängt, wie er von ihrer Bekanntgabe eine Rechtfertigung seiner Taten und eine Anerkennung seiner literarischen Bedeutung, endlich auch einen Gelderfolg für seine Verwandten erhofft, denen er durch seine Mordtaten habe so weh tun müssen. Er spricht dabei wieder ruhiger und in weichem Ton.

Als die Beobachtungszeit in Tübingen sich ihrem Ende nahte, versuchte ich nochmals durch eingehende Darstellung aller der Gründe, die Wagner veranlassen müßten, die Motive seiner Schreckenstaten und die Grundlagen für seine Überzeugung des Verfolgtwerdens preiszugeben, ihn zu bestimmen, aus seiner Verschwiegenheit herauszutreten. Der Erfolg blieb bis zuletzt ein im wesentlichen negativer. Doch mögen hier noch einige Äußerungen von ihm wiedergegeben werden, die er im Verlauf solcher Unterredungen tat.

Ich habe mir früher oft gedacht, du wollest ein rechter Kerl sein, mehr als andere leisten, und nun liegt das, die Sodomie, in meinem Leben drin. Früher habe ich manchmal gezweifelt, ob die Mühlhäuser denn wirklich etwas Sicheres davon wüßten, aber in den letzten 4 Jahren sind solche tröstende Gedanken nicht mehr gekommen. Die sittlichen Verfehlungen erschienen mir immer als etwas Furchtbares. Das Tuscheln und Reden der anderen mag dann diesen Gedanken des Furchtbaren noch verstärkt haben, hat ihn aber sicher nicht erst hervorgerufen. In den mittleren Radelstetter Jahren, so von 1904—08, wo ich von außen her nichts von Verhöhnungen und Hetzereien wahrnahm, war es doch auch jeden Morgen bei mir lebendig. Ich sagte zu mir, wenn kein Mensch etwas darum wüßte, müßtest du dich doch dieser Dinge schämen und dich aus der Welt schaffen. Und der Gedanke, daß die Leute in Mühlhausen etwas davon wissen, war auch damals nie eingeschlafen. Auch in den ruhigen Radelstetter Jahren nicht. Ich habe immer Angst gehabt für meine Kinder, daß die unsittlichen Neigungen sich auf sie übertragen hätten, womöglich noch in schlimmerer Form. Ich habe derartiges freilich nicht an ihnen wahrgenommen. Aber ich hielt mich und unser ganzes Geschlecht für degeneriert. Ich habe nie körperliches volles Behagen gefühlt, viel Kopfweh gehabt, immer an schwachen Nerven gelitten und schwache Nerven sind schlimmer als alle anderen Krankheiten.

Auf meine Frage, ob der Spott und Hohn, die Anspielungen und Beschuldigungen, die er glaube vernommen zu haben, seine sittlichen Verfehlungen vergröbert oder vergrößert haben, verneint er dies. Schließlich lehnte er aber doch bis zuletzt mit größter Bestimmtheit ab, daß er sich in Mühlhausen völlig getäuscht haben könnte. Es habe sich nicht bloß um vage Vermutungen gehandelt:

O nein, so ist die Sache nicht. (Entrüstet.) Das ist es eben, daß ich meinen Namen und das Delikt nie ganz genau im Zusammenhang gehört habe. Aber ich habe meinen Namen gehört und habe tuscheln hören und ich habe dann eben angenommen, die reden das leise zueinander.

Ich: Sie haben doch einmal in Ihren Schriften gesagt: Wo zwei zusammenstanden, wurde über mich geredet. Ist das wirklich so?

Wagner: Das ist natürlich nicht so gerade wörtlich gemeint, als ob es immer so gewesen wäre, aber ich glaube, daß Zeiten da waren, wo ich das wichtigste Gespräch war, in Mühlhausen und in Radelstetten . . . Herr Professor, Sie dürfen annehmen, daß meine Unterlagen viel besser sind. Ich habe doch auch Zeiten gehabt, wo ich mich so umstellt glaubte; dann habe ich mich auch der bestimmten Vorfälle erinnert und ich habe sie dann drehen wollen und ihnen die allerzufälligste Deutung geben wollen — ich bin eben immer wieder darauf gekommen, es kann sich um nichts anderes gehandelt haben" . . . Aber ich will den Schmutz nicht aufrühren.

Auf meinen Einwand, dann möge er wenigstens die anständigeren Reden, die er über sich gehört habe, mitteilen, fährt Wagner fort:

Ja, aber damit wäre wieder gar nichts getan, da würden Sie sagen, das sind keine Beweise. Aber so einfach ist die Sache doch nicht, als ob ich in jedem Fall, wenn ich habe zwei zusammenstehen sehen, gleich auf mich geschlossen hätte.

Ich erinnere ihn wieder an seinen Irrtum im Falle Ho. Er antwortete darauf:

Wenn ich an so einen Fall denke, wie mit Herrn Ho., da könnte ich verrückt werden.

Auf meine Frage, ob denn seine anderen Beweise am Ende gerade so anfechtbar seien, erwidert er:

Nein, ich glaube, daß ich Beweise habe, die weit besser sind als dieser. (Dann, mit dem Ausdruck der Verzweiflung und der innersten Qual): Ich weiß nicht, ob es einem Menschen furchtbarer gemacht werden kann, als mir. (Sich mit finsterer Miene zusammenraffend): Was für mich übrig bleibt, das heißt Hartwerden.

Da in Wagners Schriften der Plan seiner Mordtat bisweilen als seine Mission, sein Lebenswerk bezeichnet wird, so wurde er auch hierüber von mir befragt. Er gab zur Antwort:

Ich habe sonst eigentlich gar nicht gewußt, wozu ich noch am Leben da wäre. Ich habe meine Taten in Mühlhausen und Degerloch immer so aufgefaßt, als eine schwere Aufgabe, als den Kelch, den ich austrinken müßte. Ich habe mich verpflichtet gefühlt, meine Familie umzubringen. Die Mühlhäuser umzubringen, dazu fühlte ich mich nicht verpflichtet, aber ich wollte meine Rache haben. Ich bin schließlich ziemlich mechanisch nach Mühlhausen gegangen, unter der Einwirkung dessen, daß ich mir vorher in den Kopf hineingehämmert hatte: das mußt du tun. Ich habe nie daran gezweifelt, daß ich berechtigt sei, dies zu tun.

Auf meinen Einwand, daß man die Vernichtung seiner Familie als eine Form des erweiterten Selbstmordes eher begreifen könne, nachdem er sich habe selbst töten wollen, als Mord und Brand in Mühlhausen, erwidert Wagner mit Bitterkeit:

Das hätte den Menschen gepaßt, wenn ich so gegangen wäre; aber ich habe mir oft gesagt, so darfst du nicht gehen, so darfst du niemals gehen, ohne dich zu rächen, sonst mußt du dich selbst für einen elenden Schlappschwanz ansehen, für einen ganz elenden Kerl.

Wagner wurde auch von mir gefragt, ob er in Heilbronn oder Tübingen jemals die geringste Beobachtung gemacht habe, daß jemand über ihn gespottet hätte, ob er je Beschuldigungen oder Kränkungen wegen seiner sittlichen Verfehlungen vermutet oder gehört hätte. Er verneinte dies mit aller Bestimmtheit. Nochmals wurde ihm nahegelegt, ob es sich vielleicht nicht doch bloß um Selbstvorwürfe handle, die er bei seiner lebhaften Phantasie gewissermaßen objektiviert habe. Er antwortet:

Wenn ich nicht auf ganz bestimmten Beobachtungen fußte! Ich habe mir gerade jetzt auch viele Fälle überlegt, bin dann selbst zu dem Resultat gekommen, daß manches, was ich gehört habe, teilweise nicht auf mich gemünzt war. Auch hier gilt der Satz: Nur der Irrtum ist das Leben.

Auf meine Frage, ob er denn früher auch nur die Möglichkeit eines Irrtums erwogen habe, sagt er:

Vorher habe ich das nicht gedacht. Wenn ich da dran denke, so faßt mich eine wahre Wut gegen das Unbegreifliche. Ich sage mir immer, du willst die Strafe erleiden für dein Verbrechen, aber die Schuld wälzest du von dir, die geht dich eigentlich gar nichts an. Sie haben ganz schöne Resultate erreicht, Herr Professor, es ist Ihnen gelungen, mich zu zerbrechen. Als ich herkam, hatte ich, obwohl schwächer am Leib, mehr Kampfesmut. Ich wünsche ein glattes Todesurteil, aber nebenbei sollte doch durch die

Verhandlung festgestellt werden, daß ich kein schlechter Mensch bin. Aber das Todesurteil ist mir das Wichtigste, wenn das andere nicht mit verbunden werden kann, so verzichte ich darauf. Ich hätte es nicht an unserem König verdient, daß er mich zu einer Gnade verdammte. Ich passe nicht ins Zuchthaus hinein. Das ist, wenn ich so sagen darf, ganz stilwidrig . . . Ich weiß nicht, ich möchte bei der Verhandlung auch nicht so dastehen als der Narr, als der Bemitleidenswerte . . . Fürchten Sie nicht, daß ich mir vorgenommen hätte, mich anders zu geben als hier, ich werde mich reservierter geben und vielleicht etwas härter. (Mit trüber Resignation): Ich sage nur, wie es einem Menschen so gehen kann! Und wenn ich all meine Schuld zusammenfasse von Kindheit auf, muß ich mir sagen, so habe ich es nicht verdient. Ich habe immer noch Angst, daß die Tat über mich kommen könnte, der Mord, das Blut der Erschlagenen, besonders meiner Familie.

Endlich ist noch der körperliche Befund bei Wagner darzustellen. Der 171,5 cm große Mann, der bei seiner Aufnahme 65, bei seiner Entlassung hier 68 Kilo wog, ist von mittelkräftigem Körperbau, zeigt eine mittlere Muskulatur und ein geringes Fettpolster. Die Gesichtsfarbe ist etwas blaß-gelblich, die Haare sind stark ergraut, das ganze Aussehen ist das eines frühzeitig gealterten Mannes, den man wohl auf mindestens 50 Jahre taxieren möchte. Zum Vergleich mögen zwei Photographien Wagners hier beigefügt werden[1]: die eine zeigt ihn in seiner letzten Radelstetter Zeit, die andere ist hier in der Klinik angefertigt worden. Zwischen beiden liegen nur wenige Jahre. Im Gesicht sieht man zwei große, parallel verlaufende Narben, von denen die eine etwa in der Mitte der Stirne beginnt und über die Augenbraue des rechten Auges zum äußeren Augenwinkel geht; sie hat eine Länge von 8,5 cm. Die andere Narbe beginnt am linken äußeren Augenwinkel, geht von da nach abwärts über die linke Ober- und Unterlippe schräg hinunter bis zur rechten Seite des Kinns, sie ist 17 cm lang. Zwischen der linken Oberlippe und dem Zahnfleisch des Oberkiefers besteht eine kleine spangenartige Schleimhautverwachsung. Am Oberkiefer fehlt der rechte Eckzahn und ein Schneidezahn, am Unterkiefer fehlen links zwei Schneidezähne, ferner hinten noch einige Backzähne. Etwa zwei Querfinger breit über dem rechten Auge sieht man eine etwa fingergliedgroße, leichte Knochenvertiefung des Stirnbeins. Der rechte Seitenlappen der Schilddrüse ist mäßig vergrößert. Die inneren Organe der Brust und des

---

[1]) Siehe Beilage.

Aufnahme in der Radelstetter Zeit
(nach Wagners Angabe etwa 1909).

Aufnahme in der Klinik XII. 1913.

Bauches weisen nichts Abnormes auf, der Puls ist mittelkräftig, zeigt in der Ruhe 68—72 Schläge in der Minute, das Arterienrohr ist weich. Der Urin ist dunkelgelb, klar, reagiert sauer, hat ein spezifisches Gewicht von 1020, enthält weder Eiweiß, noch Zucker. Die Untersuchung der Glieder ergibt: Der rechte Arm zeigt normale Kontur, nur am Vorderarm sind an der Beugeseite die Muskeln wenig umfangreich. An der rechten Hand findet sich über dem dritten Mittelhandknochen eine etwa 3 cm große, mit der Unterlage teilweise verwachsene Hautnarbe, über dem 4. Mittelhandknochen eine halbkreisförmige Hautnarbe, in deren Kontur etwa ein Markstück hineingelegt werden kann. Der Mittelfinger und der Ringfinger der rechten Hand können nicht gebeugt werden. Sie schnellen bei einem passiven Beugeversuch sofort wieder in Streckstellung zurück. Auch der Zeigefinger und der kleine Finger sind nur wenig zu beugen. Viel besser ist die Beweglichkeit des Daumens. Wagner kann Gegenstände zwischen Daumen und Zeigefinger festhalten, auch schreiben. Der linke Arm ist etwa 4 cm über dem Handgelenk amputiert, der Amputationsstumpf ist gut verheilt und reizlos. Die Beine und Füße sind nach Form und Funktion ohne Störung. Die Untersuchung des Nervensystems ergibt außer einer großen Lebhaftigkeit der Sehnenreflexe an Armen und Beinen, wie wir sie bei nervösen Menschen häufig antreffen, nichts Abnormes. Die Augen sind kurzsichtig, das Gehör weist Abnormitäten auf, die in dem Gutachten des Assistenzarztes der K. Universitäts-Ohrenklinik genauer niedergelegt sind. Ich habe Herrn Dr. Zöppritz, den Verfasser des Gutachtens, darum ersucht, weil ich sicher gehen wollte, ob nicht eine Erkrankung des inneren Ohrs den Anlaß zu Halluzinationen geben könnte. Nach dem Gutachten des Fachmannes liegt eine Erkrankung des die Gehörfunktion vermittelnden Teiles des linken inneren Ohres vor, in deren Gefolge das Hörvermögen auf diesem Ohr herabgesetzt ist. Eine derartige Erkrankung sei häufig von Ohrensausen und Ohrenklingen begleitet, so daß die Angaben Wagners, daß er an Ohrensausen und Ohrenklingen leide, als glaubhaft anzusehen seien. Über den Beginn und die Dauer dieser Ohrerkrankung könne nichts Sicheres festgestellt werden. Immerhin sei es wahrscheinlich, daß die Erkrankung seit mehreren Jahren bestehe, zumal reichlicher Tabak- und Alkoholgenuß, die häufigen Ursachen solcher Erkrankung des inneren Ohres, von Wagner zugegeben werden. Es sei aber auch möglich, daß die Schwerhörigkeit die Folge der Kopfverletzungen Wagners bei seiner Überwältigung in Mühlhausen sei.

Das körperliche Befinden Wagners bot, wenn wir von den seelisch bedingten Störungen des Schlafes absehen, hier keine Abnormität. Der Schlaf war sehr schlecht, namentlich wenn der Nacht eine längere Aussprache mit mir vorausgegangen war. Dann wälzte sich Wagner manchmal stundenlang schlaflos im Bett herum. Der Appetit war gut, das Gewicht hob sich. Die Abderhaldensche Reaktion, die bei organisch-destruktiven Erkrankungen des Gehirns, namentlich auch bei der Dementia praecox positive Ergebnisse zeitigt, fiel bei der Untersuchung Wagners, wie nicht anders zu erwarten war, negativ aus. (Ich erwähne dies nur deshalb, weil in Zeitungen bald nach der Mühlhauser Tat die Äußerung gebracht wurde, Wagner leide nach dem Urteil sachverständiger Ärzte vermutlich an Katatonie oder Dementia praecox, eine Behauptung, für die auch nicht der geringste Beweis besteht, und die auch in dem Ausfall der serologischen Reaktion eine Widerlegung findet.)

Am 24. Dezember 1913 wurde Wagner ins Untersuchungsgefängnis nach Heilbronn zurückverbracht. Beim Abschied bedankte er sich in höflicher und würdiger Form für die rücksichtsvolle Behandlung, die er in Tübingen erfahren habe. Auch sagte er mir, er würde mir gerne seine Schriften überlassen, wenn ich ein Bild seines unseligen Lebens geben wolle.

Zusammenfassende kriminalpsychologische und psychiatrische Beurteilung.

Der bisher niemals vorbestrafte, 39jährige Mann, der bis zum Tage seiner Verbrechen als Hauptlehrer an einer Volksschule Degerlochs tätig war, in geordneten Verhältnissen lebte, hat am 4. und 5. September 1913 einen furchtbaren Mord- und Brandstiftungsplan zur teilweisen Ausführung gebracht, den er, wie aus dem ersten Teil seiner Biographie hervorgeht, seit 4 Jahren bis ins Einzelnste ausgearbeitet hatte, und von dem offenbar bis zum Moment der Tat kein Mensch auch nur die geringste Ahnung gehabt hat. Eine Reihe allerschwerster Verbrechen sind von ihm begangen worden; an anderen, nach Zahl und Art mindestens gleichschweren ist er durch seine Überwältigung verhindert worden. Sein Plan, in Mühlhausen alle erwachsenen Bürger zu töten, mißlang, ebenso seine anderen Absichten: das ganze Dorf einzuäschern, in Eglosheim die siebenköpfige Familie seines Bruders zu töten, dessen Haus, sowie andere Gebäude in Eglosheim durch Feuer zu zerstören und in Ludwigsburg sich in dem von ihm angezündeten Kgl. Schloß selbst das Leben zu nehmen. Auch wissen wir von ihm selbst, daß er, wenn sich ihm auf dem Wege von Mühlhausen nach Eglosheim und Ludwigsburg unbekannte Menschen in den Weg gestellt hätten, auch diese niedergeschossen hätte. Ja es ist sogar mit der Möglichkeit zu rechnen, daß er nicht davor zurückgeschreckt wäre, Angehörige des Kgl. Hauses im Schloß zu Ludwigsburg niederzuschießen, falls sie ihm beim Abschluß seines Vernichtungswerkes in den Weg getreten wären. In Mühlhausen angekommen, schoß er auf die ihm zu Gesicht kommenden Männer, ohne sich darum zu kümmern, wen er vor sich hatte. So traf er versehentlich auch einige weibliche Personen und Kinder. Der Gesamtheit galt sein Haß und seine Zerstörungswut, nicht dem Einzelnen. Es ist ohne weiteres klar und darf dem Angeschuldigten unbedingt geglaubt werden, daß die Motive der Tötung seiner Familie von denen beim Mord in Mühlhausen grundverschieden waren. In Degerloch wollte er die Seinen aus Mitleid mit sich in den Tod reißen. Und das gleiche Mitleid war es, das ihn zu dem Plane, die ganze Wagnersche Familie aus der Welt zu schaffen, bewog. In Mühlhausen handelte er aus Haß und Rachsucht. So wird es nötig sein, bei der Beurteilung seiner Verbrechen zwischen diesen beiden Kategorien von Beweggründen bei der Betätigung seines kriminellen Willens auch weiterhin zu scheiden.

Ungewöhnlich günstige Umstände geben ein Bild von der ganzen Persönlichkeit des Angeschuldigten, wie es klarer und an Einzelheiten reicher kaum gedacht werden kann: Sein unumwundenes Geständnis aller seiner Taten, — auch der geplanten — und ihre Begründung, seine ungewöhnliche Wahrheitsliebe, die dreibändige Selbstbiographie, die er vor seinen Verbrechen abgefaßt und abgeschlossen hatte, seine anderen Schriften, umfangreiche richterliche Erhebungen über seine Familie, über sein berufliches und persönliches Leben, über seine Stellung zur Familie, zu seinen Kollegen und Freunden, seine (mit Ausnahme einiger obszönen Vorfälle) offenen Angaben über sich und sein Leben bei meinen Untersuchungen hier in der Klinik. So kann die Persönlichkeit Wagners nach ihrer Abstammung, ihrer Kindheit und Jugend, nach ihrer geistigen Entwicklung und ihren Lebensschicksalen nach allen Seiten beleuchtet werden.

Wir beginnen mit seiner Abstammung. Zwar ist das Bild, das wir von seinen Eltern, vor allem von dem längst verstorbenen Vater haben, nur skizzenhaft. Aber so viel scheint doch festzustehen: Wagners Vater war ein eingebildeter, unzufriedener, dem Alkohol zugetaner Mann, der seinen Beruf als Bauer vernachlässigte und seiner Familie nach seinem Tod die Bezahlung seiner „Saufschulden" überließ. Wagners Mutter war eine Frau von düsterer, zum Pessimismus neigender Lebensauffassung, mit einer Neigung zu unbestimmten Verfolgungsgefühlen und mit abnormer geschlechtlicher Erregbarkeit. Nachdem sie in der Ehe mit Wagners Vater 10 Kinder geboren hatte, ließ sie sich sehr bald nach des Mannes Tod zu unsittlichen Handlungen hinreißen, hatte, wie aus den Akten wohl entnommen werden kann, gleichzeitig zu mehreren Männern geschlechtliche Beziehungen, wurde von ihrem zweiten Manne geschieden. Wir wissen von Wagner selbst, daß seine Mutter Mißtrauen und Zorn gegen Gerichte und Behörden hegte, daß sie oft klagte, wie bei ihrer Familie alles schiefgehe. Diese Kennzeichen zusammen mit der Migräne und einem schon relativ früh auftretenden Kopfzittern erlauben den Schluß, daß Wagners Mutter eine Entartete im psychiatrischen Sinne war. Dazu kommt, daß in ihrer nächsten Familie mehrere Mitglieder geisteskrank waren, so zwei ihrer Brüder. Einer derselben zeigte in seiner Psychose Verfolgungsideen und Größenideen, zitierte gerne Bibelsprüche und Liederverse und in seinen Wahnvorstellungen spielte die Onanie eine große Rolle. Wagner selbst hat seinen Vater als die Hauptquelle der Familiendegeneration bezeichnet. Man wird nicht fehlgehen in der Annahme, daß er von beiden Eltern seelisch erblich belastet ist. Aber nicht bloß das: Er vereinigte in sich geradezu die pathologischen Wesenszüge der beiden Eltern: das gesteigerte Selbstgefühl, die Einbildung und die Neigung zu Trinkexzessen, die Unzufriedenheit mit seinem Schicksal hat er vom Vater, den Pessimismus, die Neigung zu Verfolgungsvorstellungen, die gesteigerte geschlechtliche Erregbarkeit und die allgemeine Nervenschwäche gibt ihm die Mutter, deren Bruder in seiner Krankheit Symptome zeigt, die wir (Verfolgungs- und Größenideen, eingehende Beschäftigung mit der Bibel und religiösen Ideen, Selbstvorwürfe der Onanie) bei Ernst Wagner ebenfalls finden. So ist Wagner das Produkt konvergierender Belastung. Auch von seinen Geschwistern scheinen einige, namentlich ein Bruder, nicht frei von krankhaften Zügen zu sein.

Ernst Wagner selbst zeigt in seiner Entwicklung schon als Knabe manches Auffällige: Bei guter Begabung und großem Fleiß, bei lebhaftem, beweglichem Geist, bei empfänglichem Sinn für die höheren Dinge in Wissenschaft und Kunst zeigt er schon frühe vorlautes Wesen und hat manchmal Zeiten, wo die andern nicht recht wußten, was mit ihm los ist. Er erschien ihnen dann so dösig. Dabei war er schon als Knabe sehr empfindsam, rasch beleidigt, ehrgeizig und eingebildet. Ein lebhaftes Wahrheitsgefühl zwang schon das Kind, selbst dann die Wahrheit zu sagen und seinen Vorsätzen treu zu bleiben, wenn ihm daraus Strafe erwuchs. Schon der Knabe zeigte eine starke Neigung zum weiblichen Geschlecht (Biographie Teil I), eine wilde und produktive Phantasie in der Ausgestaltung seiner Räuberspiele, einen starken Lesehunger. Von der Mutter, an der er sehr hing, übernahm er schon als Kind die Abneigung gegen die Behörden. Die zunehmende Verarmung seiner Familie wirkte auf sein Gemüt bedrückend, die Pfändungen erschienen ihm als schrecklich und ehrverletzend. Die Geringschätzung, die ihm, dem „Witwenbüble" in der Gemeinde zuteil wurde, verbitterte sein Gemüt (Biographie). Angstvolle Träume mit schrecklichen Erlebnissen, wie sie bei erblich Entarteten häufig sind, quälten schon den Knaben und wirkten auf sein Denken und Fühlen im Wachen nach. Aber bei all dieser Trübsal war er von starkem Ehrgeiz und großem Selbstbewußtsein befallen, und schon damals fehlte ihm, wie er später von sich selbst schreibt, immer die Demut. „Lächelt über den Knaben, lächelt über den Mann, denn er ist noch heute so" (Biographie). In seiner geistigen Struktur macht sich schon frühe das kritische Element geltend. Seine gute geistige Veranlagung verschafft ihm die Aufnahme in die Präparandenanstalt und dann ins Eßlinger Seminar. Wir wissen über ihn aus jener Zeit Manches aus den zahlreichen Mitteilungen seiner Seminargenossen und Vieles aus seiner eigenen Biographie. Starkes Selbstbewußtsein, Vorliebe für Literatur, geistige Selbständigkeit, verschlossenes und gedrücktes, nie heiteres Wesen, starke Wahrheitsliebe werden auch aus jener Zeit über ihn berichtet. Die Jugendtorheiten des Seminaristen (Trinken, Kartenspiel, erotische Abenteuer) hat er offenbar weniger als andere mitgemacht. In seiner Nürtinger Zeit ist er nach seiner eigenen Schilderung ein Junge mit sehr zartem Gewissen gewesen, der sich fürchtete, wenn er sich nicht genügend präpariert glaubte. Bei den meisten scheint er, damals noch zart, beliebt gewesen zu sein, nur einzelnen erschien er schon damals als frech oder hochmütig. Seine Vorliebe für schriftdeutsches Sprechen und seine Meinung, zu etwas Höherem und Besserem berufen zu sein, geht nach den Akten schon bis in die Seminarzeit zurück. Den Kirchenglauben verlor er schon früh. Wie tief sein Pessimismus in seiner Veranlagung begründet ist, geht am besten daraus hervor, daß schon der 17jährige Jüngling in dem geordneten Leben des Eßlinger Seminarbetriebs einem Kameraden ins Stammbuch schreibt: „Es ist das Beste, nimmermehr geboren, doch wenn geboren, eilig an dem Ziel zu stehen". Daß es sich hiebei nicht bloß um die weltschmerzlichen Stimmungen der Entwicklungsjahre handelt, wissen wir aus seiner eigenen Darstellung, nach der Lebensüberdruß und Selbstmordgedanken ihn seit seiner Kindheit immer begleitet haben. Mit 18 Jahren fällt in sein Leben ein Ereignis, das für sein Schicksal von verhängnisvoller Bedeutung wurde, obgleich es ein Ereignis alltäglicher Natur war: Die Onanie. Sein Selbstbewußtsein, seine Offenheit, sein Pessimismus, seine hypochondrische Gedankenrichtung erhalten einen gewaltigen Stoß, erstmals geht durch die ganze Persönlichkeit ein tiefer Riß. In tiefster Betrübnis geht er zum Nervenarzt, der ihn erfolglos zu trösten versucht. Er berichtet von sich selbst, daß diese Jugendverirrung seinem ganzen Leben „die tiefunglückliche Richtung gab". Das Übel, das er nach den Schilderungen, die er schon früher und auch mir hier gab, mit aller Willensenergie bekämpfte, aber Jahre lang nicht überwand, schuf in ihm ein tiefes Gefühl der Schuld und der Selbstverachtung, die sich mit seinem sonstigen Wesen, seiner hohen Meinung von sich selbst, seinem künstlerischen Empfinden, seiner Sehnsucht nach dem jugendlichen Weib nicht in Einklang bringen ließ. Sexuell unverdorben und ohne Frivolität war er offenbar, wie manche sexuell erregbare Psychopathen, von sich aus zur Selbstbefriedigung gekommen und bald glaubte er die Folgen seiner Ausschweifungen an sich wahrzunehmen. Er besah sich im Spiegel, fand sich schlecht aussehend, empfand seine „Nervenschwäche" sehr peinlich und war davon überzeugt, daß Körper und Geist bei ihm rasch herunterkommen. Die Lektüre populärer Schriften vom Charakter des Retau'schen Buches trug noch dazu bei, in seiner Seele Gram und Selbstbeschuldigung zu nähren. Mit diesem Schuldgefühl belastet, fing er an, darauf zu achten, ob andere ihm seine geheime Sünde wohl anmerken und darauf anspielen: der krankhafte Seelenvorgang, der sein weiteres Leben zerstörte, beginnt erstmals, zunächst offenbar nur temporär, seine verhängnisvolle Wirkung auszuüben: es entsteht das paranoische Grundsymptom, die krankhafte Eigenbeziehung (Beziehungswahn, Beachtungswahn). Von seinem schlechten Gewissen in Gemütsunruhe gehalten, mißdeutet Wagner an sich harmlose Vorgänge der Außenwelt. „Mir selbst hats niemand gesagt, aber Anspielungen bekam ich hin und wieder zu hören". Als er einmal von einem jungen Kameraden an seinem Spiegel in stattlicher Rundschrift einen Zettel fand mit der Aufschrift: „Sumpfhuhn stehe auf" (er war ein Spätaufsteher), ist er sofort fest überzeugt, daß damit seine Onanie gemeint sei. „Scham und Gram hielten mich in beständiger Depression, ich hatte schließlich ganz den Glauben verloren, je wieder zu gesunden. Die Natur, redete ich mir vor, richtet den erbarmungslos zugrunde, der sie an dieser empfindlichsten Stelle verletzt". Dieser innere Zwiespalt seines Wesens hat zunächst noch keine merkbare Wirkung auf sein Verhalten im Beruf und gegen seine Kameraden. Das erste Examen wird gut erledigt, in den folgenden Jahren als Lehrgehilfe erfüllt Wagner im Dienste seine Pflicht, erscheint seinen Kollegen als ein freundlicher, wenn auch etwas geschraubter, empfindsamer und oft hochmütiger junger Mann. Auf religiösem und politischem Gebiet gerät er bald ins radikale Lager, wir finden ihn mit 22 Jahren in Böblingen als Schwärmer für die radikalen Vertreter des Sozialismus (Klara Zetkin) und als modernen Freidenker. Manchmal müssen sich diese Absonderlichkeiten so auffallend gezeigt haben, daß er Anderen als nicht ganz normal erschien. Er vertieft sich in Röthenbach in Heines satirische Schriften und versucht sich selbst auf literarischem Gebiet. Auch scheint er als junger Unterlehrer bald Liebesbeziehungen angeknüpft zu haben und auch der Prostitution nicht ganz ferne geblieben zu sein. Er gab dies später selbst offen zu. Aber jedenfalls war er 1900, also mit 26 Jahren, noch nicht frei von Onanie. Denn damals suchte er von Plieningen einen Arzt wegen seiner schlechten Nerven auf und klagte diesem auch über diese üble Gewohnheit. Der Ernst, mit dem er aus seinem Krankheitsgefühl herausstrebte, geht aus seinen Heilungsversuchen in der Schweiz hervor. Die Versuche mißlingen, sein Stolz nötigt ihn in der Schweiz sich durch seiner Hände Arbeit sein Brot gleich dem Taglöhner zu verdienen. Wenig gekräftigt kehrt er nach Württemberg zurück, nimmt eine neue Stelle an. Im Jahre 1900 und 1901 wirkt er als Lehrer in Sch., wo er seine Umgebung durch die Schroffheit seines Pessimismus und die Herbheit seiner alles zerpflückenden Kritik in Erstaunen versetzt. Er machte damals kein Hehl daraus, daß er Atheist, Sozialist, ja in manchen Dingen sogar Anarchist sei. Schon damals schien er einem aufmerksamen Beobachter als geistig gefährdet; seine aufflackernden sonderbaren Ideen und Gedankengänge, sein fanatisches Gerechtigkeitsgefühl, seine tiefe Menschenverachtung, seine Selbstüberhebung und sein geistiger Hochmut, seine Neigung, sich von der Behörde unterschätzt und schlecht behandelt zu fühlen, werden von Reallehrer S. hervorgehoben. Und so erschien er schon damals als eine „problematische Natur", in deren Wesen ein tiefer Riß sei, in dem bei prächtigen Anlagen doch ein Dämon schlummere und in dessen Seele dunkle Begierden lagern. Hochmütige Art und höhnisches Wesen waren an dem Konflikt mit einem höheren Lehrer in Sch. schuldig, infolge dessen er 1901 nach L. versetzt wurde. Der ergrimmte, aber offenbar selbst leidenschaftliche Gegner entwarf damals von ihm in seinem Bericht ans Ministerium ein sehr unvorteilhaftes Bild, betonte sein höhnisches und posierendes Wesen, seine gespreizte Vornehmtuerei, sein seltsames Deutsch.

Im Sommer 1901 kam Wagner als Unterlehrer nach Mühlhausen. Damit beginnt die Tragik seines Lebens. Der Mann, von dem seine damaligen Vorgesetzten sagen, daß er dem Gemeinen fern und dem Schönen zugewandt sei (Personalakten), begeht, wenn wir ihm glauben dürfen, im Sommer oder Herbst 1901 mehrmals (wie oft, ist unbekannt) auf dem Heimweg vom Wirtshaus unter der Wirkung des Alkohols das Delikt der Sodomie, der widernatürlichen Unzucht mit Tieren. Die genauere Art dieses Vergehens (mit welchem Tier? an welchem Ort?) ist bis heute nicht bekannt. Nichts und Niemand hat ihm bis heute dieses Geheimnis entreißen können. Ein starker Geschlechtstrieb war ihm von jeher zu eigen gewesen. Die Onanie hatte den Boden für die Perversität vorbereitet, der Alkohol, auf den er immer abnorm reagierte (vergl. weiter unten), steigerte den Sexualtrieb und beseitigte die ethischen und ästhetischen Hemmungen, und so kam Wagner im Alter von 27 Jahren zu einem Delikt, dessen Abscheulichkeit zu verdammen und zu beklagen lange Zeit, ja fast bis heute den Hauptinhalt seines Denkens und Fühlens gebildet hat. Er, der selbstbewußte Mann mit dem hohen Ehrgeiz, mit der Verachtung alles Unwahren und geschlechtlich Unnatürlichen, mit dem Sehnen nach vornehmer Lebensgestaltung, unterlag selbst einem wilden unnatürlich verzerrten Naturtrieb. Die sittlichen Vergehen fallen in den Sommer oder Frühherbst 1901; denn als er im Herbst 1901 das zweite Examen machte, lagen sie bereits hinter ihm. Wir wissen, daß er bei diesem Examen mit dem Revolver in der Tasche gearbeitet hat, immer gewärtig, daß er vom Landjäger verhaftet werde, und (wenn wir seiner späteren Schilderung glauben dürfen) immer bereit, bei drohender Verhaftung seinem Leben sofort ein Ende zu machen. Nach dem Inhalt der Akten liegt die Möglichkeit nahe, daß es sich bei seinen Delikten um Unzucht mit Kälbern oder Rindern handelte. Ein Beweis dafür ist jedoch nicht erbracht und, da niemand Zeuge seiner Delikte war, wohl auch nicht zu erbringen, solange er selbst sein Geheimnis bewahrt.

Es ist dabei auch die Frage zu prüfen, ob denn diese Vergehen sich auch tatsächlich ereignet haben oder ob sie vielleicht nur die Ausgeburt eines kranken Geistes seien, der im späteren Rückblick auf sein Leben unter der Einwirkung späterer krankhafter Seelenvorgänge zu einer Täuschung seines Erinnerns gekommen wäre (sogenannte „retrograde Erinnerungsfälschung"). Seine Schwiegermutter, Frau S., hat seine Selbstbeschuldigung der Sodomie als einen Wahn bezeichnet. Ich glaube diese letztere Annahme mit ziemlicher Bestimmtheit verneinen zu können. Ich zweifle nicht daran, daß Wagners sittliche Verfehlungen in Mühlhausen Tatsachen sind. Wir wissen, daß er schon 1904 ihretwegen im Neuenburger See den Tod suchte; es ist aber — von vielen anderen Gründen abgesehen — sehr unwahrscheinlich, daß schon 1904 solche Erinnerungsfälschungen vorhanden gewesen sein sollten. Auch haben wir keinerlei Anhaltspunkte für die Annahme, daß Wagner tatsächlich an Täuschungen seines Gedächtnisses leidet und die Vergangenheit in seiner Erinnerung wahnhaft verfälscht. Wo immer es möglich war, seine Angaben mit objektiven Aktenfeststellungen zu vergleichen, da trat die Zuverlässigkeit seines Gedächtnisses zutage (nicht zu verwechseln mit der Zuverlässigkeit seiner Wahrnehmungen und Beobachtungen!).

Wir müssen also wohl annehmen, daß Wagner im Sommer oder Herbst 1901 eine Zeitlang der Sodomie verfiel. Die Sodomie ist ein Sittlichkeitsdelikt, das, auf dem Lande keineswegs selten, doch meist von Personen anderer geistiger Struktur als Wagner begangen wird: halbwüchsige Jungen, einsame Schäfer und Knechte, Schwachsinnige und Geisteskranke verfallen dieser widerwärtigen Form sexueller Perversität. Es ist unverständlich, wie ein Mann in Wagners Lebenslage ihr anheimfallen konnte. Die Liebe zum erwachsenen Weibe war ihm damals nicht mehr fremd, seine körperlichen und geistigen Eigenschaften machten es ihm — wie schon die nächsten Monate lehrten — nicht schwer, natürlichen Geschlechtsverkehr zu bekommen. Die Onanie als Notbehelf hatte er bereits seit vielen Jahren geübt; und doch verfiel er der Sodomie. Er äußerte mir gegenüber, daß er in nüchternem Zustande nie schuldig geworden wäre; es bedurfte der Alkoholwirkung, um ihn zur Tat zu verleiten.

Aber ebenso rätselhaft wie uns erschien die Tat auch ihm selbst. Er geriet darob in Verzweiflung. Scham und Schuldgefühl bemächtigten sich seiner Seele und mit diesen schweren affektiven Erschütterungen stellte sich auch der Krankheitsvorgang wieder ein, der schon einmal für eine Zeitlang seinen Geist beunruhigt hatte: die krankhafte Eigenbeziehung, der Beachtungswahn. Die Angst um die Entdeckung seiner Verfehlungen, der Kummer über den Sündenfall, die vergebliche Bemühung, des wilden Geschlechtstriebes Herr zu werden: sie alle bereiten den Boden für eine tiefe, nie mehr ganz verschwindende Störung seines ganzen seelischen Wesens. Wagner projiziert seine angstvoll-selbstquälerische Stimmung nach außen. In der Sprache des Laien gesagt: das schlechte Gewissen erzeugt in dem grüblerisch-kritischen Menschen das Gefühl, daß so, wie er selbst sich als einen ganz anderen, gewissermaßen Entweihten empfindet, auch andere Menschen ihm dieses Anderssein anmerken, ansehen müssen und so zu Vermutungen kommen müssen. Das Mißtrauen erwacht. Auf meine Frage, wann er denn erstmals gemerkt habe, daß über ihn geschwätzt und getuschelt werde, gab er am 15. November 1913 an: unmittelbar, nachdem ich es getan habe, schon

Tags darauf. Nun ist es freilich auch hiebei keineswegs ganz sicher, ob diese 12 Jahre später gemachte Aussage objektiv richtig ist; normale wie pathologische Untreue der Erinnerung könnte bei ihr im Spiele sein. Andererseits liegen aber auch keinerlei Gründe vor, seine Angabe abzulehnen. An seiner subjektiven Überzeugung, daß es so gewesen sei, dürfen wir nicht zweifeln, und ein bestimmter Anhaltspunkt, daß sie objektiv unrichtig sei, besteht nicht. So müssen wir also wenigstens als wahrscheinlich gelten lassen, daß sich im Bewußtsein des Angeschuldigten unmittelbar nach seinem Delikte eine tiefgreifende Änderung vollzieht: die Auffassung der Außenwelt wird unter der Wirkung eines überwertigen Angst und Schuldgefühles verfälscht. Wagner nimmt wahr, was er in seiner Angst glaubt wahrnehmen zu müssen: sein böses Gewissen verrät sich in seinem Aussehen, seinen Mienen und Geberden, die Menschen sehen und merken dies, er wird der Gegenstand der Beachtung und der Beobachtung. Freilich erscheint dies nur ihm so. In Wirklichkeit ahnt kein Mensch etwas von seinen Verfehlungen, niemals in 12 Jahren kam auch nur ein Mensch auf den Gedanken, an sittliche Verfehlungen Wagners zu denken. Ja, es ist durchaus unbewiesen und ganz unwahrscheinlich, daß ihm überhaupt irgend jemand besondere Beachtung geschenkt hat, daß man sich mit ihm nach irgend einer Richtung mehr beschaftigt hat als mit anderen jungen Leuten seines Standes. Aber die innere Stimmung hält an; mit ihr das Schuldgefühl und das ängstliche beobachtende Mißtrauen. Freilich wohl noch nicht in der gleichen Stärke wie später, sonst hätte wohl Wagner nicht wenige Monate später ein sehr junges Mädchen verführt und geschwängert. Als er mit Anna S. in Beziehung trat, lagen, wie er mir hier bestimmt versicherte, die sittlichen Verfehlungen schon einige Zeit hinter ihm. Ob er diese Beziehungen anknüpfte, um sich vor einem Rückfall in perverse Sexualbetätigungen zu bewahren, wird heute nicht mehr zu entscheiden sein. Doch liegt diese Vermutung insofern nahe, als er nach seinem eigenen Geständnis bei Anknüpfung des Liebesverhältnisses keinerlei Absichten auf eine Heirat hatte, sondern nur eben Geschlechtsverkehr gesucht hatte (bestimmte Angabe Wagners hier). Die Schwängerung kam ihm unerwartet und namentlich unerwünscht. Auch sie hätte ihn nach späterer Angabe nicht zu einer Heirat bestimmt, wenn er die Mittel gehabt hätte, das 1903 geborene Kind auszuzahlen;

doch ist dies nicht ganz sicher. Nach den Personalakten kann man auch annehmen, daß er nach Feststellung der Schwangerschaft des Mädchens ohne weiteres bereit war, sie zu heiraten. So hat er sich auch hier mir gegenüber ausgesprochen. Nur ungern schritt er zur Ehe, nicht weil er an seiner Braut viel auszusetzen gehabt hätte, sondern weil ihm die Ehe überhaupt sehr zuwider war. Wohl hat er gelegentlich Äußerungen getan, daß er die Anna S. nicht liebe, ja er soll sogar an seinem Hochzeitstag geäußert haben, er liebe alle anderen Mädchen mehr als seine Braut. Sie stand offenbar geistig unter ihm und hatte einen „tüchtigen Dienstmädchencharakter". Allein stärker als diese wohl mehr stimmungsmäßige Unlust zur Ehe war in ihm das Gefühl der Untauglichkeit zur Ehe, der Druck seiner Schuld, die Angst vor ihrer Entdeckung, die tiefe Einsicht in die Zerrissenheit und Krankhaftigkeit seines ganzen Wesens. Bei seiner Hochzeit hatte er seine Schußwaffen in den Taschen seines Anzugs; Grimm und Verzweiflung begleiteten ihn auch in jenen Tagen von Radelstetten nach Mühlhausen.

Doch kehren wir nochmals zu den Jahren 1901 und 1902 zurück. Seine Schriften (Biographie I vor allem), seine Angaben in Heilbronn und Tübingen lassen in ihrer Gesamtheit erkennen, daß er in Mühlhausen sich bald von vielen Seiten beobachtet, verspottet, verhöhnt, beschuldigt, verlästert fühlte, daß Deutereien, Lächeln und Hohnlächeln, Redensarten und Bemerkungen sein Auge und Ohr trafen, die in ihm die anfangs schwankende, aber schließlich felsenfeste Überzeugung schufen, daß man seine Sodomie ahne, vermute, kenne, bespreche, sich in den Wirtshäusern über sie unterhalte, faule Witze darüber reiße, Zoten und Sauereien über ihn mache. All dies in unbestimmter, nie deutlich zu fassender Form. Wohl wurde sein Name meist nicht genannt, aber es geschah so, daß „es nur auf ihn gehen konnte", nur „er konnte damit gemeint sein, wenn zweideutige Reden geführt wurden", und wenn sein Name gesprochen wurde, so kamen dann unbestimmte Worte und Bemerkungen, die aber doch zu verstehen waren, es wurde getuschelt. Allmählich wurde er förmlich „gehetzt", „umstellt" „verfolgt". Und, was ihn am meisten empörte; während er sich selbst wegen seiner sittlichen Verfehlungen grämte, mit Selbstanklagen überhäufte, heulte und sich verfluchte, glaubte er wahrzunehmen, daß bei den anderen ob seiner Taten nur Schadenfreude, Hohn und Spott herrsche, daß er die Unterhaltung am Biertisch bilde, daß sie Witze und Zoten über ihn reißen. Würde er gemerkt haben, daß sie Zorn oder Mitleid mit ihm empfänden, so würde er weniger tief verletzt worden sein: aber ihm, dem stolzen, selbstbewußten Manne, der auf die Menge mit geistigem Hochmut herabblickte, ihm wurde nur Hohn und Spott gereicht, er wurde zum „Hanswurst" für die Belustigung der Leute. So gesellte sich dem Gram und Kummer der Zorn hinzu, der Zorn, daß man eine Sache, die sein Leben zerstörte, sein Selbstgefühl brach, mit der er glaubte die Menschheit geschändet zu haben, als ein komisches Erlebnis, als einen Anlaß zum Lachen und Witzereißen benützte. Und dieser Zorn wuchs immer mehr und fand keine Entladung, weil Wagner keine Möglichkeit sah, sich gegen diesen Hohn und Spott zu wehren. Was sollte er tun? Würde er einen der Spötter packen, ihn schlagen oder ihn gar vor Gericht ziehen, so würde er riskieren, daß seine Tat allgemein bekannt würde und er Amt und Brot verlöre. Er mußte schweigen, die Faust in der Tasche ballen; er war, wie er später mit so erschütternden Worten ausmalte, wehrlos, seinen Feinden ohnmächtig preisgegeben. Und so kann es uns nicht wundernehmen, wenn er bei seinem Abschied von Mühlhausen zum Lehrer L. sagte, Mühlhausen sei die „schlechteste Stelle, die er je gehabt habe".

Vergleichen wir mit diesen Ausführungen die Tatsache, daß, während Wagner in Mühlhausen als Lehrer tätig war, kein Mensch auch nur die geringste Ahnung von seinen Verfehlungen hatte, daß Niemand auf ihn als Schuldigen achtete, daß er, von Niemand belästigt, sein Amt versah, daß die Urteile seiner Vorgesetzten über ihn günstig lauteten, daß der Adlerwirt von Mühlhausen ihm seine Tochter zur Frau gab, daß seine Außerdienststellung in Mühlhausen und seine Versetzung nach Radelstetten nur erfolgte, weil die uneheliche Schwängerung der jungen Anna S. bekannt geworden war, vergleichen wir also die Wirklichkeit mit dem Bilde, das sich Wagner beim Weggang von Mühlhausen von dem Orte und seinen Bürgern, von seiner Stellung und von seinem Ansehen dort geschaffen hatte, so sehen wir deutlich, wie wahnhaft sein ganzes Denken verfälscht war, wie der Standpunkt, den er gegen seine bisherigen Mitbürger einnimmt, sich *völlig verrückt hat.* Das Bild der Außenwelt ist verfälscht; den Mienen, Geberden, Worten und Handlungen harmloser Bürger wird ein Sinn und eine Absicht untergelegt, die mit der Wirklichkeit nichts mehr zu tun hat, die rein aus dem krankhaften Seelenleben des Angeschuldigten heraus geboren ist.

Es mag hier gleich eine Frage erörtert werden, die auch für die ganze weitere Lebenszeit Wagners gilt, nämlich die Frage, ob bei der Ausgestaltung seines Wahnes neben der krankhaften Eigenbeziehung auch Sinnestäuschungen mitgewirkt haben. Mit Bestimmtheit ist diese Frage nicht zu entscheiden, weil uns Wagner das Detail dessen, was er an Hohn, Spott, Gerede, Zoten und Sauerei gehört haben will, niemals gesagt hat. Es kann sein, daß er nur wirkliches Lachen und Zoten, wie es ja namentlich am Biertisch üblich ist, auf sich bezog und als Hohn gegen sich auslegte. Es kann ebensogut sein, daß er seine Gedanken und Sorgen, seine Ängste, Selbstverhöhnungen schließlich halluzinatorisch vernommen hat. Für die Gesamtbeurteilung der Krankheit ist dies ohne weitere Bedeutung. Darum kommt auch der Frage, ob seinem Ohrleiden bei der Entstehung etwaiger Sinnestäuschungen eine Rolle beizumessen sei (eine Frage, die ich angesichts des späten Auftretens der Ohrerkrankung verneinen möchte) keine große Bedeutung zu.

Im Dezember 1902 kam Wagner nach Radelstetten. Damit beginnt der zweite Teil seiner Lebenstragödie. Der Umstand, daß ihm diese Versetzung nach Radelstetten als eine Strafe erschien, war an sich nicht geeignet, ihn froher zu stimmen und sein sittliches Schuldgefühl herabzusetzen. Der Grimm über seine Tat in Mühlhausen, die schweren Selbstvorwürfe darüber, der innere Konflikt, all dies begleitete ihn auch an den neuen Ort. Unglücklich und mit sich selbst zerfallen erfüllte er seine Berufspflicht. Manchmal suchte er im Wirtshaus Zerstreuung und Vergessen. Allein in diesen Zuständen tiefer, innerer, Gemütsbewegung wirkt der rasche Genuß geistiger Getränke erfahrungsgemäß leicht sehr verhängnisvoll. Und so sehen wir auch Wagner unter Alkoholwirkung sich völlig verändern. Sonst verschlossen und zurückhaltend, bescheiden und liebenswürdig, wird er nach dem Genuß einiger Glas Bier erregt, gesprächig, in der Äußerung seiner antireligiösen Gefühle hemmungslos, in der Mitteilung seiner freien Anschauungen über Liebe und Ehe fast brutal. Außerdem tritt sein starkes Selbstbewußtsein dann in einer schließlich grotesken Form auf. Er rühmt sich seiner literarischen Leistungen, behandelt die Dichterwerke Anderer aus den letzten 80 Jahren von oben herunter und stellt seine Arbeiten über diese.

Nüchtern wird er von dem Gram über seine Tat beherrscht. Zwar hat die Versetzung von Mühlhausen nach Radelstetten ihm in einer Beziehung zunächst Linderung gebracht: in Radelstetten merkte er in den ersten fünf Jahren nichts von Hohn, Spott, Rederei und anderen Zeichen, die auf ein Wissen der Leute von seinen Verfehlungen hätten schließen lassen. Mehrere Jahre glaubte er dieses Wissen nur auf Mühlhausen und Umgebung beschränkt. So war der Anlaß zum Zorn, den er in Mühlhausen empfand, zunächst wieder weggefallen. Und in seiner Seele herrschte nur der Gram über sich selbst. Wir wissen aus seiner Biographie, wie er ihn schon im Jahre 1904 so dauernd beherrschte, daß er sich während des Kurses in der Schweiz auf die verschiedenste Weise selbst vernichten wollte. Allein ihm fehlte damals der Mut; als ein „elender Lump" kam er sich selber vor, als er lebend nach Radelstetten zurückkehrte. Wenn er von da zum Besuch der Familie seiner Frau nach Mühlhausen herabfuhr, was nur selten vorkam, dann steigerte sich mit dem erneuten Anblick der Stätte seiner Verfehlung auch Kummer und Angst und in dieser Gemütslage glaubte er von neuem Wahrnehmungen dort zu machen, die ihn darauf schließen ließen, daß er dort noch immer der Gegenstand des Hohnes und Spottes sei. So kehrte er von jedem Besuch in Mühlhausen mit tieferem Ingrimm zurück. Und allmählich gesellte sich zu der Verzweiflung über seine sittliche Schuld und zu dem Zorn über die ihn verspottenden und verhöhnenden Personen in Mühlhausen der Haß gegen dieses ganze Dorf und seine Bewohner. Dieser Haß hatte seine natürliche Wurzel in seinen vermeintlichen Wahrnehmungen und ferner in dem psychologischen Gesetz, das er selbst formuliert hat, wonach der Mensch die Stätte haßt, an der er gestrauchelt ist, den Stein, an dem er sich gestoßen hat. Wie mir Wagner hier in Tübingen angab, begann sich der zunächst auf einzelne Bewohner von Mühlhausen beschränkte Haß etwa ums Jahr 1906 oder 1907 auf das ganze Dorf, nicht bloß auf die Menschen, sondern sogar auch auf die Häuser auszudehnen. Noch war es aber nur ein wilder Haß, ein Gefühl, das er verschwieg, und für das er in seinen Dichtungen, vor allem in „Nero" eine Entladung suchte. Noch gelten seine Pläne nur der Vernichtung seines eigenen Lebens, wozu allmählich der Gedanke trat, auch seine Kinder mit sich zu nehmen, für die er den Fluch der Vererbung und Entartung fürchtete.

Seine starke Sinnlichkeit und wohl auch seine alkoholischen Exzesse müssen wohl dafür verantwortlich gemacht werden, daß er trotz der von ihm angewandten Vorbeugungsmittel in rascher Folge fünf Kinder bekam, von denen das jüngste bald wieder starb. Dieser Kinderreichtum bedrückte ihn ebenfalls schwer. Oft wiederholte er, er habe kein einziges gewollt. Die inneren Konflikte häuften sich. In dem starren, mit Pessimismus völlig durchtränkten Gemütsleben Wagners kamen Gram, Reue, Selbstanklagen und Selbstverhöhnung niemals zur Ruhe. Dem Willen, sein verpfuschtes Leben zu enden, stand sein bisweilen auftauchender Lebenshunger, seine Feigheit, die er auf seine elenden Nerven zurückführt, und sein Verantwortungsgefühl der wachsenden Familie gegenüber im Wege. Sein an sich jeder Gewalttat abgeneigter Sinn konnte sich damals noch nicht dazu aufraffen, seine Kinder vor sich selber zu töten. Es ist mehrfach bezeugt, daß es ihm nicht möglich war, auch nur eine Taube zu schlachten, oder eine blutende Wunde bei einem Menschen sich anzusehen. So blieb er ein in sich zwiespältiger, mit Selbstverhöhnung sich quälender Mensch, der nur in seiner Phantasiewelt lebte, seine innersten Gedanken und Qualen vor jedermann, auch vor der eigenen Frau verschloß, auf einsamen Spaziergängen laut hinausheulte, ja, wie er später berichtete, Zorn und Wut förmlich hinausbrüllte. Dabei tat er in der Schule seine Pflicht, wurde als Lehrer gerühmt, war als Kollege beliebt, war freundlich und gefällig, so daß der Hauptlehrer S. in O. sich, vom Untersuchungsrichter über Wagner befragt, dahin aussprach: „Wenn man mich gefragt hätte, wer unter meinen Kollegen in der Umgebung als der angenehmste und gutmütigste bezeichnet werden könne, so hätte ich frischweg geantwortet: der Wagner." Und Lehrer Ho. sagte am 4. Dezember 1913 hier in der Klinik aus: „Die Radelstetter haben nie höher geschworen als auf Wagner". Alle seine Selbstmordgedanken behielt er für sich; er, der wahrheitsliebende Mann sah sich genötigt, jahraus, jahrein sich zu verstellen, sein Innerstes zu verbergen.

In dieser Weise ging sein Leben etwa bis zum Jahr 1908 oder 1909 weiter. Der Haß gegen Mühlhausen hämmerte sich immer mehr in sein Gehirn ein; aber er hatte doch lange Jahre geglaubt, daß die Kenntnis seiner sittlichen Verfehlungen auf den Ort ihres Geschehens beschränkt sei. Da erfuhr sein Schicksal eine neue Wendung zum Schlimmeren: Ganz allmählich, zunächst aus Andeutungen und Bemerkungen, aus Mienen und Verhaltungsweise einzelner Personen gewann er die Überzeugung, daß die Kenntnis seiner Sodomie nun auch nach Radelstetten gedrungen sei. Er beobachtete, daß man auch hier sowie in dem benachbarten Scharenstetten über ihn spotte und lächle, daß er auch hier der Gegenstand der Schadenfreude und des Wirtshausgespräches geworden sei. Ja er wähnte sogar die Erfahrung zu machen, daß selbst seine Kollegen und nächsten Freunde von seinen Verfehlungen Kenntnis erhalten haben. In welch verhängnisvoller Weise dabei seine krankhafte Eigenbeziehung sein Denken verfälschte, beleuchtet das oben ausführlich geschilderte Erlebnis mit seinem alten Freunde Ho. (Ho.'s Antwort auf seine Mitteilung, daß er schwere innere Sorgen habe: „O Wagner, das wissen wir schon lange", gilt ihm sofort als fester Beweis dafür, daß Ho. von seiner Sodomie weiß.) Ebenso zeigt der Vorfall mit dem Lehrer Wi. die Wirksamkeit dieses Krankheitssymptoms: aus der harmlosen Erzählung eines Kollegen, wie man in China faule Kinder durch Anzeichnen von Ringen um die Augen für andere sichtbar strafe, liest er den Vorwurf gegen sich, daß man ihn der Onanie beschuldige. Und es zeigt sich dabei, daß die aus dem krankhaften Gefühlsleben herausgeborene Überzeugung keiner Korrektur durch die verstandesmäßige Widerlegung zugänglich ist. Man zeigt ihm das Buch, in dem die Geschichte von den chinesischen Kindern steht; der Lehrer versichert ihm, daß ihm jede Absicht einer Anspielung oder gar Kränkung ferngelegen habe: es ist alles umsonst, der Wahn besteht und seine Freunde versuchen vergeblich, ihn auszureden. Im Jahre 1909 befestigt sich in Wagner die Überzeugung von der Verhöhnung, Verspottung und Verfolgung immer mehr. Es steht für ihn fest, daß er die Hauptunterhaltung im Wirtshaus bilde. Er glaubt dort Äußerungen gehört zu haben, die ihm dies unzweideutig beweisen. Und auch hier wieder, wie in Mühlhausen: Nicht sittlichen Anstoß, Ärger oder ernste Vorwürfe erheben seine vermeintlichen Feinde; nein, Spott, Lachen und Höhnen wird ihm zuteil und so wird der stolze, selbstbewußte Mann gerade in der empfindlichsten Stelle seiner Seele tödlich verletzt. Seine Freunde und Kollegen tun dies zwar nicht; im Gegenteil, von ihnen nimmt er an, daß sie sich bemühen, die andern zum Schweigen zu veranlassen und ihm dadurch zu ermöglichen, Amt und Brot zu behalten. Und so nimmt er sie aus von dem wilden Zorn und Haß, der nun wieder mit erneuter Stärke in ihm auflodert. Wir wissen aus späteren Schilderungen, daß er damals sich oft nur mühsam zurückgehalten hat, einem seiner vermeintlichen Spötter mit der Faust ins Gesicht zu schlagen oder gar ihn niederzuschießen. Daß er dies schließlich nicht tat, hatte in letzter Linie seine Ursache darin, daß allmählich bei ihm ein weit größerer Racheplan Gestalt gewonnen hatte. Wir kennen diesen Racheplan aus dem ersten Teil seiner Biographie. Er wollte schon damals das Dorf Mühlhausen und alle seine männlichen Einwohner zerstören, seine Familie töten und sich zuletzt selbst erschießen. Im Sommer 1909 stand dieser Plan bis in alle Einzelheiten fest ausgearbeitet vor seiner Seele. Er schreckte vor seiner Ausführung zurück. Um sich selbst anzufeuern, berauschte er sich in wilden Phantasiespielen an der Größe seiner Aufgabe, die sich ihm schon damals zur großen „Mission", zum hohen „Lebenswerk" ausweitet. In dieser Stimmung ist Anfang und Schluß des ersten Teiles seiner Lebensbeschreibung verfaßt.

Mit guten Waffen hatte er sich ausgestattet, im Walde hatte er sich im Schießen geübt, ein Fahrrad hatte er sich angeschafft, Dolch und Totschläger lagen bereit, um die Familie so still töten zu können, daß er nach dieser Tat noch die Zeit fände, seinen Mordplan in Mühlhausen zur Ausführung zu bringen. Aber immer wieder schauderte ihm vor der Ausführung. Mit erschütternder Tragik erzählte er mir, wie oft er nachts am Bett seiner Kinder gestanden habe, um sie zu ermorden, wie er aber immer wieder an der Unmöglichkeit dieser Tat scheiterte.

So wächst ihm allmählich sein Leben zu einer unerträglichen Qual; das Leiden Christi erscheint ihm klein neben dem seinigen, er bricht in die wilden Worte aus: „Ich bitt euch, nehmt den Nazarener vom Kreuz und heftet mich daran, ich bin das fleischgewordene Leiden. Ja, wenn ich an das Opferlamm zu Golgatha denke, so kann ich nur lächeln". Und ein andermal: „Bei mir ist das ganze Jahr Karfreitag und wo ich wandle, ist Golgatha".

Die folgenden Jahre bis zum Mai 1912 befestigen immer mehr Wagners unumstößliche Überzeugung, daß er verhöhnt, verfolgt, wie ein wildes Tier gehetzt, von allen Seiten mit Feinden umstellt sei. Wohl versucht sein kritischer Geist in etwas ruhigeren Stunden zu prüfen, ob denn seine Vermutungen auch eindeutig seien. Die Tatsache, daß er noch im Amt bleibt, daß man ihn als Lehrer der Kinder im Dorf weiterwirken läßt, in dem das, was Einer weiß, doch bald alle wissen, gibt ihm zu denken. Aber, wie jeder Wahnkranke, findet auch er die Lösung: Weil er sich in Radelstetten nichts zu Schulden kommen lasse, so lasse man eben das Vergangene auf sich beruhen; den Bemühungen seiner Freunde gelinge es, sein Bleiben im Amte zu erreichen und so begnüge man sich damit, ihn durch Spott und Hohn die allgemeine Verachtung fühlen zu lassen. Wie in Mühlhausen, so fühlt er sich auch hier völlig hilflos. Den Gegner zu packen, erschien ihm unmöglich, weil er sich, wie er irrtümlich glaubte, damit selbst ins Zuchthaus geliefert hätte. Dies aber wäre mit seinem Stolz unverträglich gewesen. Immer war er fest entschlossen, im Augenblick einer etwaigen Verhaftung sich zu erschießen, Je ohnmächtiger aber sein Zorn war, sich gegenwärtiges Leid wegzuschaffen, destomehr beschäftigte sich sein Geist mit den vermeintlichen Urhebern all dieser Pein, mit Mühlhausen und seinen Einwohnern. Von dort glaubte er, haben es Schäfer auf die Rauhe Alb hinaufgebracht; dort in Mühlhausen meinte er, gebe man nach 10 Jahren noch keine Ruhe. In Radelstetten habe man nur weiter gesprochen, was von Mühlhausen heraufgebracht worden sei.

Je mehr nun Gram und Verzweiflung in ihm weiterwuchs, je größer er die Zahl seiner Spötter und Feinde werden sah, desto gewaltiger wuchs in ihm das Bewußtsein von der Bedeutung seiner Rache. Und eine merkwürdige Tatsache tritt in die Erscheinung: Sein von jeher starkes Selbstgefühl wächst sich ins Wahnhafte aus. Er hat mir selber gesagt, daß nach all dem Leiden und der Qual „als ein Kontrast" in ihm der Gedanke, ein außerordentlicher, seine Zeit überragender Mensch zu sein, kommen mußte. „Mein Leiden hat meinen Stolz und mein Selbstgefühl auch wieder gesteigert". Und so entstehen in ihm, zunächst nur als Phantasiegedanken, als oft halb ironisch gemeinte Selbstverherrlichungsideen jene Vorstellungen der Größe als Dichter, Politiker, Psychologe, Rassenhygieniker, die wir in seinen Schriften von 1911 ab immer deutlicher hervortreten sehen. Anfangs ist vieles mehr Renommisterei, die dann im Wirtshaus unter Alkoholeinwirkung sich zu maßloser Selbstverhimmelung steigert; er stellt sich dann neben Shakespeare, Göthe und Schiller als einen der Großen der Weltgeschichte. Aber mit der Zeit werden solche Vorstellungen in ihm bestimmter, wenn sie auch vor den Menschen in nüchternem Zustand nicht ausgesprochen werden. Er vertraut sie seinem Tagebuch an, er verarbeitet sie in seinen Dichtungen. Ich verweise vor allem auf den Nazarener, dessen große Schlußrede in ihren wichtigsten Teilen oben wiedergegeben wurde.

Die Übersiedelung nach Degerloch bedeutet nur äußerlich einen Abschnitt in Wagners Leben. Innerlich hat sich in seinem Denken und Fühlen damit nichts Wesentliches geändert. Zwar schien es anfänglich, als ob die Zerstreuung, die ein häufiger Aufenthalt im großstädtischen Stuttgart mit sich brachte, ferner das freiere Leben in größeren Verhältnissen, in denen der einzelne mehr sich selbst überlassen ist, günstig zu wirken vermöchte. Allein die Wirkung war von kurzer Dauer. Genau so wie in Radelstetten fühlte sich Wagner auch in Degerloch bald wieder als der Ausgestoßene, der durch seine sittliche Untat die Menschheit geschändet habe, dessen einzige Aufgabe sei, aus der Welt zu gehen. Lawinenartig wuchs angesichts des Schönen, was das Leben dem Unbescholtenen zu bieten vermag, in Wagner Gram und Wut über sich selbst, über die Stätte seiner Tat und über die Verhöhnung seiner Mitmenschen. Und mit seinem Leid wuchs die Einschätzung seines, an sich längst verjährten, sittlichen Vergehens; was er vor langen Jahren getan hat, das galt ihm nun schlimmer als Mord und Totschlag; er hatte sich am Heiligsten, an der Natur, für ewig versündigt. Und so predigt er in seinen „Stuttgarter Spaziergängen" die Rückkehr zur gesunden Natur, die Ausmerzung aller Kranken und Schwachen, den Fluch über alles sexuell Abnorme, die Notwendigkeit, durch eine Vernichtung vieler Millionen von Menschen den Starken und Gesunden Licht und Luft zu schaffen. Immer mehr verändern diese zum Teil grandiosen Phantasien seine Abwertung des einzelnen Menschenlebens; es wird ihm angesichts der allgemeinen Menschheitsfragen zur Kleinigkeit.

In Degerloch merkte Wagner schon nach kurzer Zeit an seiner Umgebung Anzeichen, daß seine Sodomie auch dort bekannt geworden sei. Er zweifelte nun nicht mehr, daß damit für ein Heimlichbleiben seiner Sünde in einzelnen stillen Dörfern die letzte Möglichkeit geschwunden sei. Diese Erkenntnis ist es wohl gewesen, die dann schließlich den Mordplan zur Ausführung brachte. In ganz unzweideutiger Weise beweist der dritte Teil seiner Biographie, dessen Schluß erst kurz vor die Mordtaten fällt, daß ihm die Vernichtung seiner selbst und seiner ganzen Familie die Hauptsache war. Sie war für ihn eine Notwendigkeit, gegen die es kein Rütteln mehr gab. Daß er die Seinen nur aus Mitleid und mit schwerer innerer Qual getötet hat, steht außer allem Zweifel. Dabei war ihm die Tötung der Frau weniger wichtig als die der Kinder. Seine Frau hat er nur deshalb zuerst aus der Welt geschafft, damit sie ihm bei der Tötung seiner Kinder und bei der heimlichen Wegreise nach Mühlhausen nicht in den Arm fallen könne. Die Kinder tötete er aus tiefem, innerem Mitgefühl; denn er hatte sie, obwohl er ihre Geburt nie gewollt hatte, später doch liebgewonnen. Nicht ohne tiefe innere Bewegung wird man seine Schilderung des letzten Weihnachtens mit seiner Familie lesen, wie er, der Ausgestoßene, der sich selbst zum Tod verurteilt hat, seine Kinder beschenkt und dabei sich seiner eigenen kümmerlichen Kinderjahre erinnert, wie er dann nach der Feier in die Natur hinausgeht, um seiner schweren seelischen Erregung Herr zu werden. Hier in Tübingen erzählte mir Wagner, man habe ihm öfters vorgehalten, er sei nicht streng genug gegen seine Kinder; er gebe dies zu, aber er habe eben gedacht, da sie doch nur noch kurze Zeit zu leben haben, so wolle er ihnen jeden Schmerz, jede trübe Stunde ersparen. Dabei traten ihm Tränen in die Augen. Mitleid mit seiner Familie, die er durch seine Taten doch für alle Zeiten dem Spott und Elend der Welt preisgegeben hätte, wenn sie am Leben geblieben wären, Angst um seine Kinder bei der Schwere seiner Entartung ließen ihn schließlich die Scheu vor ihrer Tötung überwinden. Er wählte eine Tagesstunde, in der die Konturen der kindlichen Körper nur eben soweit erkennbar waren, daß er seinen Plan rascher und schmerzloser Tötung mit sicherem Erfolg ausführen konnte. „Ich habe die Tat wie einen eingelernten Spruch getan", sagte er mir am 15. November.

„Es wäre mir natürlich lieb gewesen, wenn ich sie auf einen Stich getötet hätte. Ich habe eben blindlings zugestochen, solange ich gemerkt habe, daß noch Leben da war. Es wäre eine falsche Annahme, wollte man glauben, daß ich das aus schlechter Rohheit getan hätte" . . .

Es wäre in der Tat durchaus verfehlt, wollte man in der Schwere und Massenhaftigkeit der seiner Familie beigebrachten Wunden einen Beweis besonderer Brutalität erblicken. Das Gegenteil ist der Fall. In der angstvollen Erregung, ob es ihm auch gelingen werde, die Seinen rasch und schmerzlos, ohne lange Qualen aus der Welt zu bringen, stieß und schnitt er zu, damit ihm ja keines am Leben bleibe. Nur die felsenfeste Überzeugung, daß diese

Tat eine Notwendigkeit sei, gab ihm die Kraft zu ihrer Ausführung. Er wollte mit ihr Unglück verhüten, das er für unausweichlich hielt.

Völlig verfehlt ist die in den Zeitungen anfänglich oft aufgetretene Behauptung, daß bei der Ermordung seiner Familie ein Haß gegen seine Frau und deren Mühlhäuser Verwandte eine Rolle gespielt habe. Davon kann gar keine Rede sein. Wenn er seine Frau auch nicht sehr hoch einschätzte, so hatte er doch keinerlei Haß gegen sie; und die Familie seiner Frau spielte in den Verfolgungsideen gegen Mühlhausen gar keine Rolle. Er nahm es nicht schwer, den „Adler" in Mühlhausen anzuzünden, weil er seinen Schwager gut versichert wußte. Er wollte ihm damit das Wegziehen von dort nach seinen Gewalttaten erleichtern.

Ganz anderen Motiven entsprang die Mord- und Brandstiftungstat in Mühlhausen[1]). Wie er über diesen Ort und seine Einwohner dachte, das hat er schriftlich und mündlich eingehend mitgeteilt. „Es ist alles ein Ungeziefer" schrieb er einmal. Als Lumpen, Schinder, hämische Quäler erschienen sie ihm, die mit Schadenfreude ihn über ein Jahrzehnt lang marterten, und an denen sich für all das Leiden zu rächen, Sinn und Zweck seines Lebens geworden sei. So schreibt er in seiner Biographie III:

---

[1]) Es könnte vielleicht auffallen, daß Wagner seinen Haß und Vernichtungsdrang auf Mühlhausen beschränkte, obwohl er sich in Radelstetten genau so verhöhnt gefühlt hatte; ja er sagte sogar hier einmal, er habe in Radelstetten die deutlichsten Zeichen dieser Verfolgung wahrgenommen. Er begründete dies selbst in einer Unterredung mir mir folgendermaßen: „Die Radelstetter haben es von den Mühlhäusern zugetragen bekommen. Allein dort in Mühlhausen war mein ursprünglicher Haß, von dort kam alles her, die haben es auf die Alb hinaufgetragen. Und in Radelstetten haben sie es zwar gewußt, aber viele haben doch auch dafür gesorgt, daß es geheimbleiben solle, sonst hätte man mich doch nicht im Amte gelassen." Und dann: „Es ist zwar vielleicht lächerlich, aber der Mensch ist nun einmal so: er überträgt den Haß und Zorn wegen seiner Schuld auf den Ort, an dem er schuldig wurde; ich habe sogar die Häuser von Mühlhausen gehaßt, obwohl mir die nichts zu Leide taten. Deshalb sollte auch der ganze Ort vom Erdboden verschwinden. Ich habe nicht angezündet, um den Mühlhäusern Geldschaden zu machen, sie werden für ihre alten Häuser ja gut versichert gewesen sein und jetzt bessere neue bauen können, sondern ich wollte den Ort meiner Tat aus der Welt schaffen. Außerdem konnte ich die Einwohner auch besser niederschießen, wenn sie infolge des Brands aus ihren Häusern herauskamen und ihr Vieh retten wollten. Da konnte ich sie dann alle vor die Pistole bekommen."

„Aber ihre Martern alle und die Martern derer, die mein rächender Arm noch zu erreichen wünschte, was wollen sie besagen gegen meine Qual! Was sind alle diese elenden Tropfen gegen den Ozean meines Leidens?“

Seine Biographie und seine Angaben nach der Tat in Vaihingen, Heilbronn, Tübingen beweisen, daß der Verfolgte und Gequälte, nachdem ihm das Maß seiner Qual unerträglich geworden war, zum Verfolger wurde. Wir kennen diese Entwicklung; die französische Psychiatrie hat schon vor langen Zeiten den „Persécuté-persécuteur“, den verfolgten Verfolger anschaulich beschrieben. Aber mit dieser Feststellung sehen wir auch, wie hier eine unüberbrückbare Kluft zwischen dem Vorstellungskreis Wagners und der Wirklichkeit klafft: Ein friedliches Dorf, das sich in der Mehrzahl seiner Einwohner seiner kaum mehr und jedenfalls ohne alle unfreundlichen Gefühle erinnert, das nichts von seiner sittlichen Verfehlung weiß, das nie deshalb über ihn gelacht, gehöhnt und gespottet hat, dem es meilenweit fernlag, ihn zu quälen oder ihm irgendwie das Leben zu erschweren, wird von ihm mit tödlichem Haß verfolgt, einem Haß, der sich nur in der Vernichtung des ganzen Dorfes glaubt Genüge tun zu können. Es ist nach den Feststellungen des Untersuchungsrichters ganz außer Zweifel, daß Mühlhausen bis zum Tage der Mordtaten Wagners von seinen sittlichen Verfehlungen keinerlei Kenntnis hatte. Alles, was er in 12 langen Jahren von dort an Spott, Hohn und Verachtung, an Qual und Marter erlitten zu haben glaubt, ist nichts anderes, als der Ausfluß eines Wahns. Dieser Wahn aber ist die Ursache seiner Taten. Mit dürren Worten hat er es vor dem Untersuchungsrichter selbst gesagt:

„Wenn niemand von denselben (d. h. den sittlichen Verfehlungen) etwas ahnte, meine Selbstachtung hätte ich zwar trotzdem verloren gehabt, aber zum Mord wäre ich da nicht gekommen, dazu hätte ich für mich alsdann kein Recht in Anspruch genommen.“

Ähnlich hat er sich auch hier immer ausgesprochen. Dieser Wahn also und nichts anderes hat ihn mit den Mordwerkzeugen in der Hand nach Mühlhausen geführt. Dieser Wahn hatte im Laufe der Jahre seine Stellung zur Welt, zu seinen Mitmenschen gefälscht, seine allgemeinen Auffassungen über sein eigenes Ich und seine Bedeutung, über das menschliche Leben und den Sinn der Welt durch einen finsteren Pessimismus krankhaft verzerrt, durch den Kontrast zwischen seinem Stolz und seinem Elend, zwischen seiner Selbstachtung und dem Hohn der Menschen seine Größenvorstellungen ins Ungemessene wachsen lassen. Und dabei ging ihm auch jeder Maßstab für Recht und Unrecht, für Schuld und Sühne verloren, soweit es sich um Fragen handelte, die sein eigenes Lebensschicksal betrafen. Mag es noch so auffällig erscheinen, daß ein Mann, der bis kurz vor seinen Mordtaten sein Amt als Lehrer gut ausübte, der von niemanden als geisteskrank angesehen wurde, hier doch als ein langjähriger Wahnkranker bezeichnet wird: die Tatsache ist nicht aus der Welt zu schaffen, daß die Beweggründe Wagners zur Mordtat in Mühlhausen nur die Ausgeburten eines langjährigen Wahnes waren, und daß dieser Wahn den ganzen Menschen Wagner von Grund aus verändert hat. Das Krankheitsbild, um das es sich handelt, ist der chronisch systematisierte Verfolgungswahn, die Paranoia[1]).

Es mag vielleicht zunächst weniger einleuchtend sein, wenn ich sage: Auch die Tat in Degerloch und auch die Mordpläne für Eglosheim sind die Folgen dieses Wahns. Daß ein sexuelles Jugenddelikt, das längst verjährt ist und nach 12 Jahren durch seine seelischen Wirkungen Wagner zum Selbstmord in seiner erweiterten Form, d. h. zur Vernichtung seiner ganzen Familie treibt, das hat seine Ursachen ausschließlich in der krankhaften Persönlichkeit. Wohl kommt es auch bei Nichtgeisteskranken vor, daß sie sich einer unter Alkoholwirkung begangenen Unsittlichkeit noch lange Zeit schämen. Aber die Gefühle und Gemütsbewegungen der Gesunden unterliegen dem Gesetze der Zeit. Sie lassen nach, verblassen, werden durch andere abgelöst,

---

[1]) Man könnte mir entgegenhalten: Nachdem Wagner das Detail seiner sodomitischen Verfehlungen und der von ihm gehörten und wahrgenommenen Verhöhnungen und Verspottungen bis heute verschwiegen hat, ist ein sicherer Beweis dafür, daß seine Annahme ein Wahn ist, nicht zu führen. Es könnte ja sein, daß gerade zufällig die Personen alle nicht vernommen wurden, in denen Wagner seine Gegner vermutet hat. Allein dieser Einwand ist hinfällig; denn Wagner glaubte, daß es alle Männer und viele Frauen in Mühlhausen, Radelstetten und Scharenstetten gewußt haben, er meinte, es brauche dort nur auf dem Rathaus nachgefragt zu werden. Daß er hier durchaus im Wahn lebte, ist durch die Akten vollauf bewiesen. Ebenso ist durch die Akten bewiesen, daß seine Freunde von seinen Verfehlungen nichts wußten, und Ho. hat es hier ausdrücklich wiederholt. Es kann also das Vorliegen eines „Wahns" bei Wagner vernünftiger Weise nicht bezweifelt werden.

und auch das Peinliche in ihrer Erinnerung verliert sich um so mehr, je mehr die folgenden Jahre das Unrecht wieder gut machen und neue Lebensarbeit bringen. Alle diese Bedingungen wären für Wagner gegeben gewesen, wäre er ein gesunder Mann. In ehrenhafter Weise hat er das von ihm geschwängerte Mädchen geheiratet; in fast zehnjähriger Ehe hat er sich von sexueller Schuld freigehalten, mag er auch theoretisch ein Anhänger der Polygamie gewesen sein. Daß trotz alledem Gram und Kummer bis zur Verzweiflung gewachsen, daß er sich selber das Todesurteil gesprochen, daß er sich als Schänder der Menschheit tiefer als den Mörder gestellt hat, das ist die Folge seiner krankhaften Denk- und Fühlweise, die Folge eines abnormen Seelenlebens, in dem die Gesetze des normalen Gefühlsablaufs aufgehoben sind.

Und weiterhin: Der Wahn der Verfolgung, der ihn von Ort zu Ort begleitet, kann sein Schuldgefühl nicht zur Ruhe kommen lassen; für ihn gibt es kein Entrinnen, für ihn gibt es nur den Tod. Weil er sich selber als den entarteten Sproß aus krankhaftem Geschlecht ansieht, weil er von dem unentrinnbaren Schicksal fortschreitender Familienentartung erfüllt ist, gebietet ihm die Liebe zu seiner Familie, sie mit sich in den Tod zu nehmen. Auch hat er es offen ausgesprochen, daß er die Seinen nicht dem Hohn und Spott seiner Feinde aussetzen könne und dürfe. Man sieht daraus, wie tief sein Verfolgungswahn auch diese Tat mit beeinflußt hat. Und das gleiche gilt für seinen Mordplan in Eglosheim, für seinen Wunsch, daß sich auch seine anderen Geschwister selbst das Leben nehmen möchten. Mitleid und felsenfeste Überzeugung von dem Fluch, der auf der Familie Wagner laste, gab ihm seinen Plan in die Hand. Unzweideutig sprach er es vor dem Untersuchungsrichter aus: „Alles, was Wagner ist und heißt, ist zum Unglück geboren. Alle Wagner müssen weg, alle müssen erlöst werden" Wie wichtig ihm diese Erlösung seiner Familie erschien, geht aus seiner Äußerung zu mir am 15. November hervor:

„Wenn ich mir das vorher gedacht hätte, daß ich in Mühlhausen nur 9 Personen werde töten können, dann wäre ich nicht nach Mühlhausen, dann wäre ich nur nach Eglosheim und hätte die Familie meines Bruders getötet."

So kann es also nicht im Geringsten zweifelhaft sein, daß die von Wagner begangenen Verbrechen und die von ihm ausgearbeiteten weiteren Pläne des Mordens und Brandstiftens die Folgen der bei ihm bestehenden Geisteskrankheit sind, einer Geisteskrankheit, deren tiefgreifende, zerstörende Wirkung nur deshalb so lange verborgen blieb, weil Wagner seine ganze Gedanken- und Gefühlswelt in sich verschloß und sie niemanden preisgab. Würden mir Wagners Schriften vor einem halben Jahre vorgelegt worden sein, ich hätte der Behörde umgehend mitgeteilt, daß hier zweifellos von einem geisteskranken Manne schwere Gewalttaten zu befürchten seien. Man muß sich freilich dabei von der unwissenden Laienmeinung emanzipieren, als ob Geisteskrankheit jederzeit leicht erkennbar sei und als ob bei ihr auch die elementaren Funktionen wie Gedächtnis, Intelligenz, Arbeitsfähigkeit immer eine tiefgehende Wandlung zu erfahren brauchten. Mancher paranoische Kranke ist Jahre- und Jahrzehntelang als Kranker unerkannt geblieben.

Es dürfte hier einem Einwand zu begegnen sein: Wagner selbst hat, als er hier von Ho. das Unrichtige seiner Verfolgungsvorstellungen bezüglich der Bürger von Radelstetten erfuhr, diese Vorstellungen scheinbar fallen gelassen und er hat seine Anschauungen darüber unter schroffer Ablehnung des Wortes „Wahn" als einen „Irrtum" bezeichnet. Hat er mit dieser Auffassung recht? Es könnte zunächst fast so scheinen; unterscheidet sich ja doch der Irrtum gerade dadurch vom Wahn, daß er einer Belehrung, einer Korrektur durch die Erfahrung zugänglich ist. Allein sehen wir genauer zu: Der Irrtum ist eine unrichtige Meinung auf der Grundlage des einfachen Nichtwissens oder früherer falscher Mitteilung. Wird das Wissen beigebracht, so ist er behoben. Der Wahn ist das Produkt tiefer innerer Vorgänge im Seelenleben, fast immer auf der Grundlage schwerer Gemütsverstimmung erwachsen, bei Wagner durch den Vorgang krankhafter Eigenbeziehung erworben [1]). Auch der Wahnkranke läßt, durch den Augenschein

[1]) Es bedarf hier wohl keiner weiteren Ausführungen, daß die in den Zeitungen aufgetauchte Behauptung, es handle sich bei Wagners Taten um die Autosuggestion eines gesunden Menschen, verfehlt ist. Viele Zeitungen haben in den Tagen nach den Mordtaten Wagners darin gewetteifert, Unsinniges und Verkehrtes ihren Lesern vorzusetzen. Auch war es sehr zu bedauern, daß bisweilen in der Tagespresse Urteile auftauchten, die sich angeblich auf Aussprüche von Ärzten stützten. Was ich darüber las, war fast alles unrichtig. Ein gewissenhafter Arzt wird in derartigen Fällen überhaupt keine Meinung äußern, ehe er den Täter oder seine Schriften kennen gelernt hat. Ich hatte, ehe Wagner mir zur Untersuchung überwiesen wurde und ich seine Akten und Schriften kannte, keinerlei Urteil über seinen

belehrt, manchmal einige Bruchstücke seines Wahnsystems wieder fallen, häufig freilich bloß vorübergehend. Allein die Grundstörung bleibt, weil die wahnbildenden Vorgänge bleiben. Und sehen wir genauer zu, so haben wir bereits hier bei Wagner feststellen können, daß die Korrektur, die Wagner seinen Verfolgungsvorstellungen hier zeitweise angedeihen ließ, nur eine ganz oberflächliche und vorübergehende war. Auch macht nicht der Inhalt der einzelnen Wahnvorstellungen den Paranoiker aus, sondern der pathologische Zwang, wahnhaft denken und fühlen zu müssen. Als er die Tübinger Klinik verließ, war die Überzeugung von der Unhaltbarkeit seiner Verfolgungsideen gegen Radelstetten bereits wieder ins Wanken gekommen, darauf weisen einzelne Äußerungen Wagners bei meiner Unterredung mit ihm am 11. Dezember (siehe oben) ganz unverkennbar hin. Oft und eindringlich wurde ihm vom Untersuchungsrichter und mir vorgestellt, daß die umfangreichsten Erhebungen in Mühlhausen in bezug auf das Wissen von seinen sexuellen Verfehlungen ein ganz negatives Resultat ergeben haben. Jedesmal war er dadurch beunruhigt, ja bisweilen direkt erschüttert; aber schon nach wenigen Tagen war der alte Haß gegen Mühlhausen in ihm wieder lebendig und unterdrückte jedes Gefühl der Reue und des Bedauerns. Ja noch mehr: In dem Moment, wo er nach Anhörung unserer Beweise die Möglichkeit, sich überhaupt geirrt zu haben und niemals von anderen verfolgt worden zu sein, zugab, gewann seine Seele ein neues Objekt seiner Wut und seines Verfolgungsglaubens. Mit finsterer Miene konnte er dann zu mir sagen:

„Wenn das so ist, wie Sie sagen, wenn ich mich 12 Jahre lang umsonst geängstigt und gequält habe, dann hat das Schicksal so grausam mit mir gespielt, wie mit noch keinem Menschen."

Man sieht: Muß der Haß und der Wahn gegen bestimmte Menschen oder Dörfer unter dem momentanen Druck der vorgebrachten Tatsachen fallen gelassen werden, so wird er bei dem Atheisten Wagner auf das Schicksal übertragen, das ihn, wie er sich ausdrückte, „dann am Narrenseil gezogen" habe. Der Umstand, daß er sich hier unter der Einwirkung der Unterredungen mit mir allmählich weniger selbstsicher fühlte („Herr Professor,

---

Geisteszustand und ich glaube doch in der Beurteilung derartiger Geisteszustände mehr Erfahrung zu besitzen, als die Verfasser solcher Preßberichte und ihre Gewährsmänner.

Sie haben mich ganz zerbrochen"), darf nicht überschätzt werden. Der Haß gegen sein Geschick verblieb ihm auch dann und wird ihm verbleiben, mag nun dieses Geschick mehr die Gestalt seiner vermeintlichen Feinde in Mühlhausen, Radelstetten usw. oder des unfaßbaren, über den Menschen waltenden „Schicksals" tragen[1]). Dauernd und pathologisch fixiert ist eben der Zwang, sich verfolgt zu fühlen.

Diese krankhafte Gemütsanlage, dieser Zwang, sich verfolgt zu fühlen, ist es auch, der bei Wagner heute noch keine menschlich begreifliche Stellungnahme zu seinen Verbrechen ermöglicht. Als er nach Tübingen kam, wußte ich nichts von ihm, als was die Zeitungen gebracht hatten. Ich hatte mir danach noch kein bestimmtes Urteil gebildet. Ich erwartete einen furchtbaren Gewaltmenschen von tierischer Brutalität, hatte deshalb besondere Schutzmaßregeln getroffen, um auch einem solchen die Entweichung und die Gefährdung anderer Menschen unmöglich zu machen. Als er am 11. November unmittelbar nach seiner Ankunft hier in mein Untersuchungszimmer geführt wurde, da sah ich sofort, daß ich von ganz falschen Voraussetzungen ausgegangen war. Ein ernster, gramgebeugter Mann in würdiger Haltung trat mir entgegen, höflich, bereit, sich in alles zu fügen, in seinem ganzen Benehmen ein gebildeter Mensch. Die Art, wie er sein Schicksal erzählte, die Notwendigkeit seines Handelns begründete, wie er nur leidenschaftlich aufloderte, als er von seiner Sodomie und von den darob erduldeten Qualen in den letzten 12 Jahren sprach, wie er ferner die Verweigerung mancher Wünsche ruhig und bescheiden hinnahm, wie er auch bedauerte, mir so viel Arbeit und Mühe machen zu müssen, wie er sich beim Abschied bedankte, daß man versucht habe, ihn zu verstehen, und daß man ihn mit Rücksicht behandelt habe — all dies zeigte mit voller Klarheit, daß hier kein roher und brutaler Verbrecher, sondern ein geisteskranker Mensch als Opfer seines furchtbaren Wahnes zu furchtbaren Handlungen gekommen ist.

---

[1]) Am 25. Februar 1914 schrieb er aus der Heilanstalt Winnenthal an mich: . . . . . . „Ich will dabei gleich hinzusetzen, daß ich von Allem, was ich gesagt habe, kein Wörtlein zurücknehme, daß ich heute noch genau so denke, wie ich in Heilbronn, Tübingen, Straßburg gedacht habe . . . . . . Ich halte meine Sache noch keineswegs für abgeschlossen." W. bat gleichzeitig um Einsicht in mein Gutachten.

Wagner selbst bestreitet, geisteskrank zu sein, es auch je gewesen zu sein. Er erklärt sich selbst immer wieder für durchaus verantwortlich und voll zurechnungsfähig. Ja er hat mir wiederholt, wenn auch in durchaus höflicher Form und unter Anerkennung meiner eidlichen Sachverständigenpflicht ins Gesicht gesagt, er fürchte nur mein Gutachten und sehe in mir seinen gefährlichsten Feind. Wenn er gelegentlich von seiner Nervenschwäche, von seinem Größenwahn, vom Verrücktwerdenkönnen geschrieben und gesprochen habe, wenn er sich selbst als „Narren" bezeichnet habe, so habe dies mit seiner Geisteskrankheit im gesetzlichen Sinne nichts zu tun. Aus freiem Entschluß habe er seine Taten begangen. Er nehme ihre Folgen auf sich und wünsche den Tod. Hätte er den seit Jahren feststehenden Mordplan nicht ausgeführt, so wäre er heute noch im Amt und kein Mensch dächte bei ihm an Geisteskrankheit. Auch dieses Verhalten entspricht durchaus der Stellungnahme des stolzen und selbstbewußten Paranoikers, dem man keinen größeren Schimpf antun kann, als wenn man ihn für geisteskrank erklärt[1]). Der Mangel der Krankheitseinsicht ist ein Grundsymptom der Paranoia.

Die Paranoia ist eine aus der Persönlichkeit allmählich herauswachsende Form geistiger Störung, die auf dem Boden der Entartung erwächst. Die krankhafte Veranlagung macht sich schon lange vor Ausbruch des Wahns durch manche Zeichen bemerkbar. Zu diesen Zeichen gehören bei Wagner: die angeborene große Empfindsamkeit, die große gemütliche Erregbarkeit, das gehobene Selbstbewußtsein, die allgemeine Neigung, sich zurückgesetzt, ja verfolgt zu fühlen, die Disharmonie der seelischen Funktionen, die durchaus egozentrische Denk- und Fühlweise mit der Devise: „Tua res agitur", die mannigfaltigen Symptome der „Nervenschwäche", die hypochondrische Stimmungslage bei körperlicher Störung, der abnorm starke Geschlechtstrieb, die jahrelang betriebene Onanie, die übertriebene Bewertung des Sexuellen, die Alkoholintoleranz, die gespreizte, früher manch-

[1]) Am 25. II. 1914 schrieb er mir aus Winnenthal: . . . . . . „Sie selbst muß ich bei aller persönlicher Hochachtung als meinen Feind betrachten; ich habe doch ganz richtige Witterung gehabt." Gleichzeitig äußerte er, er habe mich im ersten Zorn über seine Verbringung ins Irrenhaus einen Schafskopf genannt, finde dies aber jetzt „unangebracht und unziemlich."

mal offenbar komisch anmutende Vornehmheit mit der Ablehnung des schwäbischen Dialekts selbst inmitten rein ländlicher Bevölkerung (die nach meinen Erfahrungen reines Hochdeutsch ja überhaupt nur schwer versteht, auch wenn es von einem geborenen Schwaben ohne nordischen Akzent gesprochen wird), die Angstträume der Kindheit und Jugend, das phantastische Denken mit der sinnlich lebhaften Vergegenwärtigung grauenvoller Situationen, das Zu-sich-selbst-sprechen, die starken Affektausbrüche, die zu lautem Brüllen in der Einsamkeit des Waldes führen, das Auftreten krankhafter Eigenbeziehung bei ängstlich depressivem Affekt schon lange vor dem Beginn der eigentlichen Wahnbildung. Alle diese Züge passen zur Entwicklungsgeschichte des Paranoikers. Sie gingen dem Ausbruch eigentlicher Geisteskrankheit voraus und haben deren Auftreten vorbereitet und ermöglicht. Sie bleiben auch dem Geisteskranken treu, ja sie verstärken sich allmählich mit dem Wahn zusammen. Dagegen bleibt außerhalb der überwertigen Vorstellungskomplexe das Wahrnehmen ungestört, das logische Denken intakt und das Handeln ungebunden. So kann der Paranoiker, wenn er längst von seinem weitgesponnenen Wahn beherrscht ist, diesen Wahn aber verschweigt, der Außenwelt gesund erscheinen und, falls sein Beruf nicht in die Wahnkreise einbezogen wird, auch in ihm Tüchtiges leisten. All dies trifft für Wagner zu.

Kann also darüber kein Zweifel bestehen, daß Wagner an Paranoia leidet und daß seine Verbrechen die Folgen eines systematisierten Verfolgungswahns sind, so ist noch die weitere Frage zu prüfen, ob diese Geisteskrankheit derart ist, daß durch sie die freie Willensbestimmung ausgeschlossen erscheint. Denn nicht jede Form geistiger Abnormität macht ja den Träger unverantwortlich im Sinne des § 51 des Strafgesetzbuches. Da möchte es nun bei der oberflächlichen Betrachtung vielleicht so scheinen, als ob Wagners Krankheit seine freie Willensbestimmung nicht völlig aufgehoben hätte. Auf manchen Gebieten des Lebens hatte er sich ein normales Urteil bewahrt, im Beruf war er tüchtig geblieben und die meisten seiner Handlungen trugen den Stempel des Vernünftigen und Überlegten. Nicht alles bezog er in seinen Wahn; niemals wurde dieser ein allgemeiner, generalisierter Verfolgungswahn. Vielmehr blieb sein System umschrieben. Nur was mit den überwertigen Vorstellungskreisen seiner sexuellen

Schuld und mit seinem Pessimismus zusammenhing, wurde wahnhaft verarbeitet. Und nicht immer wirkte der Vorgang der krankhaften Eigenbeziehung. In der Klinik z. B. war er ganz frei davon. Freilich: mochte auch dieser Vorgang zeitweise ruhen, so blieb auch dann doch der alte, aus schweren Gemütsstürmen geborene Wahn. Wenn wir ferner bei ihm lesen und hören, wie er sich immer wieder innerlich gegen die Ausführung der schrecklichen Taten gewehrt hat, wie er, vor dem Bett seiner Kinder stehend, es nicht über sich brachte, sie zu töten, so müssen wir uns fragen: Geht daraus nicht hervor, daß er zu überlegen, seine Beweggründe abzuwägen und nach Prüfung des Für und Wider frei zu entschließen vermochte? Allein wir sehen sofort, daß diese Annahme hinfällig ist. Verstehen wir nach heutiger Lehre unter der freien Willensbestimmung nicht etwas Metaphysisch-Unfaßbares, sondern die normale Bestimmbarkeit des Menschen durch reale Motive (von Liszt, Frank u. a.), so leuchtet unmittelbar ein, daß bei der Abwägung der Motive die erste Voraussetzung die ist, daß sie nicht selber wahnhaften Charakters sind. Wagners Hauptmotiv ist die jahrzehntelange grausame Verfolgung und Verhöhnung; sie hat ihm Dolch und Pistole in die Hand gedrückt. Aber dieses Motiv ist ein Wahn, dem in der Wirklichkeit nichts entspricht. Und dieser Wahn ist das Produkt einer schweren allgemeinen seelischen Veränderung; er ist in der Persönlichkeit des Wagner keine nebensächliche Zutat, sondern ihr Kern. Und unter diesem Wahn hat er seine Mitmenschen, ja schließlich die ganze Menschheit betrachtet. Von ihm aus ist er zu seinem abgrundtiefen Pessimismus, zu seiner Verachtung der Menschen, zu seinen wilden Nerophantasien und endlich zur Ausführung seines seit Jahren ausgearbeiteten, in „sein Gehirn hineingehämmerten" Mordplanes gekommen. Überall da, wo er, wie in seiner Biographie und in seinen späteren Dichtungen sein innerstes Seelenleben aufdeckt, herrscht im Zentrum der Wahn. Der Wahn aber ist kein Motiv, das seinem Träger als Schuld zugerechnet werden darf, auch dann nicht, wenn dieser Wahn seine erste Nahrung aus einem berechtigten Schuldgefühl gezogen hat. Diese spezielle Art seiner Entstehung ist für die hier vorliegende Frage der Geisteskrankheit ohne alle forensische Bedeutung. Denn nicht seine sittliche Verfehlung, die längst verjährt ist, steht hier in Frage, sondern die Mord- und Brandstiftungstaten des 4. und 5. September.

So erklärt sich also das ungewöhnlich Rätselvolle und Grauenerregende jener Verbrechen eines gebildeten, im Lehramt stehenden Mannes aus der furchtbaren Tragik seiner schleichenden, aber allmählich immer tiefer wirkenden Geisteskrankheit.

Nachtrag: Wagner wurde, nachdem Professor Wollenberg auf Grund seiner Untersuchungen zu einem gleichlautenden Ergebnis gekommen war, am 3. Februar 1914 außer Verfolgung gesetzt und unmittelbar darauf der Heilanstalt Winnenthal zugeführt. Zu Beginn der Schwurgerichtsverhandlungen des I. Quartals, am 4. Februar 1914 sprach sich der Vorsitzende des Schwurgerichts Landgerichtsdirektor Fischbach über Wagner mit folgenden Worten aus:

„Ich persönlich kann hinzufügen, ich habe den Wagner in meiner Eigenschaft als Gefängnisvorstand in den letzten 4 Wochen wiederholt in seiner Zelle besucht und mich eingehend mit ihm unterhalten. Der persönliche Eindruck, den man von dem Manne gewinnt, ist ein geradezu überwältigender. Man erwartet zu finden einen Mann von 39 Jahren, einen schweren Verbrecher, und man findet einen gramgebeugten Mann, der den Eindruck eines etwa 55jährigen Mannes macht, der von höflichem, schüchternem, manchmal beinahe kindlichem Wesen ist und der in einen gewissen Affekt nur gerät, wenn man auf die Mühlhausener Sache zu sprechen kommt, der vielleicht noch von einer gewissen Lebhaftigkeit ist, wenn er, wie er es mir gegenüber immer wieder getan, flehentlich gebeten hat, ich möchte ihm doch die Freude machen, daß er bald verhandelt und geköpft werde. Das konnte er vorbringen mit lächelnder Miene, als ob es etwas alltägliches und selbstverständliches sei; kurz und gut, jedermann, der sich eingehend mit der Person und Sache Wagners befaßt hat, mußte die Überzeugung gewinnen, daß es sich hier um einen Geisteskranken gehandelt hat. Wagner ist heute früh in die Irrenanstalt überführt worden, wo er dauernd und sicher verwahrt bleiben wird."
